A CRISE DA
TOYOTA

Os autores

JEFFREY K. LIKER é autor do *best-seller O Modelo Toyota* e de outros 10 livros relacionados. Ele é professor de engenharia industrial e operacional na University of Michigan e presta consultoria e palestras por meio de sua própria empresa de consultoria e da Toyota Way Academy.

TIMOTHY N. OGDEN é cofundador da Sona Partners, além de escritor e editor, com quase 20 livros de negócios desenvolvidos para grandes editoras. Seus trabalhos já foram publicados na *Harvard Business Review*, na *Stanford Social Innovation Review*, na *Strategy+Leadership* e na *Miller-McCune*, entre outros periódicos.

L727t   Liker, Jeffrey K.
          A crise da Toyota : como a Toyota enfrentou o desafio dos recalls e da recessão para ressurgir mais forte / Jeffrey K. Liker, Timothy N. Ogden ; tradução: Ronald Saraiva de Menezes. – Porto Alegre : Bookman, 2012.
          xxxi, 240 p. : il. ; 21 cm.

          ISBN 978-85-407-0099-4

          1. Administração – Produção – Sistema Toyota.
I. Ogden, Timothy N. II. Título.
                                                                CDU 658.51

Catalogação na publicação: Ana Paula M. Magnus – CRB 10/2052

JEFFREY K. LIKER
TIMOTHY N. OGDEN

A CRISE DA
TOYOTA

COMO A TOYOTA ENFRENTOU O DESAFIO DOS *RECALLS* E DA RECESSÃO PARA RESSURGIR MAIS FORTE

Tradução:
Ronald Saraiva de Menezes

2012

Obra originalmente publicada sob o título
Toyota Under Fire

ISBN 007176299X / 9780071762991

©2011, The McGraw-Hill Companies, Inc., New York, New York 10020
Todos os direitos reservados.

Capa: *Paola Manica*

Gerente Editorial – CESA: *Arysinha Jacques Affonso*

Projeto e editoração: *Techbooks*

Reservados todos os direitos de publicação, em língua portuguesa, à
BOOKMAN EDITORA LTDA., divisão do GRUPO A EDUCAÇÃO S.A.
Av. Jerônimo de Ornelas, 670 – Santana
90040-340 – Porto Alegre – RS
Fone: (51) 3027-7000   Fax: (51) 3027-7070

É proibida a duplicação ou reprodução deste volume, no todo ou em parte, sob quaisquer formas ou por quaisquer meios (eletrônico, mecânico, gravação, fotocópia, distribuição na Web e outros), sem permissão expressa da Editora.

Unidade São Paulo
Av. Embaixador Macedo Soares, 10.735 – Pavilhão 5 – Cond. Espace Center
Vila Anastácio – 05095-035 – São Paulo – SP
Fone: (11) 3665-1100   Fax: (11) 3667-1333

SAC 0800 703-3444 – www.grupoa.com.br

IMPRESSO NO BRASIL
PRINTED IN BRAZIL

Agradecimentos

Existem muito mais pessoas que gostaríamos de agradecer por sua ajuda do que caberia neste livro. Mas queremos começar agradecendo a todos que nos emprestaram seu tempo precioso para compartilhar conosco suas perspectivas sobre o que ocorreu com a Toyota e por vezes também oferecer dados críticos. A Toyota como um todo teve a gentileza de abrir suas portas, fazendo com que alguns de seus quadros mais ocupados estivessem disponíveis para nossas entrevistas, organizando eficientemente nossas visitas e *tours* e assumindo uma postura de compartilhar o que sabia, deixando-nos à vontade para escrevermos o que acreditávamos ser verdade.

Eis uma lista de algumas das pessoas de dentro da Toyota que entrevistamos, mas houve muitos gerentes e membros de equipes com quem conversamos em diversos *tours* pelas dependências da companhia. Somos gratos a todos eles.

Toyota Motor Corporation (TMC), JAPÃO

Akio Toyoda, presidente e diretor representativo

Atsushi Niimi, vice-presidente executivo, fabricação global e engenharia de produção; e diretor representativo

Yukitoshi Funo, vice-presidente executivo, governança global e relações públicas; e diretor representativo

Shinichi Sasaki, vice-presidente executivo, qualidade global e serviços de suporte; e diretor representativo

Takeshi Uchiyamada, vice-presidente executivo, P&D global; e diretor representativo

Shigeru Hayakawa, vice-presidente, cidadania corporativa e relações públicas; e gerente executivo

Takashiro Fujioka, vice-presidente, diretor de promoção de GQT e de plantas de fabricação; e gerente executivo

Katsutada Masumoto, vice-presidente, vendas de partes e logística e planejamento de serviço ao cliente; e gerente executivo

Shinji Miyamoto, gerente geral, divisão de qualidade

Katsutoshi Sagata, gerente geral, divisão de inovação e qualidade de projeto

Hirohisa Kishi, gerente geral, desenvolvimento de sistema de gestão de motores

Masayuki Noda, gerente geral, desenvolvimento de planejamento de laboratório de eletrônica

Toyota Engeneering And Manufactoring, North America (TEMA)

Tetsuo Agata, executivo-chefe de operações, TEMA; e diretor-sênior de gestão, Toyota Motor Corporation

Steve St. Angelo, executivo-chefe de qualidade, América do Norte; presidente do conselho, Toyota Motor Manufacturing Kentucky e Toyota Motor Manufacturing Mississippi; vice-presidente executivo, TEMA; e gerente executivo, Toyota Motor Corporation

Dino Triantafyllos, vice-presidente, divisão de qualidade, executivo regional de segurança de produto, TEMA

Bob Young, gerente executivo, compras

Jason Reid, gerente executivo assistente, compras

Tim Turner, líder de equipe, Toyota Motor Manufacturing Kentucky

Renee McIntosh, líder de equipe, Toyota Motor Manufacturing Kentucky

Steve Turley, líder de equipe, Toyota Motor Manufacturing Kentucky

Vinodh Venugopal, gerente executivo, engenharia de qualidade & controle de qualidade, Toyota Motor Manufacturing Kentucky

Wil James, presidente, Toyota Motor Manufacturing Kentucky

Norm Bafunno, presidente, Toyota Motor Manufacturing Indiana

Dan Antis, gerente de planta, Toyota Motor Manufacturing Texas

Toyota Motor Sales, USA (TMS)

James E. Lentz, presidente e executivo-chefe de operações; e gerente executivo, TMC

Robert Carter, vice-presidente de grupo e gerente executivo, Toyota Division

Robert M. Waltz, vice-presidente, qualidade de produto e suporte de serviço

Mike Michels, vice-presidente, comunicações externas

Irving A. Miller, ex- vice-presidente de grupo, comunicações corporativas

Brian Lyons, gerente de comunicações de segurança & qualidade

Nancy Fein, vice-presidente, relações com o cliente

Paul Williamsen, gerente nacional, Lexus College

Toyota Motor Noth America, Inc. (TMA)

Dian Ogilvie, vice-presidente sênior e secretário, Toyota Motor Noth America, Inc.

James M. Wiseman, executivo-chefe de comunicações e vice-presidente de grupo, comunicações corporativas, Toyota Motor Noth America, Inc

Toyota Technical Center, Inc. (EUA)

Greg Bernas, engenheiro-chefe, Toyota Technical Center

Bruce Brownlee, administrador executivo sênior para assuntos externos, Toyota Technical Center

Kristen Tabar, gerente geral – sistemas eletrônicos 2, Toyota Technical Center

Dentre todas essas pessoas, gostaríamos de agradecer especialmente a Jim Wieseman, Steve St. Angelo e Brian Lyons, que moveram mundos e fundos para conseguir um tempo para responder nossas perguntas e rastrear detalhes técnicos e documentos.

Também gostaríamos de agradecer os inúmeros indivíduos nas revendas independentes da Toyota em todo o mundo que encontraram tempo para conversar e compartilhar conosco suas experiências.

Colegas, especialistas, jornalistas, analistas e amigos

Foram muitas pessoas que nos emprestaram seu tempo para compartilhar suas opiniões e conhecimentos conosco e que gostaríamos de agradecer:

Jeremy Anwyl, CEO, e Jeannine Fallon, diretora executiva, comunicações corporativas, Edmunds.com

David Champion, analista-sênior, *Consumer Reports*

Edward Niedermayer, editor-chefe, thetruthaboutcars.com

Bertel Schmitt, editor, thetruthaboutcars.com

John Cook, Gawker Media

Micheline Maynard, ex-diretora de escritório em Detroit, *New York Times*

Richard Schmidt, professor emérito de psicologia, UCLA

Gostaríamos de agradecer também o zeloso trabalho de James Franz, um colega de Jeff que é consultor de sistema *lean* e teve a árdua tarefa de pesquisar muitos em busca de dados detalhados sobre arquivos publicados, vendas, rendimentos e outras informações do tipo.

John Shook teve uma influência fundamental sobre o tom e a abordagem do livro por meio de uma série de conversas com Jeff. John foi o primeiro norte-americano a se tornar gerente na Toyota e é atualmente CEO do Lean Enterprise Institute. John compartilhou seus profundos *insights* sobre sua experiência passada e seu atual contato com a Toyota e estimulou Jeff a manter uma visão crítica e sempre praticar o *hansei*.

Tim gostaria de agradecer especialmente a sua sócia, Laura Starita, que manteve o negócio em pleno funcionamento, e a sua esposa, Catherine Ogden, que manteve o lar em pleno funcionamento para que ele pudesse passar as muitas horas necessárias para finalizar o livro com tamanha presteza. E Jeff gostaria de agradecer a sua esposa, Deborah Liker, por seu apoio durante a crise da Toyota e por sua paciência enquanto ele escrevia seu nono livro sobre a companhia, a seu filho, Jesse, por seus sempre sábios conselhos, e a sua filha, Emma, por seu carinho e afeto.

Entre outras pessoas que ajudaram nos bastidores fazendo pesquisa, lendo rascunhos e oferecendo conselhos estão Anders Gustafson, Stephanie Falktoft e Kelsey Lafferty. Somos gratos a todos os seus esforços.

Apresentação

Os relatos sobre o colapso da Toyota após a crise de problemas mecânicos em seus veículos em 2009-2010 foram bastante exagerados. Não demorou muito para que surgissem alegações de que a reação da empresa frente à comoção pública quanto à segurança de sua frota revelava inúmeras falhas graves em sua cultura. A crise, de fato, representou altos custos em *recall* para a Toyota, além de perdas em vendas e em reputação. Uma marca que por tanto tempo fora sinônimo de confiabilidade, foco no consumidor, responsabilidade ambiental e qualidade de classe mundial viu-se repentinamente retratada de maneira muito negativa por analistas e pela imprensa. E, ainda assim, um ano depois, não apenas a Toyota virou essa página como aproveitou a crise como oportunidade para reforçar processos-chave. Aquela mesma cultura que foi precipitadamente culpada pela má gestão da crise acabou por salvar o dia.

Tratados sobre gestão de crise costumam se concentrar em controle imediato do dano, estratégias de RP e inteligentes planos de contingência. Numa época de crise, os líderes podem ser saudados como heróis por tomarem "medidas duras" ou podem ficar sob fogo cerrado da opinião pública – como ocorreu com Tony Hayward, CEO da BP, logo depois do vazamento de petróleo no Golfo do México.

Inúmeros analistas e especialistas acusaram os líderes da Toyota de reagir de forma tardia e insuficiente à crise, de negar ou mesmo tentar esconder os fatos, de colocar os lucros acima da segurança. O derradeiro teste, porém, não diz respeito ao que os líderes seniores disseram ou fizeram nos dias e semanas subsequentes ao incidente, mas a como a cultura reagiu daí em diante. O momento decisivo da reação da Toyota não foi um pronunciamento específico de um executivo no Japão ou nos Estados Unidos, e sim o modo como o seu pessoal utilizou sua energia para encontrar maneiras de se aprimorar, o modo como centenas de representantes de serviços aos clientes da Toyota responderam às dezenas de milhares de telefonemas diários vindos de clientes preocupados e o modo como as revendas trabalharam incansavelmente para restabelecer a confiança dos consumidores.

A decisão de não terceirizar o atendimento ao cliente para um *call center* de baixo custo foi vital para que a Toyota lidasse com a crise, pois permitiu que seu recurso mais precioso, sua cultura, preponderasse quando era mais necessário. A filosofia *hansei* da Toyota – a expectativa de que se aceite a responsabilidade pelos próprios erros, que se aprenda com eles e que se evite colocar a culpa em outro lugar – e sua cultura de "o cliente em primeiro lugar" acabaram se mostrando mais valiosas do que qualquer estratégia de comunicação que o dinheiro possa comprar.

O relato pormenorizado de Liker e Ogden sobre a crise dos *recalls* traz à baila uma mensagem central que é relevante em todas as indústrias e em todo o mundo, e que é capturada no capítulo final deste livro: a ideia de que "para transformar crises em oportunidades o que importa é a cultura. Não se trata de estratégias de RP, ou de liderança carismática, ou de visão ou de qualquer medida específica tomada por um indivíduo. Não se trata de políticas, ou de procedimentos ou de processos de contenção de riscos. O que importa são as ações que foram programadas dentro dos indivíduos e das equipes que perfazem uma companhia antes da crise começar".

Depois que tudo foi dito e tudo foi feito, o que resta, de fato, ao líder de uma grande corporação, é a cultura organizacional. A tecnologia pode ser imitada por engenharia reversa, ou até ser comprada diretamente no mercado aberto. Outros podem levantar capital a partir das mesmas fontes que você levantou o seu. Fábricas podem ser construídas ou compradas por outros. Contratos de distribuição podem ser assinados ou arrancados de baixo de seus pés. Mas o que ninguém é capaz de replicar com exatidão (talvez nem você mesmo, se tentasse recomeçar do zero) é a cultura: o complexo sistema de crenças, normas e valores compartilhados; os padrões de interação e expectativas de conduta que são implícita e automaticamente recompensados ou punidos; as palavras e significados compartilhados que modelam as narrativas e conversas; as histórias fundadoras; os mecanismos implícitos de coordenação e colaboração que são tão difíceis de dissecar, e que, ainda assim, são a própria essência da organização.

A cultura é, na terminologia dos estudiosos da gestão, um bem intangível, um recurso estratégico chave e uma fonte de vantagem competitiva sustentável, porque ela depende de cada trajetória e, portanto, é singular em cada organização; pois ela rende valor em termos de produtividade, serviço ao cliente ou inovação; porque é quase impossível desconstruí-la e reproduzi-la; e porque não está disponível para que outros a adquiram. Ao mesmo tempo, porém, exatamente as mesmas razões que fazem da cultura algo tão valioso tornam-na algo extraordinariamente complexo de gerir. A cultura não pode ser criada por um ato de vontade ou decretada de cima para baixo. Uma cultura corporativa emerge a partir de uma história de interações dentro e fora de uma organização, a começar pelo conjunto de valores que seus fundadores incutiram em sua criação original, passando, então, a ser moldada pelas ações e escolhas dos subsequentes líderes em todos os níveis da organização. A cultura é construída ao longo de anos, não em encontros de funcionários.

A cultura é testada em épocas de crise: quando surgem prioridades conflituosas, quando eventos inesperados ameaçam a própria sobrevivência de uma organização, quando múltiplos rumos de atuação são apresentados e visões conflitantes do mundo se instauram. Durante esses momentos, a cultura ajuda na compreensão da realidade, no modo de encarar decisões e na definição de prioridades. Mas uma cultura também pode ruir ou ser abandonada sob estresse caso os líderes não a reforcem substantivamente, mesmo em plena crise. Na verdade, culturas sólidas só podem ser erigidas e sustentadas por líderes com valores éticos inabaláveis.

A última década testemunhou uma série de fracassos empresariais – Enron, WorldCom, AIG, Washington Mutual, Lehman Brothers – que custou aos funcionários, aos acionistas e aos contribuintes, trilhões de dólares. Como consequência, milhões de empregos foram perdidos, economias nacionais se contraíram e o *déficit* público subiu às alturas. Uma miríade de explicações foi oferecida, mas um fator consistente subjazia a cada uma dessas organizações: uma cultura moldada por líderes que colocavam a maximização dos lucros acima de qualquer outro objetivo e que se dispunham a levar suas empresas ao limite do que era legalmente permitido ou moralmente aceitável, sob o pretexto de favorecer os acionistas.

Essas são algumas das acusações que foram direcionadas à Toyota no auge da crise. Depois de ler este livro, ficará bastante claro que essas acusações não poderiam ser mais despropositadas. Em meio às dificuldades da recessão e da crise dos *recalls*, os líderes da Toyota não ficaram se esquivando da responsabilidade ou procurando alguém para transferir a culpa. Eles estavam conduzindo a organização a reinvestir numa sólida cultura de melhoria contínua de foco no cliente. Os líderes da Toyota estavam se esforçando para que a companhia continuasse investindo nas pessoas e visando ao longo prazo, não apenas ao balanço do trimestre seguinte.

Num esforço para começar o longo e dificultoso processo de criar de uma cultura de gestão de negócios que priorize a honestidade, a integridade e a criação de verdadeiro valor, cinco anos atrás a escola de administração Thunderbird estabeleceu, para o mundo da gestão, uma versão do juramento hipocrático que os médicos fazem há 2.400 anos. O Juramento da Honra Thunderbird é agora uma parte integral de nossa cultura acadêmica, desde a matrícula, passando pelo currículo, até, destacadamente, as cerimônias formaturas.

O comprometimento explícito e público de fazer o juramento transformou para sempre a cultura da Thunderbird: ele passou a balizar os diálogos dentro e fora da sala de aula, e ajuda os professores, funcionários, alunos e ex-alunos a terem em mente as tremendas responsabilidades que a gestão tem na sociedade para criar uma prosperidade sustentável em todo o mundo.

Nos últimos anos, o movimento se espalhou. Um grupo de alunos da Harvard Business School lançou o Juramento MBA em 2009, e grupos de estudantes ao redor do mundo estão se filiando. Um grupo de Jovens Líderes Globais no Fórum Econômico Mundial criou o Juramento dos Negócios Globais para encorajar CEOs a assumir um compromisso público para com a ética profissional. E uma coalizão de professores universitários, líderes empresariais, estudantes e organizações internacionais fundaram a Fundação Projeto Juramento para ajudar a catalisar um movimento para balizar os valores dos gestores em todo o mundo. A história do Juramento é um ótimo exemplo de como é difícil modificar uma cultura, bem como um exemplo do enorme impacto que uma mudança cultural pode ter na formação da conduta. A reação da Toyota à crise dos *recalls*, a capacidade que ela teve de transformar a crise em uma oportunidade de melhoria, é outro exemplo.

A liderança eficaz não é definida por atos heroicos em momentos de crise ou por decisões inteligentes dentro de uma complexa árvore de contingência, e sim por esforços consistentes de estímulo e reforço de uma cultura eficiente, adaptável e baseada em princípios. E esses esforços só podem ser empreendidos por líderes que nutram, eles mesmos, sólidos princípios. Como Liker e Ogden deixam claro, esses esforços têm início muito antes da crise. O papel-chave dos líderes num momento de crise não é solucioná-la pessoalmente, e sim servir como modelo dos valores e da cultura da companhia, enviando a mensagem de que esses valores são ainda mais importantes quando se está enfrentando desafios.

Incentivo você, leitor, a se inspirar na Toyota e a examinar com afinco e vagar seus próprios valores e a cultura da sua própria organização. Caso não esteja convencido de que você e sua organização podem transformar a crise em oportunidade, que você é capaz de enfrentar problemas com honestidade, de assumir a responsabilidade e trabalhar rumo a melhoria, então estabeleça como sua meta a mudança de sua cultura. Seja por meio de um compromisso público similar ao Juramento dos Negócios Globais ou pela modificação de políticas arraigadas que recompensam os comportamentos errados ou por alguma outra medida, estimulo-o a começar hoje. Nunca se sabe quando uma crise pode surgir, e quando ela chegar será tarde demais para dar início ao processo de mudança.

ÁNGEL CABRERA
Presidente, Thunderbird School
of Global Management

Prefácio

Todo mundo que já dirigiu um carro já passou por momentos em que o veículo parece ganhar vida própria, prestes a escapar de nosso controle, ou realmente acaba escapando. É por isso que o registro perturbador do telefonema da família Saylor ligando para a emergência em busca de ajuda, enquanto seu Lexus alugado acelerava descontroladamente por uma autoestrada de San Diego, em agosto de 2009, chamou tanta atenção nos Estados Unidos. Todos os quatro passageiros no veículo morreram depois que o carro bateu e antes que o pedido de ajuda pudesse ser atendido.

O trágico acontecimento com a família Saylor é a epítome de nossos maiores medos em relação a nossos carros. Como os utilizamos diariamente, é fácil esquecer que estamos conduzindo centenas de quilos de aço a velocidades duas vezes maiores que um cavalo de corrida a todo galope, com apenas um pequeno volante e alguns pedais para mantê-los sob controle. E se esses controles parassem de nos obedecer? E se esses portentos da engenharia ganhassem vida própria? Um pequeno levantamento de filmes de sucesso ao longo das últimas duas décadas mostra que esse medo está bastante presente em nosso inconsciente.

O fato de Mark Saylor ser um veterano policial rodoviário da Califórnia só fez aumentar o medo e a inquietação. Se um policial rodoviário não conseguiu colocar o carro sob seu controle, quem conseguiria? Compreensivelmente, a opinião pública exigia respostas. Isso poderia acontecer com qualquer um?

Dessa forma, a trágica e desnecessária morte dos Saylors, quatro vidas dentre mais de 30.000 que são perdidas nas estradas norte-americanas a cada ano, deu início a um dos períodos mais prolongados e intensos de escrutínio de um fabricante de automóveis em 20 anos. Esse escrutínio teve como foco a Toyota, que até aquela altura fora amplamente reconhecida, e merecidamente, como a fabricante dos carros mais seguros e confiáveis das estradas. Ao longo dos seis meses seguintes, a Toyota faria o *recall* de mais de 10 milhões de veículos. Ela viria a ser acusada pela mídia norte-americana de fazer vistas grossas à segurança dos consumidores, de fugir às suas características e colocar o lucro acima da qualidade e de esconder deliberadamente defeitos eletrônicos que poderiam tornar os veículos irrefreáveis.

No alvoroço de relatos na mídia sobre as agruras dessa companhia icônica, detalhes se perderam, tal como o fato de que o acidente com os Saylors ocorreu porque a locadora não seguiu os procedimentos da Toyota e colocou o tapete de borracha errado, grande demais, no veículo alugado pela família, sem fixá-lo bem; o tapete então se embolou no pedal do acelerador, causando o acidente. Tampouco chamou atenção que não havia evidências forenses de problemas eletrônicos em muitos dos acidentes investigados. Ainda assim, a imagem pública da Toyota, cultivada com tanto cuidado durante 50 anos pelo foco incansável na melhoria contínua e em servir os clientes, foi severamente afetada. Ela deixou de ser a epítome da cidadania corporativa e passou a ser o alvo das piadas dos programas noturnos. Isso teve início nos Estados Unidos, e a Toyota, a princípio, encarou a situação como um problema de percepção regional que poderia ser abordado pela gestão dentro país, mas na era da Internet, nada permanece localizado por muito tempo, e logo isso se tornou uma crise global.

Se o estopim da crise foi o acidente da família Saylor, o dia 8 de fevereiro de 2011 pode ser visto como um marco fundamental – foi quando a National Highway Transportation Safety Administration, agência norte-americana que regula a segurança nas estradas, divulgou os detalhes de um exaustivo estudo de 10 meses e US$1,5 milhão que a Nasa conduziu sobre os sistemas eletrônicos da Toyota. Resumindo os resultados, o secretário dos transportes norte-americano Ray LaHood, que havia criticado violentamente a Toyota durante a crise, afirmou: "Eis o veredito. Não há qualquer causa eletrônica para a aceleração não intencional em alta velocidade em Toyotas. Ponto final".

Um ano antes, porém, quando a crise estava se alastrando incontrolavelmente, as acusações à Toyota foram um baque no meu sistema. Quando o acidente com os Saylors ocorreu, Tim e eu dávamos os retoques finais em uma pesquisa sobre o modo como a Toyota constrói líderes. Eu havia visitado plantas e escritórios da Toyota por todos os Estados Unidos e ficara impressionado por ela não ter dispensado funcionários, e sim tê-los mantido totalmente engajados em treinamentos e *kaizen* (melhoria contínua), para que a empresa emergisse mais forte depois de passada a recessão. Contudo, a recessão estava começando a parecer peixe pequeno comparada à tempestade de críticas que a companhia estava enfrentando.

As acusações à Toyota não faziam sentido para mim. Quando comecei minha carreira acadêmica em 1982, eu era um cético inveterado. Como a maioria das pessoas, eu achava que os executivos das grandes corporações só se preocupavam com três coisas – lucro, lucro e lucro. Eu havia estudado muitos programas muito elogiados de "delegação de poder" à força de trabalho que, vistos de perto, tinham rendido apenas ganhos temporários ou melhorias cosméticas no visual do local de trabalho, à medida que os funcionários subvertiam tentativas de serem manipulados por gestores descomprometidos. Então, acabei deparando com a Toyota em 1983, e minha carreira nunca mais seria a mesma. Pela primeira vez em minha pesquisa, vi uma companhia na qual os gestores realmente investiam no desenvolvimento de seus funcionários; na qual o trabalho em equipe era recompensado em detrimento do ostentoso desempenho individual; na qual os trabalhadores empreendiam o mesmo esforço quando o chefe estava longe do que quando ele estava olhando por sobre seus ombros. Aquilo que os gestores e membros de equipes da Toyota me diziam em entrevistas era confirmado pelo que eu via nas fábricas e pelo que eu ouvia de ex-funcionários da Toyota que se tornaram meus colegas. Os dados sobre qualidade e produtividade, é claro, falavam por si. Quando pela primeira vez eu contei a executivos industriais norte-americanos sobre os *benchmarks* da Toyota, eles me disseram que era impossível atingir aqueles números.

O que eu via quando visitava a Toyota, acima de tudo, não era uma nova iniciativa gerencial ou uma campanha de um mês de qualidade e trabalho em equipe. A abordagem da Toyota em relação à liderança e à excelência operacional tinha como base uma filosofia e uma cultura, conhecida então como o Modelo Toyota (Toyota Way), que remontava à fundação da companhia como fabricante de teares automáticos antes da virada do século XX. Embora quase tudo tenha aparentemente mudado desde lá, o comprometimento para com a cultura e a filosofia da melhoria contínua, do respeito pelas pessoas, da contribuição para a sociedade e do cliente em primeiro lugar não mudou em nada. Meu frio ceticismo lentamente se transformou em caloroso entusiasmo.

Desde então, tenho dedicado a minha carreira a compreender o melhor que posso o Modelo Toyota e a ajudar outras companhias e seus líderes a aprender tudo que podem com seu sistema de gestão e sua filosofia. Passei dezenas de milhares de horas observando e aprendendo na Toyota e ajudando outras empresas a usar os seus princípios – e testemunhei melhorias radicais quando elas assim o fizeram.

Em todo esse tempo, nunca tive motivo para duvidar da sinceridade do comprometimento da Toyota com a qualidade, segurança e em colocar o cliente em primeiro lugar. Mas de repente as notícias da imprensa estavam pintando um retrato de uma empresa que não se parecia em nada com aquela que eu conhecia.

Meu primeiro instinto foi escrever uma torrente de cartas para as colunas de editoriais e de opinião defendendo a Toyota. Eu estava atônito de ver citações de colegas que tinham feito carreira ensinando os princípios Toyota afirmando agora que a empresa se desvirtuara e colocara o crescimento e o lucro acima das pessoas e da segurança. Eu queria pular no ringue e brigar pela reputação da Toyota. Mas então um velho amigo, John Shook, que durante anos foi gerente na Toyota, me lembrou que se eu interviesse, não estaria seguindo o Modelo Toyota.[1]

O Modelo Toyota requer que qualquer problema seja exaustivamente investigado antes de qualquer conclusão. Ele requer que os solucionadores de problemas "vão e vejam" o problema em primeira mão e não se fiem em relatos abstratos de terceiros. Ele requer uma reflexão intensa e crítica para que se encontre as causas-raiz e se desenvolva soluções eficazes. Sobretudo, ele requer que cada membro de equipe traga abertamente os problemas para a superfície e trabalhe para aprimorar continuamente aquilo que estiver sob seu controle. Eu não estava fazendo isso. Quer a Toyota estivesse ou não correspondendo aos seus princípios, eu não estava.

Tim e eu demos início, então, a um processo de tentar seguir o Modelo Toyota à medida que examinávamos as acusações e tentávamos desvelar os fatos. Logo nos descobrimos numa corrida perdida, tentando investigar cada acusação contra a Toyota. Percebemos que tentar rastrear cada relatório policial, cada arquivo da agência norte-americana de segurança nas estradas e cada relatório de campo levaria uma vida inteira (se não mais). Assim, demos um passo atrás e nos perguntamos: qual era nosso propósito nessa investigação? Seria para documentar em detalhe todos os casos de acusação de aceleração repentina não intencional; seria para nos tornarmos especialistas em sistemas eletrônicos; seria para docu-

---

[1] John Shook foi o primeiro norte-americano a se tornar gerente da Toyota no Japão e é atualmente CEO do Lean Enterprise Institute.

mentar dia a dia o que a Toyota fez, o que o governo fez e quem disse o que para quem? Finalmente concluímos que não éramos repórteres investigativos, mas que tínhamos a oportunidade de fazer algo mais significativo e útil do que uma exaustiva investigação forense. Tínhamos a oportunidade de examinar como a Toyota havia reagido a uma séria crise e de relatar as lições para que fossem aprendidas por outros.

Assim, de modo algum sustentamos que este livro é abrangente ou que elucidamos todo e cada fato ou detalhe relacionado à crise dos *recalls* da Toyota. Fizemos nosso melhor para sermos intensos e completos, ainda que, ao mesmo tempo, sucintos. Há bastantes detalhes de nossas investigações e entrevistas que não aparecem neste livro, já que ele não visa ser uma defesa da Toyota nem jornalismo investigativo. Por outro lado, tentamos oferecer um material que seja relevante para a compreensão da crise e para que outros possam aprender com ela. As agruras pelas quais a Toyota passou nos permitiram que a víssemos num contexto diferente de qualquer outro até então.

Desde que comecei a estudar a Toyota, a companhia sempre apresentou um registro invariável de sucesso. O intervalo de 2003 a 2008 representou os cinco anos mais lucrativos da história da empresa. De fato, a Toyota Motor Company vinha sendo lucrativa por quase 50 anos seguidos, continuamente ganhando fatias de mercado. Essa foi a primeira vez que eu vi a Toyota operar durante um período realmente ruim, durante uma crise. Uma coisa é jurar compromisso a um pensamento de longo prazo e colocar as pessoas em primeiro lugar quando se está ganhando; manter a palavra quando se está na berlinda é outra bem diferente. Como a Toyota reagiria? Será que ela conseguiria transformar a dupla crise da Grande Recessão e dos sucessivos *recalls*, como já fizera com outros desafios anteriores, em uma oportunidade de melhoria?

Essa certamente não era a primeira crise que a Toyota enfrentava. Na verdade, embora isso tenha sido encoberto pelo histórico que ela conquistou, toda sua história foi marcada por árduos desafios e por reações bem-sucedidas. A companhia original, a Fábrica de Teares Automáticos Toyota, foi fundada no Japão rural na década de 1890, quando o país estava emergindo de séculos de isolamento e descobrindo que o mundo o deixara para trás. A companhia automotiva tal qual conhecemos hoje teve que ser literalmente reconstruída das cinzas após a Segunda Guerra Mundial, penando durante um período de quase falência. Ela se revelou incrivelmente resiliente a inúmeras crises e desafios, passando por recessões, por valorizações drásticas do iene (o que derruba os lucros), pela crise do petróleo de 1973 e por aumentos vertiginosos nos preços das matérias-primas como o aço. A companhia era um modelo de resiliência, capaz de desafiar ciclos de negócios e manter uma trajetória estável de crescimento e progresso enquanto outras empresas tomavam decisões semi-instintivas de cortar investimentos, fechar plantas e dispensar hordas de funcionários. A recessão, porém, somada à crise dos *recalls* representava um desafio de uma magnitude que eu jamais vira a Toyota enfrentar.

    Nesse momento, eu e Tim começamos a conversar sobre escrever um livro, que acabou redundando em *A Toyota em crise*. Lemos tudo que conseguimos encontrar sobre o que estava acontecendo e tinha acontecido na Toyota. Era certamente importante embasar nossa análise com fatos e distingui-los das ficções no tocante às questões mais fundamentais, especialmente a crise dos *recalls*. Telefonei para amigos e contatos dentro e fora da companhia. A própria Toyota nos concedeu acesso exclusivo a seus executivos, gerentes e membros de equipes para que pudéssemos examinar de perto a questão e tirar nossas próprias conclusões. Começamos a fazer nosso melhor para descobrir quais lições a Toyota estava aprendendo e quais lições os outros poderiam aprender com a experiência da companhia ao gerir uma saída para essa crise.

    Nossos instintos de que havia importantes lições a serem aprendidas foram confirmados à medida que a Toyota começou a se recuperar da tempestade negativa. Fatia de mercado, reconhecimento pela qualidade e lucratividade começaram a se recuperar rapidamente. Cada vez surgiam mais dados sugerindo que muitas das acusações contra a Toyota tinham pouca base de verdade. Descobriu-se que várias notícias na mídia eram imprecisas; revelou-se que alguns especialistas supostamente independentes que estavam criticando a Toyota tinham recebido dinheiro de advogados que estavam processando a empresa. Embora a companhia ainda não tivesse se recuperado completamente nem da Grande Recessão nem da crise dos *recalls*, ela se reabilitara com uma velocidade impressionante. E o que é ainda mais notável, ela transformou essas crises em oportunidades para alçar suas metas de longo prazo.

Existe uma crença amplamente aceita, que costuma ser citada nos círculos de gestão de negócios, de que ideograma chinês da palavra *crise* é constituído dos caracteres referentes a "perigo" e "oportunidade". Trata-se certamente de um pensamento reconfortante para gestores em meio a períodos difíceis – de que tempestade trás a bonança. Infelizmente, tanto em termos literários quanto figurativos, essa crença não passa de um mito. A lenda sobre o ideograma chinês foi iniciada por um consultor que vinha estudando chinês havia poucos meses e que, como resultado, interpretou mal os caracteres. A ideia de que uma crise é uma oportunidade é alimentada pelas muitas empresas que meramente se mantiveram ativas graças a enormes sacrifícios durante a recessão, tendo eliminado empregos e investimentos em seu futuro.

Na verdade, como John Shook havia alertado, olhar para a Toyota através de lentes cor-de-rosa distorce os fatos. A empresa de fato sofreu com a recessão, na forma de perdas financeiras, e com a crise dos *recalls*, tanto financeiramente quanto em termo de reputação. Quando os executivos da Toyota olharam francamente para o espelho, descobriram algumas graves fraquezas que haviam se desenvolvido durante o rápido crescimento da empresa. Acima de tudo, descobriram que haviam perdido aquele foco intenso na compreensão das necessidades dos clientes, algo que guiara a empresa durante a maior parte de sua história. Quando as necessidades dos clientes eram identificadas, demorava demais para que ela respondesse, já que ela se tornara um gigante global com demasiada burocracia. A burocracia e algumas decisões tomadas isoladamente no Japão também haviam alimentado a crise dos *re-*

calls e retardado o tempo de reação da Toyota frente às queixas de consumidores e do governo norte-americano.

Nossas investigações, e, cada vez mais, os dados, sugerem que por ter enfrentado esses problemas com brutal franqueza, a Toyota conseguiu o feito de não apenas suportar uma crise, mas de usá-la como uma oportunidade de se aproximar ainda mais de suas metas de longo prazo. E ela não fez isso por meio de um novo programa radical ou contratando novos executivos com "ideias frescas". Na verdade, como ressaltou um artigo escrito como crítica à Toyota por ser pouco agressiva em sua reação, nenhum funcionário da Toyota perdeu seu emprego como resultado da dupla crise. Mais precisamente, a Toyota transformou crise em oportunidade não por ter feito algo diferente, mas por fazer ainda mais do que já havia feito antes da recessão ou da crise dos *recalls* terem começado.

Considerando-se a surra que a Toyota recebeu, primeiro por parte da recessão e depois por toda a força da mídia norte-americana e por diversos comitês do congresso, fiquei bastante surpreso com a resiliência da marca e com retomada comercial nos Estados Unidos. As vendas da Toyota no país caíram 16% em janeiro de 2009 e 9% em fevereiro de 2010, muito embora a venda em geral de veículos nos Estados Unidos tivessem aumentado. Em março, com incentivos fiscais raramente vistos voltados a aumentar as vendas (as quais, ainda assim, estavam 30% abaixo da média norte-americana), a Toyota deu um salto de 35% em relação às vendas do ano anterior, e a venda dos carros que tinham passado por *recalls* subiram 48%. Em maio, conforme uma lista compilada pela Reuters, o Camry, o Corolla, o RAV4 e o Prius estavam entre os 20 veículos mais vendidos nos Estados Unidos, e o Camry havia reconquistado o topo da lista dentre os carros de tamanho médio. Até mesmo em novembro de 2010, quando parecia que as vendas da Toyota haviam perdido bastante terreno para a concorrência, um exame mais detido nas vendas no varejo (eliminando-se as vendas de pequeno lucro de frotas, como aquelas para locadoras de veículos) mostrava que a Toyota detinha 17% desse mercado, comparado a uma média de 18,3% em 2009. Isso representava uma perda de 1,3% em fatia de mercado, mas ainda fazia da Toyota a fabricante número 1 em vendas no varejo nos Estados Unidos. O que também me impressionou, considerando-se as perdas em vendas e o alto custo dos *recalls*, foi que no ano fiscal terminado em 30 de março de 2010, a Toyota divulgou um lucro global de US$2,2 bilhões e vem dando lucro em todos os trimestres desde então. Um indicativo da força da marca Toyota foi demonstrado por uma enquete da Rice University com consumidores de automóveis em fevereiro de 2010, no auge da crise dos *recalls*, que descobriu que os proprietários da marca nos Estados Unidos apoiavam esmagadoramente a companhia, acreditavam que ela estava lidando bem com os *recalls* e comprariam outro Toyota. E em novembro de 2010, a *Consumer Reports* ranqueou 17 veículos Toyota dentre os "mais confiáveis" na estrada, mais do que qualquer outra fabricante. Além disso, a *CR* declarou: "Acreditamos que a Toyota tenha corrigido adequadamente o problema da aceleração não intencional e que esses novos veículos atualmente à venda sejam seguros".

Entretanto, como veremos mais adiante no livro, alguns danos de longo prazo ocorreram, e a Toyota percebeu que ainda tinha bastante trabalho a fazer se quisesse recuperar sua imagem imaculada de qualidade e desejasse se tornar ainda melhor do que era antes das crises. Embora a Toyota estivesse lutando para sair da crise, cada vez ficava mais evidente que seus principais concorrentes nos Estados Unidos, sobretudo a Ford e a Hyundai, tinham ganhado força durante esse período. Recuperar-se apenas não é o bastante para o Modelo Toyota. O objetivo é sempre sair mais forte e mais competitivo.

O leitor perceberá, é claro, que embora este livro seja sobre uma empresa global, ele tem um viés predominantemente voltado aos Estados Unidos. Ainda que as más notícias tenham se espalhado por todo o mundo, os Estados Unidos foram o epicentro, especialmente da crise dos *recalls*. A bem da verdade, a maior parte da mídia norte-americana escreveu artigos sobre a Toyota como se ela fosse uma empresa dos Estados Unidos e como se apenas este mercado automobilístico existisse. Número de vendas e dados sobre qualidade foram publicados sem ao menos a menção de que se referiam apenas aos Estados Unidos. O grito de alerta para a Toyota foi que cada região, e até mesmo cada país, é diferente, e que o contexto político e social local deve ser levado em consideração em todas as decisões. Descobriu-se que o fato de tomar a maioria das decisões no Japão por engenheiros e executivos japoneses que estavam isolados do *gemba* (onde as questões estavam realmente acontecendo) era uma fraqueza central dessa companhia global, e que havia muito a ser feito para escutar os clientes de cada país e atribuir mais autoridade aos membros de equipes localizados localmente no *gemba*.

Essa é a história que nos propusemos a contar aqui: como a Toyota reagiu ao se ver na berlinda, com um foco primordial no epicentro – os Estados Unidos. Este livro é a culminância de mais de dois anos de investigação desde o auge da recessão global, incluindo visitas a plantas e escritórios da Toyota nos Estados Unidos e no Japão e entrevistas com o presidente Akio Toyoda, membros do conselho e executivos seniores em ambos os locais, além de membros de equipes, revendedores e especialistas independentes da indústria automobilística. Passei diversos dias em cada uma das plantas que foram mais atingidas durante o auge da recessão, entrevistando membros de equipes e recebendo um *tour* pelas suas atividades de *kaizen* (melhoria). Observei, no Japão, um Camry sendo testado para verificar se havia sensibilidade a interferência eletromagnética. Vi de perto membros de equipes respondendo a enxurradas de perguntas de clientes no *call center* da Toyota em Torrance, Califórnia. Pude ver de antemão materiais para um novo programa de treinamento profissional.

Não posamos como especialistas técnicos sobre aceleração repentina ou como conhecedores dos detalhes de todas as discussões entre a Toyota e o governo a respeito dos *recalls*, mas estamos confiantes em nossa compreensão da questão como um todo e fizemos nosso melhor para oferecer uma avaliação justa e precisa dos eventos mais importantes deste período. Tim e eu passamos centenas de horas em entrevistas. Ficamos sabendo de momento heroicos na Toyota, e os executivos não hesitaram criticar duramente as graves lacunas entre as práticas atuais e os ideais do Modelo Toyota. Ao longo deste livro, citamos as fontes da Toyota com base nessas entrevistas, exceto em casos em que explicitamente reproduzimos notícias da imprensa que traziam a citação de alguém da Toyota. Conversamos também com especialistas automotivos independentes da *Consumer Reports*, Edmunds.com, thetruthaboutcars.com e de universidades, bem como com jornalistas, os quais compartilharam informações detalhadas que haviam coletado.

A pior coisa a fazer em épocas difíceis é regredir, o que, infelizmente, muitas companhias acabam fazendo. A maior contribuição da Toyota ao mundo é um modelo de melhoria contínua verdadeira. A melhoria contínua não cessa quando ocorrem infortúnios; eles representam oportunidades para se olhar no espelho, identificar suas fraquezas e passar a um novo nível de desempenho. A dupla crise foi mais uma oportunidade de motivar todos os membros de equipes e parceiros da Toyota em direção a uma visão de melhoria da qualidade e da segurança num nível jamais visto na indústria automobilística. Como sempre, problemas é que não faltavam para serem resolvidos.

A trajetória por entre as crises até a melhoria foi guiada pelo Modelo Toyota. O Modelo Toyota é uma filosofia muito profunda, e há muitos métodos específicos a serem estudados e dominados. Em outro sentido, porém, os conceitos básicos são bastante transparentes. Encare os desafios com uma mente limpa e energia positiva. Aferre-se a seus valores fundamentais e a sua visão para a companhia. Sempre comece pelo cliente. Compreenda os problemas que você enfrenta analisando os fatos, incluindo suas próprias falhas, e entendendo as causas-raiz. Cogite profundamente soluções alternativas, e, então, escolha seu caminho, desenvolva um plano e execute-o com disciplina e energia.

O surpreendente, talvez, é quem está fazendo todas essas coisas. Não são os executivos seniores que em pontos periódicos de crise transformam a companhia de alto a baixo. Não são os engenheiros e os quadros especializados em qualidade que estão descobrindo como resolver os problemas técnicos que causam defeitos.

Muito frequentemente, achamos que é possível pegar uma companhia que está em crise e renová-la simplesmente limpando os antigos quadros executivos, trazendo gente nova e, talvez, adicionando um novo departamento de especialistas em seja o que for que tenha causado a crise. Os altos executivos e os departamentos especializados certamente cumprem papéis importantes, mas para se conseguir a melhoria contínua, é preciso que todos estejam ao mesmo tempo pensando e fazendo. Na verdade, aquelas pessoas responsáveis pelo trabalho que agrega valor encontram-se na melhor posição para ver e compreender em detalhe as fraquezas e para encontrar formas inovadoras de aprimorar os produtos e os processos. Estamos falando do pessoal responsável pela engenharia e pela testagem dos carros, aqueles que constroem os veículos, aqueles que vendem os veículos, as pessoas da manutenção que estão vendo os problemas todos os dias, os que estão em contato com as agências governamentais discutindo se devem conduzir um *recall*, e até mesmo aqueles que estão no telefone falando com clientes preocupados. É o esforço combinado de centenas de milhares de pessoas por todo o globo que estão altamente motivadas e preparadas para checar, perguntar, desafiar e aprimorar que fez da Toyota uma competidora tão poderosa. É isso que queremos dizer por cultura – os valores coletivos em ação cotidianamente por toda a companhia.

A motivação e as habilidades para exercer a melhoria contínua não são herdadas geneticamente, e sim aprendidas. Espera-se de todos os gerentes da Toyota que sejam professores e que desenvolvam em seus estudantes a arte da melhoria contínua. Segundo Akio Toyoda, essa cultura do treinamento profundo e do desenvolvimento de pessoas se enfraqueceu à medida que a Toyota cresceu tão depressa que houve uma escassez de gerentes/professores e um excesso de novos contratados que não haviam passado pelo longo e árduo processo de doutrinação do Modelo Toyota.

Isso não que dizer que o Modelo Toyota evaporou da companhia. A cultura sempre esteve viva e forte na maior parte da empresa, mas precisava ser despertada e levada a um patamar mais alto, especialmente em áreas técnicas e administrativas que deviam traduzir as queixas dos clientes em melhorias, responder às preocupações do governo e tomar decisões sobre *recalls*. O Modelo Toyota é muito mais do que um conjunto de truísmos na Toyota.

Essas melhorias são exatamente aquilo que testemunhamos na Toyota ao longo dessas crises. Não é possível desligar e ligar uma cultura como um interruptor de luz. A experiência da Toyota mostra que com uma sólida cultura construída ao longo de décadas de valores vivos, essas ações são possíveis no mundo real, até mesmo durante uma crise, até mesmo quando se está operando com um prejuízo de US$4 bilhões e até mesmo quando se está sendo acusado falsamente pela mídia e pelos políticos de negligência em relação aos clientes.

Somos gratos à Toyota por nos ter aberto suas portas e compartilhado em profundo detalhe o que estava fazendo para responder à crise. Fomos sempre incentivados pela Toyota a oferecer nossas impressões imparciais sobre tudo que aprendemos de forma a beneficiar outras empresas em crise. Acreditamos que existem lições para todas as companhias e todos os gestores nos fracassos e sucessos da Toyota. Trabalhamos duro para contar a história da Toyota com franqueza, baseados em fatos, e sempre atentos ao que outras empresas poderiam aprender sobre navegar em águas turbulentas.

Uma breve observação: entrevistamos muitas pessoas dentro e fora da Toyota durante nossa pesquisa. Quaisquer citações diretas no texto, exceto com destaque em contrário, são provenientes dessas entrevistas. Em citações traduzidas do japonês, tomamos a liberdade de fazer edições mínimas em prol da gramática e da clareza.

JEFFREY K. LIKER, PH. D.
Professor de Engenharia Industrial e Operacional,
University of Michigan; autor de *O Modelo Toyota*

Sumário

Capítulo 1
A empresa mais admirada no mundo   1

Capítulo 2
A crise do petróleo e a recessão   23

Capítulo 3
A crise dos *recalls*   61

Capítulo 4
A reação e o caminho para a recuperação   125

Capítulo 5
Lições   197

Índice   235

Capítulo 1

A empresa mais admirada no mundo

É essencial que nossa equipe de liderança global abrace os conceitos do Modelo Toyota para que alcancemos nossas metas de negócios em outros países que possuem uma ampla variedade de costumes, tradições e práticas.
— Do então Presidente Fujio Cho, no Preâmbulo de *The Toyota Way 2001*

Ao final do ano 2007, não seria exagero dizer que a Toyota estava no topo do mundo. Embora se pudesse discutir se ela era de fato o maior fabricante de automóveis do mundo, dependendo dos parâmetros usados, não havia dúvida de que ela dominava o setor. A Toyota era a empresa que todas as outras usavam como *benchmark*. Ela era muito mais lucrativa que suas principais concorrentes norte-americanas. Na verdade, ela vinha dando lucro continuamente por quase 50 anos, um histórico que rivalizava com qualquer outra empresa dentre as mil maiores e que representava algo inédito na indústria.

Seu crescimento e sua lucratividade eram impulsionados por seu extraordinário registro de qualidade e satisfação dos clientes. Ela dominava as premiações anuais de qualidade e os *rankings* de custo/benefício. Os veículos da Toyota mantinham seu valor por muito mais tempo que os produtos da concorrência. A lealdade dos seus consumidores era a maior do setor. A companhia era lucrativa em todos os segmentos automobilísticos, desde carros compactos até imensos SUVs. Ela havia tornado até mesmo o Prius – o primeiro híbrido de produção em massa do mundo – lucrativo, um feito que, quando do lançamento do veículo, os observadores da indústria sustentavam que jamais aconteceria.

Mas a posição da Toyota era ainda mais dominante do que essas marcas impressionantes podem sugerir. Ela literalmente revolucionara a fabricação, a engenharia de processo e a qualidade, estabelecendo novos padrões para a excelência operacional que acabaram se tornando metas para companhias em diversos setores. A Toyota mudou a forma como uma grande parte do mundo pensa sobre qualidade ou sobre como aprimorar continuamente qualquer processo. Hoje, praticamente todas as grandes organizações, seja qual for seu ramo ou país, no mínimo falam o jargão da produção da qualidade, *lean* e operação *just-in-time*, embora poucas delas tenham levado esses conceitos a um patamar sequer comparável ao estabelecido pela Toyota.

Ao final de 2007, parecia que todo mundo adorava a Toyota, até mesmo grupos tão distintos quanto investidores de Wall Street e ambientalistas inveterados. Milhões de livros explicando a abordagem da Toyota foram vendidos, inclusive *O Modelo Toyota*, e as companhias estavam gastando bilhões de dólares tentando compreender, aprender e replicar o modelo Toyota.[1]

O espantoso sucesso da Toyota tornava difícil de acreditar que houve um tempo em que "Made in Japan" era sinônimo de porcaria ao invés de alta qualidade, ou em que as companhias automotivas norte-americanas imperavam no mundo inteiro em seu setor. Ou que a Toyota Motor Corporation teve início com um único inventor autodidata mexendo com teares num obscuro vilarejo rural nos arredores de Nagoya, Japão, no final do século XIX.

Então como a Toyota conseguiu sair dos campos de arroz de um país atrasado e não industrializado para chegar ao topo do mundo, o ponto elevado que fez da sua queda algo tão chocan-

---

[1] Jeffrey K. Liker, *O Modelo Toyota* (Bookman, 2005).

te? Essa história não é apenas uma curiosidade. Na verdade, compreender os fundamentos do sucesso da Toyota é crucial para entender o que aconteceu com ela entre 2008 e 2010 e como ela agiu e reagiu na berlinda.

Das origens humildes

A Toyota nasceu dos experimentos de Sakichi Toyoda, filho de um carpinteiro pobre criado numa região de plantadores de arroz. Ao final do século XIX, o Japão tentava alcançar as nações industrializadas após quase 200 anos de isolamento do mundo exterior, com o governo japonês estimulando o crescimento de fábricas de pequeno porte por todo o país. Isso incluía os moinhos de vilarejos e até mesmo caseiros. As mulheres da família Toyoda estavam envolvidas com tecelagem – na época um processo difícil e trabalhoso realizado em teares manuais, com a utilização de uma tecnologia que há um século permanecia a mesma.

Tal como os heroicos inventores ocidentais, como Alexander Graham Bell, Charles Babbage, James Watt, Guglielmo Marconi, Louis Pasteur e Thomas Edison, Sakichi Toyoda trabalhou em sua oficina durante décadas, refinando seus projetos de tear por tentativa e erro, buscando facilitar o trabalho manual de seus familiares. Seu primeiro tear manual de madeira, de 1891, reduziu imediatamente aquela faina ao utilizar a gravidade e um pedal para mover o braço do tear para frente e para trás, dobrando a produtividade. Ao longo dos anos seguintes, ele produziu inúmeros outros aprimoramentos em seus teares, e em 1896 ele construiu um tear mecânico a vapor que quadruplicava a produtividade. Os experimentos de Toyoda não apenas o levaram ao projeto de um tear automatizado como necessariamente ao projeto de motores – afinal, os teares automáticos precisavam de uma fonte de força. Sua inovação mais conhecida, porém, uma inovação que estabeleceu o padrão para toda a história futura da Toyota, foi o modo de eliminar erros comuns no processo de tecelagem.

Ao utilizar um tear manual, era fácil perceber os erros e os problemas de qualidade – o processo era bastante lento, permitindo que a tecelã inspecionasse o tecido continuamente. Mas o ritmo mais veloz dos teares automáticos fazia com que ficasse mais difícil perceber os defeitos ou problemas. E quando um erro ocorria – o problema mais comum era o rompimento de um fio – o tear podia continuar funcionando por muito tempo após o produto já estar inaproveitável. Para uma pequena oficina de tecelagem, isso era potencialmente desastroso. Uma oficina desse porte não podia se dar ao luxo de desperdiçar material, por isso as pessoas tinham de ficar a postos ao lado dos teares "automáticos" para pará-los em caso de ocorrer algum problema.

Isso, é claro, anulava muito do benefício da automação. Como resposta, Sakichi Toyoda inventou um mecanismo que parava o tear automaticamente assim que um fio se rompia. Em suas próprias palavras, ele "libertou a pessoa da máquina" para que as pessoas pudessem empregar seu tempo em algum trabalho que agregasse valor, em vez de simplesmente monitorar a máquina. Essa e outras inovações eram tão revolucionárias que a Platt Brothers, da Inglaterra, a maior fabricante de teares do mundo, acabou comprando os direitos de um dos teares mais populares de Toyoda. O montante da venda serviu como financiamento inicial para a Toyota Motor Corporation. Atualmente conhecido no Japão como o "rei dos inventores", Sakichi Toyoda recebe também o crédito de ser um fomentador da revolução industrial japonesa.

O sistema de produção da Toyota e as práticas empresariais da Toyota

Aqueles com algumas noções sobre a abordagem da Toyota em relação à fabricação reconhecerão a origem da agora famosa corda *andon*. A corda *andon* é puxada por um trabalhador numa planta de produção para parar a linha de montagem assim que um erro é detectado (todos os equipamentos automatizados da Toyota também possuem um detector de erro embutido que desliga a máquina automaticamente). A filosofia básica de identificar e eliminar imediatamente os erros e desperdícios é um pilar fundamental da companhia desde seus primeiros passos.

A transição de teares para veículos motorizados foi conduzida pelo filho de Sakichi Toyoda, Kiichiro, sob aconselhamento de seu pai. Sakichi acreditava que a empresa precisava se expandir para outras áreas do setor manufatureiro. Em 1929, Kiichiro passou a viajar regularmente aos Estados Unidos e à Grã-Bretanha, admitidamente para negociar termos de licença para a tecnologia de teares da companhia. Na realidade, ele também estava aprendendo tudo que podia sobre automóveis e fábricas de ferramentas para ajudá-lo na criação de uma divisão automobilística na Toyota Loom Works, o que consegui em 1931. Em 1937, a Toyota Motor Company (hoje conhecida como Toyota Motor Corporation, ou TMC) já era a parte central do negócio.

Foi Kiichiro Toyoda quem – num documento-chave do final da década de 1930, estabelecendo a filosofia operacional da Toyota – cunhou pela primeira vez a expressão "*just-in-time*", descrevendo um fluxo contínuo de materiais, desde as matérias-primas até o consumidor. A teoria foi posta em prática sob a liderança de outra figura icônica na história da Toyota, Taiichi Ohno, que experimentou em 1948 seu primeiro "sistema puxado" – a fabricação em resposta ao "puxar" do cliente – e que colocou pela primeira vez em uma planta, em 1953, o que alguns chamam de "supermercado".

A ideia de supermercado de Ohno foi inspirada por uma conversa com um amigo que acabara de visitar os Estados Unidos e que descreveu o supermercado norte-americano do tipo *self-service*. Antes da refrigeração se tornar algo amplamente difundido, o controle de estoque no ramo de mercearias era crucial. A comida estragava rapidamente, e, por isso, donos de mercados precisavam cuidar de perto o estoque, mantendo apenas o suficiente à mão para atender a demanda de alguns dias. Na terminologia moderna, os supermercados precisavam de uma gestão *just-in-time* de estoque, e era exatamente isso que faziam.

A recém-nascida Toyota Motor Company tinha um problema similar a esse dos supermercados. Embora não houvesse perigo de que o estoque da empresa estragasse, ela simplesmente não dispunha de fundos para manter o estoque à mão. Por seu pequeno porte, ela precisava conservar seu bastante limitado capital de giro o mais que pudesse. Assim como os supermercados norte-americanos, onde os bens como leite são postos nas prateleiras apenas na quantidade necessária para restabelecer aquilo que os clientes levaram, as fábricas da Toyota acabavam desenvolvendo "supermercados" internos que reabasteciam as partes na linha de produção à medida que se tornavam necessárias.

A combinação da ênfase de Sakichi Toyoda em eliminar os erros e da ênfase de Kiichiro Toyoda e Taiichi Ohno nas inovações do estoque *just-in-time* formaram a base daquilo que se conhece atualmente como o Sistema Toyota de Produção (STP). O STP, que evoluiu e foi refinado ao longo dos 80 anos seguintes, é o protótipo que guia as operações da Toyota, seja o fornecimento, a fabricação, a entrega de automóveis ou o serviço às revendas. Acima de tudo, seu foco é a busca incansável pela qualidade e pela eliminação do desperdício mediante a melhoria contínua por parte dos trabalhadores e gestores. Isso soa como senso comum hoje, mas era e é revolucionário. O modelo dominante entre os sistemas de manufatura antes da ascensão da Toyota como líder global era a busca por economias de escala. Essa abordagem tinha como foco a diminuição do custo de produção por meio do aumento dos montantes que eram produzidos a cada passo do processo. Inevitavelmente, isso causava uma acumulação de estoque, mas era algo percebido como positivo. Problemas de qualidade podiam ser tolerados, já que sempre havia mais partes a serem puxadas do estoque. Acreditava-se que sairia muito mais caro reduzir os defeitos do que maximizar a eficiência e jogar fora peças defeituosas.

A Toyota provou que o oposto era verdadeiro. Se você eliminasse os defeitos e os problemas de qualidade, poderia operar com um custo muito menor – e manter os clientes mais felizes. O processo para eliminação do desperdício e dos erros que a Toyota desenvolveu baseia-se nas ideias de Taiichi Ohno. Ele percebeu que o único modo de a companhia manter o comprometimento de Saiichi com a identificação e resolução de problemas e o comprometimento de Kiichiro com a operação *just-in-time* era contar com uma maneira sistemática de solucionar problemas em toda a empresa. Seu foco era desencavar a causa-raiz do problema perguntando cinco vezes por quê.

O processo de resolução de problemas ao qual Ohno deu início foi posteriormente aprimorado pelas ideias de um norte-americano despachado ao Japão pelo governo dos Estados Unidos para auxiliar na reconstrução do Japão após a Segunda Guerra Mundial, o dr. W. Edwards Deming. Suas ideias representam as bases do movimento da qualidade moderno. Ele ensinou a gestores japoneses a importância da qualidade e um modo de pensar para alcançá-la. Crucial para abordagem de Deming era uma radical expansão da definição da palavra *cliente*. Historicamente, os clientes eram considerados como os usuários finais de um produto. Deming ensinou que "o cliente" também é o estágio seguinte de um processo. Assim, servir o cliente em um ambiente manufatureiro significava fornecer ao próximo passo na linha de montagem exatamente aquilo de que precisava, tanto em termos de qualidade quanto de volume, no momento exato em que fosse necessário. Quando problemas relativos ao atendimento dos clientes eram encontrados, Deming recomendava uma abordagem altamente sistemática frente a eles, conhecida como ciclo Planejar-Fazer-Verificar-Agir (PDCA – Plan-Do-Check-Act).[2]

O ciclo PDCA é bastante intuitivo. Antes de tentar resolver um problema, é preciso se certificar de que há um *plano* viável baseado num estudo aprofundado da causa-raiz do problema, e

---

[2] Deming adaptou o ciclo PDCA a partir de William Shewart.

não apenas nos sintomas. Depois que você dispõe de um plano para consertar a causa-raiz, você *faz* a solução num ambiente de teste, *verifica* se a solução funciona e então *age* baseado naquilo que aprendeu no ambiente de teste, seja aprimorando o plano ou passando a outra área que requeira uma melhoria. Assim, o ciclo PDCA nunca acaba – o último passo sempre aponta para oportunidades de um aprimoramento ainda maior.

O processo de resolução de problemas da Toyota, a princípio conhecido como "resolução prática de problemas", evoluiu até a versão atual, chamada de Práticas Empresariais Toyota (PET). Trata-se de sua abordagem para a resolução de problemas, desde a eliminação de erros em trabalhos individuais até o estabelecimento de uma estratégia global para a companhia.

Em suma, o processo PET começa com uma declaração do problema, incluindo a lacuna entre as condições atuais e as ideais. Essa lacuna é então desmembrada nos problemas mais importantes que possam ser solucionados. Esses subproblemas específicos são então analisados ao se perguntar "por que" até que a causa-raiz, e não alguma causa superficial, seja encontrada. Dentro da Toyota, isso é conhecido como os Cinco Porquês – a crença de que para encontrar a causa-raiz de um problema é preciso perguntar "por que" pelo menos cinco vezes. Contramedidas são então identificadas, experimentadas e monitoradas, com ainda outros ajustes sendo feitos até que a lacuna seja eliminada e o próximo desafio seja identificado.

Os oito passos do PET são:

Planejar

1. Esclareça o problema.
2. Desmembre o problema em partes solúveis.
3. Identifique a causa-raiz.
4. Desenvolva soluções alternativas.
5. Avalie e selecione a melhor solução com base no que sabe.

Fazer

6. Implemente a solução (com base em tentativas, se possível).

Verificar

7. Verifique o impacto da solução.

Agir

8. Ajuste, padronize e espraie com base no que aprendeu.

Embora o STP seja acima de tudo um sistema para processos fabris repetitivos, o PET acolhe a filosofia do STP e emprega-a amplamente em toda a empresa, desde a fabricação, passando pela engenharia e até mesmo na tomada de decisões estratégicas. A Toyota acredita que esse processo de resolução de problemas é essencial para a liderança – espera-se que cada um dos líderes, seja qual for seu papel ou departamento, domine o PET. O domínio desse processo permite que até mesmo líderes com uma formação em finanças ou recursos humanos, por exemplo, contribuam significativamente no chão-de-fábrica, e também que encarem o trabalho de seus próprios departamentos como um conjunto de processos que pode ser aprimorado.

Outra fundamental contribuição de Ohno foi o desenvolvimento do trabalho padronizado. Segundo esse conceito, todas as funções na linha de produção precisam ser rigorosamente definidas e desempenhadas exatamente da mesma forma por cada trabalhador cumprindo aquele papel. A resolução de problemas na linha de produção e a melhoria contínua do desempenho simplesmente não seriam possíveis sem o trabalho padronizado – seria praticamente impossível isolar e corrigir qualquer fator que estivesse contribuindo para um defeito ou para um mau desempenho caso houvesse uma variação nas práticas dentro das mesmas funções. Muitos ocidentais veem, a princípio, o processo de padronização do trabalho como algo desagradável, imaginando um sistema que trata as pessoas como burros de carga ou robôs. A bem da verdade, o trabalho padronizado permite que os trabalhadores da linha pensem sobre o que estão fazendo, por que estão fazendo e como aprimorar o que estão fazendo. Encare da seguinte forma: ninguém pensa em atores como Sean Penn e Meryl Streep como subalternos ou burros de carga. Eles são incapazes, porém, de conferir a um papel sua personalidade e seu estilo até que tenham memorizado o roteiro. O trabalho padronizado é como o roteiro para os atores. É a base sobre a qual um trabalhador da produção pode empregar suas habilidades e aprimorar continuamente um processo. Sem o trabalho padronizado, o STP e o PET seriam impossíveis.

Construindo uma firme base cultural

O Sistema Toyota de Produção é a base frequentemente creditada por permitir que a Toyota tenha emergido do pequeno e devastado mercado japonês dos anos 1950 e se tornado a maior fabricante de carros do mundo. Ao longo de sua trajetória, a Toyota modificou drasticamente as perspectivas do que era possível em termos de qualidade e produtividade de projeto e operações fabris. Mas como bem sabe qualquer estudante de organização industrial ou psicologia, ou até mesmo uma pessoa familiarizada com a história de qualquer grande empresa, processos e procedimentos nunca são suficientes para garantir a excelência.

Pensadores da gestão como Peter Drucker, Tom Peters, Jim Collins e Peter Senge já demonstraram em suas pesquisas e em seus escritos ao longo dos anos que alcançar uma excelência consistente é algo extraordinariamente difícil e raro. A excelência, onde quer que ocorra, é resultado de uma cultura, e não apenas de processos. Todas as companhias e todos os processos estão sujeitos às leis da entropia – as coisas simplesmente se degradam com o tempo. Isso pode acontecer porque as pessoas se tornam complacentes ou porque as circunstâncias mudaram e as soluções de ontem já não se aplicam ao contexto de hoje. Em muitas empresas, o desempenho cai à medida que elas crescem para longe dos fundadores e de sua paixão.

O único modo de combater a onipresente doença da entropia é a cultura – construir uma organização que renove constantemente seu comprometimento para com a excelência e seus princípios fundamentais, uma organização capaz de instigar esses princípios e a paixão dos fundadores a cada nova geração de colaboradores e líderes.

Como demonstrado por seu crescimento e por sua lucratividade incrivelmente consistentes, a Toyota construiu uma cultura que faz exatamente isso. Durante a maior parte de sua história, essa cultura não esteve formalmente codificada nem recebeu um nome oficial. Ela era simplesmente repassada de colaborador a colaborador – um processo que se tornou possível porque todos os líderes da Toyota haviam passado suas carreiras inteiras dentro da empresa. Porém, conforme a companhia se expandiu globalmente, já não era suficiente espalhar a cultura de indivíduo para indivíduo por meio de monitoria diária. Simplesmente não havia mestres treinadores suficientes formados dentro daquela cultura para dar conta de todos os novos contratados. Em 2001, Fujio Cho, um estudante de Ohno e primeiro presidente da planta da Toyota em Georgetown, Kentucky, introduziu o documento que definia formalmente o Modelo Toyota. Não se tratava de um novo rumo para a companhia; era uma codificação da natureza da cultura criada por Sakichi e Kiichiro Toyoda e estendida por líderes como Taiichi Ohno.

The Toyota Way 2001, como ainda é chamado, é definido como uma casa com dois pilares – respeito pelas pessoas e melhoria contínua. O respeito pelas pessoas se estende desde os membros de equipe no chão-de-fábrica, passando por todos dentro da vasta rede de parceiros da Toyota, até seus clientes e as comunidades nas quais a Toyota faz negócios. A melhoria contínua significa literalmente o aprimoramento continuado de produtos, processos e até mesmo pessoas em todos os níveis da organização. Algumas versões do modelo demonstram o respeito pelas pessoas como base para a melhoria contínua, já que apenas aquelas pessoas altamente desenvolvidas que se importam apaixonadamente com seu trabalho e com a empresa são capazes de investir o esforço necessário para a melhoria contínua. Os dois pilares do respeito pelas pessoas e da melhoria contínua são sustentados pela base dos cinco valores fundamentais resumidos a seguir.[3]

Espírito de desafio

A Toyota foi fundada sob a disposição de enfrentar problemas difíceis e trabalhar até que fossem solucionados. Era essa a abordagem de Sakichi Toyoda frente aos teares e a abordagem de Kiichiro Toyoda frente à fabricação de carros a partir do zero. Como os dois Toyodas fundadores, espera-se que cada funcionário da Toyota não apenas prospere em seu papel atual como também encare os desafios de fazer as melhorias necessárias com entusiasmo. Como referido no *The Toyota Way 2001*: "Aceitamos nossos desafios com um espírito criativo e com a coragem de realizar nossos sonhos sem perder ânimo ou energia".

Mente *kaizen*

Kaizen é um preceito de aprimorar continuamente o desempenho. *Kaizen* é atualmente um conceito bastante famoso, e o termo já é familiar a muitos leitores. Porém, como viemos a descobrir, a vasta maioria das pessoas tem uma noção distorcida de seu significado. É bastante comum ele ser empregado para designar a formação de uma equipe para lidar com um projeto específico de melhoria, ou talvez a organização de um "evento" *kaizen* de uma semana de duração para um choque de mudanças. Na Toyota, *kaizen* não consiste em um conjunto de projetos ou em eventos especiais. É o modo como as pessoas na empresa pensam no nível mais fundamental, remontando ao infindável ciclo PDCA de Deming.

---

[3] As citações desta seção são provenientes de *The Toyota Way 2001*.

Capítulo 1 A empresa mais admirada no mundo   13

Existem dois tipos de *kaizen*. O primeiro é o *kaizen* de manutenção, o trabalho diário para lidar com um mundo imprevisível. O *kaizen* de manutenção é o processo de reagir aos inevitáveis (alguns podem chamá-los de Lei de Murphy) erros, defeitos, mudanças e variações da vida cotidiana para que se cumpra o padrão esperado para hoje (em termos de produtividade, qualidade, custo e segurança).

Quem visita uma fábrica da Toyota costuma se surpreender com o alto nível de atividade – incluindo as reações aos frequentes puxões na corda *andon* por membros de equipes na linha de produção por toda a planta ao primeiro sinal de quaisquer condições fora dos padrões. Essa atividade intensa e a resolução de problemas que dela resulta diz respeito ao *kaizen* de manutenção. Como esses problemas têm o potencial de parar a linha, o *kaizen* de manutenção é urgente e imediato, com a meta de trazer as condições de volta ao padrão.

O segundo tipo de *kaizen* é o *kaizen* de melhoria. Trata-se do trabalho de não apenas manter os padrões como também elevá-los. A Toyota inculca em todos os funcionários a ideia de que a meta é a perfeição, e que, portanto, todo e cada processo deve ser aprimorado.

Uma das principais confusões diz respeito a quanto esforço a Toyota despende no *kaizen* de melhoria em seu dia a dia. Muitos observadores externos esperam que a Toyota já tenha levado à perfeição a maior parte de seus processos – após décadas de *kaizen*, não pode haver mais muito espaço para melhoria, inferem eles. É para combater essa percepção, até mesmo entre os próprios funcionários da Toyota, que a "mente *kaizen*" representa um valor fundamental na companhia. Só é possível manter os ganhos de uma abordagem enxuta com o foco incansável na melhoria contínua de todos os processos. Como Taiichi Ohno pregaria, não importa quantas vezes já tenha sido aprimorado, cada passo na linha de produção está repleto de desperdício, e mesmo que se torne perfeito um dia, as condições mudarão amanhã, e o desperdício ressurgirá. Na raiz do *kaizen* reside a verdade de que nada é perfeito e que tudo pode ser aprimorado. Esse valor e modo de pensar muitas vezes levam a um mal-entendido a respeito da Toyota na imprensa. Ao longo de sua história, é possível encontrar declarações de seus executivos afirmando que a empresa precisa "retornar ao básico". Fujio Cho inclusive afirmava em discursos que a companhia precisava "se reinventar". Essas declarações são geralmente interpretadas como reconhecimento de um grande declínio corporativo. Ter uma mente *kaizen*, contudo, significa que é sempre apropriado retornar ao básico, renovar o foco na qualidade e avaliar criticamente a condição atual, não importa o quanto se esteja melhor em comparação com o passado.

Genchi genbutsu, ou vá e veja para compreender profundamente

Poder parecer que ver uma coisa em primeira mão é simplesmente uma medida prática – ainda que pouco praticada na maioria das empresas – em vez de um valor. O valor de *genchi genbutsu* não reside apenas no ato específico de ir e ver de perto, mas na filosofia de como os líderes tomam decisões. Nesse sentido, há dois aspectos principais referentes ao *genchi genbutsu*. Em primeiro lugar, as decisões são tomadas com base em fatos observados, e não em chutes, suposições ou percepções. A expectativa é de que nenhum problema ou questão será abordado sem uma compreensão clara dos fatos proveniente de ir e conviver com ele em primeira mão. Em segundo lugar, as decisões devem ser colocadas nas mãos daqueles que estão mais perto do problema, daqueles que foram ver de perto e que possuem uma compreensão profunda de suas causas e do impacto das soluções propostas. O papel dos líderes mais experientes não é julgar a solução daqueles mais próximos do problema, e sim julgar os processos de resolução de problemas utilizados na solução proposta.

Capítulo 1 A empresa mais admirada no mundo   15

Trabalho em equipe

As empresas, em sua maioria, afirmam que o trabalho em equipe é crucial para o sucesso, mas é mais fácil dizer do que praticar de verdade. Basta penetrar um pouco na superfície de grande parte dos empreendimentos humanos, seja uma companhia ou uma equipe esportiva, para descobrir que, embora exaltem o trabalho em equipe, as pessoas estão mais interessadas em suas conquistas individuais. Na Toyota, a visão de que o sucesso individual só pode ocorrer dentro da equipe e que as equipes se beneficiam do crescimento pessoal dos indivíduos assenta-se no processo de promoção (que confere grande peso ao comportamento em equipe) e nos incentivos por desempenho (os incentivos individuais representam um pequeno componente, enquanto os incentivos às equipes prevalecem). O trabalho em equipe não quer dizer que os indivíduos não são responsáveis. A responsabilização pontual é crucial para o sucesso da Toyota – cada item numa planta traz o nome de uma pessoa. Mas para que tenha sucesso, o indivíduo responsável deve trabalhar junto com a equipe, aproveitando seus talentos coletivos, escutando de perto as opiniões de todos os membros, trabalhando para construir consenso e, finalmente, conferindo à equipe qualquer crédito por sucesso.

Respeito

Em vários sentidos, este é o mais fundamental dentre os cinco valores básicos. O respeito é um conceito mais amplo do que o pilar Respeito pelas Pessoas, a começar pelo desejo de contribuir para a sociedade por meio da produção dos melhores produtos e serviços possíveis. Isso se estende ao respeito pela comunidade, pelos clientes, pelos funcionários e por todos os parceiros de negócio. Isso significa que cada membro de equipe da Toyota deve assumir a responsabilidade por seus atos e por seus efeitos sobre os outros.

Uma das facetas subestimadas do STP é como ele se alimenta do Modelo Toyota e vice-versa. Uma coisa é dizer que a cultura da Toyota acolhe o espírito de desafio. Já outra é garantir que os desafios estejam perpetuamente diante de todos na companhia. O STP deliberadamente cria um fluxo contínuo de desafios. Isso pode parecer estranho – a maioria das companhias já tem problemas suficientes com os desafios que se impõem a elas por clientes exigentes, mercados em evolução e concorrentes agressivos. Mas uma das coisas que Taiichi Ohno compreendeu a respeito da produção *just-in-time* foi que com um estoque tão pequeno não havia qualquer margem para erro. É por isso que o trabalho padronizado e um processo sistemático de resolução de problemas eram imperativos para a companhia. Quando se dispõe de bastante estoque à mão, caso uma máquina quebre ou um processo opere abaixo da eficiência máxima, ainda existe uma folga de segurança. Em um ambiente *just-in-time*, porém, um mínimo solavanco reverbera acima e abaixo pela linha de produção. Isso significa que não se pode apenas tapar os problemas com curativos ou mesmo com soluções "boas o suficiente". O restante da linha de produção depende da resolução dos problemas em sua causa-raiz, para que não voltem a ocorrer.

Isso, por sua vez, é um motivador para a mente *kaizen*. A Toyota necessita que todos os funcionários estejam sempre pensando em como aprimorar os processos – a melhoria contínua – apenas para acompanhar as demandas cotidianas do STP. Isso requer também, é claro, a disposição para que se "vá e veja" os problemas a fim de tornar a melhoria contínua uma realidade, bem como o trabalho em equipe para que as soluções para os problemas operem em conjunto em prol de um bem maior. Tudo isso, entretanto, requer, por fim, uma cultura de respeito pelos colaboradores, sejam quais forem seus níveis dentro da empresa. Executivos e "especialistas em *lean*" jamais conseguiriam fornecer a quantidade e o nível de resolução de problemas necessários para que o STP funcione suavemente. Todas as equipes na linha de produção precisam praticar cotidianamente a resolução eficaz de problemas.

Isso significa que a Toyota precisa investir nos membros das equipes para que eles possam *ser* solucionadores de problemas e respeitar as soluções que venham a encontrar. O conhecimento especializado que até mesmo as equipes medianas têm quanto à utilização do STP e do PET para a resolução de problemas os torna o bem mais valioso da companhia. A perda de colaboradores, por qualquer que seja a razão, debilita o modelo de negócio. É como se os bens de capital saíssem caminhando porta afora. Em geral, a expressão *capital humano* parece depreciar os seres humanos, apondo-os junto com máquinas e dinheiro como uma massa indiferenciada. Na Toyota, porém, o capital é realmente humano. Máquinas podem ser substituídas rapidamente. Um membro de uma equipe com 10 anos de experiência em STP e PET só pode ser substituído mediante o investimento de 10 anos no treinamento de outro funcionário. As pessoas não são o maior reservatório de custo variável na companhia; elas são o maior reservatório de bens valorizáveis.

Crescendo para liderar nos Estados Unidos e no resto do mundo

A combinação de STP, PET e a cultura do Modelo Toyota foi a vantagem competitiva que permitiu a Toyota tornar-se a maior fabricante automotiva do Japão e que se expandisse para outros mercados na Ásia. Mas nos anos 60, a soma de todos os mercados asiáticos sequer se comparava ao mercado norte-americano.

Quando a Toyota começou a planejar sua entrada no mercado norte-americano, no final dos anos 50, sua estratégia pareceria risível para qualquer um de fora da companhia. Confrontar as maiores e mais experientes fabricantes automotivas do mundo em seu próprio terreno? Essa percepção ganhou ainda mais força quando a Toyota decidiu que sua primeira tentativa de venda nos Estados Unidos seria com o desastroso modelo Toyopet Crown, inicialmente importado na Califórnia. O carro parecia funcionar bem segundo os padrões japoneses da época, mas ele mal tinha potência para subir as ladeiras californianas. Ele passou por um apressado *recall*, e as poucas centenas de unidades vendidas foram reenviadas ao Japão para que fossem aprimoradas. A Toyota retornou ao mercado norte-americano com veículos melhores e mais adequados às estradas do país. Em 1970, a Toyota era segunda dentre os importados nos Estados Unidos, atrás da VW. A Toyota ganhou mais outro impulso quando o embargo do petróleo de 1973 levou a racionamentos de gasolina e os norte-americanos correram para comprar carros pequenos e com consumo eficiente.

Uma minúscula fatia no mercado norte-americano não era suficiente. Executivos seniores da Toyota perceberam que se a empresa não se tornasse um concorrente relevante nos Estados Unidos, ela nunca teria o tamanho e a escala necessários para se impor sobre as grandes montadoras norte-americanas em qualquer outro mercado. Mas para ganhar escala dentro dos Estados Unidos seria preciso produzir carros no próprio país – a Toyota não conseguiria alcançar seu objetivo de ser uma das maiores concorrentes naquele mercado se todos os veículos que vendesse precisassem cruzar o Pacífico. Produzir carros fora do Japão trazia muitas incertezas. O sucesso da Toyota se baseava em sua cultura e em sua abordagem únicas. Ninguém sabia se o Modelo Toyota e o STP poderiam funcionar fora do Japão com trabalhadores de outros países que não haviam passado toda sua carreira imersos naquela cultura.

A Toyota decidiu que o caminho menos arriscado para testar o STP com trabalhadores norte-americanos era formar uma *joint venture* com outra fabricante do país. A Toyota sabia que deveria liderar a introdução do STP, mas um parceiro do tipo *joint venture* poderia fornecer o conhecimento especializado necessário para trabalhar com fornecedores e com todo o sistema financeiro e regulatório norte-americano. Uma *joint venture* foi formada em 1983 com a GM, e uma planta desativada da GM na Califórnia foi reaberta e batizada como New United Motor Manufacturing, Inc. (NUMMI). O acordo com a GM especificava que a unidade fabricaria Chevy Novas; a Toyota ficaria responsável pela engenharia e pela produção, enquanto a GM forneceria as dependências, os

Capítulo 1 A empresa mais admirada no mundo

relacionamentos com os fornecedores e o capital. Assim, a GM disporia de carros pequenos e de alta qualidade em sua linha de automóveis, e a Toyota abriria um caminho de baixo risco para aprender a construir sua cultura dentro dos Estados Unidos. Considerando todas as incertezas – a primeira vez em que o STP era testado com uma força de trabalho norte-americana sindicalizada,[4] a primeira *joint venture* entre a Toyota e a GM – a NUMMI representava um risco enorme, e o sucesso não estava assegurado. O projeto foi supervisionado por Tatsuro Toyoda, um dos filhos de Kiichiro e posteriormente presidente e diretor do conselho da Toyota.

No fim das contas, a NUMMI foi um imenso sucesso. Comparações com uma pequena planta da GM estabelecida em Framingham, Massachusetts, mostraram que eram necessárias 19 horas para montar um carro na NUMMI, comparado a 31 horas na planta da GM, e com um terço dos defeitos ao longo do processo. A NUMMI tinha um estoque 80% menor, e seu desempenho no primeiro ano de produção se comparava àquele de suas plantas ascendentes no Japão.[5] A capacidade da Toyota de gerar tamanho nível de qualidade e produtividade numa planta norte-americana com trabalhadores norte-americanos foi o que verdadeiramente chamou atenção do mundo para sua abordagem revolucionária em relação à fabricação. A NUMMI representou grande parte da base para o *best-seller The Machine That Changed the World*, que introduziu o termo *fabricação lean* para descrever a abordagem da Toyota como um novo paradigma, tão importante quanto a transição do artesanato para a produção em massa.

---

[4] Na verdade, uma das razões pelas quais a unidade estava fechada quando de posse da GM era o fato de a força de trabalho local ser a pior dos Estados Unidos em termos de qualidade e disciplina básica. Ainda assim, como condição para reabertura da planta, o acordo coletivo requeria que 80% desses trabalhadores fossem readmitidos.

[5] As estatísticas provêm de James P. Womack, Daniel T. Jones e Daniel Roos, *The Machine That Changed the World* (New York: Rawsons Associates, 1990).

A NUMMI também alcançou sucesso suficiente para convencer a Toyota de que poderia expandir a produção na América do Norte. Poucos anos mais tarde, a Toyota anunciava sua primeira planta de produção totalmente própria na América do Norte, a ser construída em Georgetown, Kentucky. A partir daí, a Toyota teve um sucesso atrás do outro. A nova fábrica, conhecida como Toyota Motor Manufacturing Kentucky, colecionou prêmios de qualidade. Enquanto isso, a fatia de mercado da Toyota crescia continuamente. Cada novo produto que a companhia lançava se tornava rapidamente o líder em sua categoria, tanto em termos de qualidade quanto em vendas.

Durante os anos 90, a Toyota estava continuamente ganhando fatias de mercado sobre a GM. Na virada do século, todos já pareciam saber no que aquilo ia dar. Em pouco tempo, a Toyota suplantaria a GM como a companhia automotiva líder no mundo. A única pergunta era quando. Esse era o contexto do Visão Global 2010, a visão da Toyota para a década, anunciada publicamente em 2002.

Na Toyota, o estabelecimento de metas e estratégias para 10 anos é uma tarefa para altos executivos e para o conselho de administração, assim como em qualquer outra companhia. Mas esse grupo na Toyota é singular – o conselho de administração tem cerca de trinta membros e é formado quase que inteiramente por atuais ou ex-executivos. Todos os vice-presidentes executivos da Toyota Motor Corporation são membros do conselho, e ex-presidentes permanecem no conselho depois de deixar o cargo. Por isso, as metas para a empresa como um todo não são estabelecidas pelo presidente atual e por um pequeno círculo de conselheiros. O estabelecimento dessas metas representa um processo de consenso que incluem atuais, ex e futuros diretores executivos (que são sempre funcionários de toda a vida da Toyota), além de líderes seniores que estão comandando os negócios diariamente no mundo inteiro.

As metas de alto nível para 2010 incluíam tornar a companhia mais ambientalmente responsável tanto em termos de veículos quanto em termos de operações, criando automóveis inovadores e empolgantes, e torná-la "a empresa automotiva mais admirada do mundo". Essas metas são bastante vagas, sem dúvida, e elas foram desmembradas em alvos relacionados a lucratividade, qualidade, consumo médio de combustível e fatia de mercado – especificamente, neste caso, 15% do mercado global, uma quantia que faria a Toyota ultrapassar a GM como a maior fabricante de automóveis do mundo. Tratava-se de um objetivo audacioso, exigindo que a empresa praticamente dobrasse de tamanho, embora poucos duvidassem, em 2002, de sua capacidade para chegar lá.

De 2002 a 2007, tudo parecia andar no rumo certo. Na verdade, o período entre 2003 a 2007 representou os cinco anos mais lucrativos na história da companhia. No início de 2008, a Toyota estava disparando em direção a suas metas do Visão Global 2010. Na América do Norte, por exemplo, a agressiva incursão da Toyota no território das montadoras norte-americanas com veículos como a camionete Tundra e os SUVs Sequoia, Highlander e RAV4 foi um sucesso, só superado pela imensa popularidade do híbrido Prius. Pouco depois de introduzir o Tundra, a Toyota anunciou que construiria um complexo fabril em San Antonio, Texas, para fabricar Tundras em concomitância com a planta de Indiana (conhecida como TMMI), onde o modelo foi lançado. Além disso, novas plantas tinham sido abertas em Ontário, no Canadá; em Blue Springs, no Mississippi; e em Baja, no México. Certamente, o investimento em novas plantas nos Estados Unidos e no Canadá no momento em que a maior parte dos fabricantes estava abandonando esses países em favor dos baixos salários das economias em desenvolvimento era algo que diferenciava a Toyota.

Em 2008, o Camry era o modelo mais vendido nos Estados Unidos, a décima primeira vez em 12 anos que o carro conquistava o primeiro posto nas vendas. O Lexus também vinha sendo o mais vendido dentre os modelos de luxo na maior parte dos anos desde a virada do milênio.

No despontar da crise, muitos especialistas sugeriram que a Toyota estava crescendo depressa demais nesse período, introduzindo problemas de qualidade e enfraquecendo sua cultura. Mas logo antes da crise dos *recalls* de 2009, não havia qualquer sinal de queda da qualidade; os modelos da Toyota ganharam 10 dos cobiçados prêmios J. D. Power como melhores veículos num segmento – mais do que qualquer outra montadora. A unidade da Toyota em Higashi-Fuji, no Japão, foi premiada com o Platinum Plant Quality Award por produzir veículos com o menor número de defeitos e falhas, apresentando em média apenas 29 problemas a cada 100 veículos, enquanto a média da indústria em 2009 era de 108 problemas a cada 100. Os *rankings* de confiabilidade do *Consumer Reports* 2009 (que examinam os veículos do ano anterior) descobriram que três das cinco marcas mais confiáveis pertenciam à Toyota (Toyota, Scion e Lexus). O Prius era o carro mais satisfatório em geral. O Lexus era o melhor em geral no quesito confiabilidade (pela oitava vez em 20 anos) e a *minivan* Sienna estava no topo da lista dentre os não luxuosos.

De repente, com o ápice ao alcance e todas as partes da empresa aparentemente mais fortes do que jamais foram, a Toyota se viu diante de um dos períodos mais difíceis de sua história. Disparada do preço do petróleo em meados de 2008, recessão, graves acusações de problemas de segurança e qualidade nos Estado Unidos levando ao *recall* de milhões de veículos... os desafios, tanto externos quanto autoinfligidos, não paravam de surgir.

Como a Toyota confrontou esses desafios e os transformou em oportunidades de melhoria contínua é a história que contaremos nos próximos três capítulos. É uma história importante para todos que desejam estar preparados quando a crise bate, venha de onde vier. Ela lança uma nova luz sobre o modo como até mesmo os melhores tropeçam – e o que os melhores precisam fazer para se recuperarem quando isso acontece.

Capítulo 2

A crise do petróleo e a recessão

Cabe a nós, na gestão, criar um ambiente em que cada membro de equipe na linha tome controle da qualidade e trabalhe para dar vazão à produção sem nunca precisar se preocupar com a segurança de seu próprio emprego.
— *The Toyota Way 2001*

No início de 2008, parecia realmente que aquele seria o ano da Toyota. Seus carros de passageiros, seus SUVs e suas camionetes estavam batendo recordes de venda. Nos Estados Unidos, o mercado mais lucrativo da Toyota, novas plantas estavam prestes a ser inauguradas, aumentando sua capacidade (e melhorando suas margens de lucro e reduzindo o risco de valorização cambial, já que um número menor de veículos precisaria ser enviado do Japão para atender a demanda).

Já no segundo trimestre, porém, os preços do petróleo começaram a subir vertiginosamente. E não pararam mais. Os Estados Unidos, com sua adoração por veículos grandes e baixos preços da gasolina em relação ao resto do mundo, sofreram o baque mais forte. No segundo trimestre de 2008, os preços da gasolina nos Estados Unidos tinham quase dobrado, ultrapassando aqueles durante o auge da crise do petróleo dos anos 70, levando-se em conta a inflação. Na maior parte do país, a gasolina comum tinha passado de US$4 dólares o galão (US$1,06 o litro); em estados como a Califórnia e Nova York, já estava a mais de US$5 (US$1,32 o litro). Sendo assim, encher um tanque de 20 galões ou aqueles ainda maiores, custava mais de US$100, preço alto o suficiente para que os norte-americanos questionassem se maior era realmente sinônimo de melhor. Compreensivelmente, as vendas desses grandes veículos praticamente cessaram. Isso representou um choque para a indústria automobilística norte-americana similar àquele do embargo do petróleo de 1973, que abriu de forma significativa o mercado do país para os carros pequenos como os da Toyota e os de outras fabricantes japonesas.

Agora, porém, a Toyota não era mais uma concorrente pequena e pugnaz buscando apenas fincar pé no mercado norte-americano. Ela era a fabricante líder de automóveis no mundo, e conquistara uma significativa fatia de mercado nos Estados Unidos vendendo grandes *minivans*, SUVs e camionetes desejadas por muitos norte-americanos. Portanto, quando a venda de veículos grandes e altamente lucrativos como a camionete Tundra e o SUV Sequoia inevitavelmente despencou, isso custou caro à Toyota.

Contudo, ao contrário das "Três de Detroit" (GM, Ford e Chrysler), que dependiam quase inteiramente de seus veículos grandes para seus lucros, a Toyota dispunha de folgas significativas: seus veículos pequenos e de baixo consumo, como o Corolla, o Prius, o Yaris e o RAV4, eram lucrativos e se beneficiariam da migração da demanda. Portanto, embora suas margens diminuíssem, a Toyota poderia operar com um lucro mesmo com baixíssimas vendas de camionetes e SUVs nos Estados Unidos. Essa foi uma das razões para a companhia ter garantido não apenas que podia fabricar carros pequenos com lucro, mas também que por meio da melhoria contínua, a lucratividade ficasse estável ou subisse com o tempo. Dessa forma, enquanto Detroit entrou em pânico total durante o terceiro trimestre de 2008, a Toyota simplesmente buscou ajustar o leque de veículos em produção, equilibrando oferta e demanda, e acelerou em frente.

Mas então o chão desapareceu debaixo dos pés do mercado de uma maneira que a Toyota não antecipara. No quarto trimestre de 2008, não havia dúvida de que uma grande recessão se aproximava. Os mercados de crédito pararam – de repente, não havia qualquer disponibilidade de crédito. Isso representa uma verdadeira crise para a indústria automobilística, já que os veículos, em sua maioria, são financiados. Sem financiamento, os consumidores não podem comprar carros. Mas a questão, é claro, não se resumia à falta de crédito. Até mesmo consumidores que ainda tinham acesso a crédito ou que podiam financiar um carro por outros meios pararam de comprar, temerosos do que o futuro reservava. Por toda parte, as pessoas fecharam e guardaram suas carteiras.

Houve um colapso sem precedentes nas vendas de automóveis, não apenas nos Estados Unidos, mas em todo o mundo, e não apenas de veículos grandes, mas de todos os tipos. A diversidade de países em que a Toyota opera e a diversidade de veículos que ela fabrica lucrativamente lhe conferem, em teoria, uma proteção contra a instabilidade econômica; momentos ruins em alguns países ou segmentos de mercado são normalmente compensados por aquecimento em outros. Nesse caso, porém, as economias industrializadas de todos os países do G-7 começaram a cair, e com elas muitas outras. Não havia onde se esconder.

A cada mês, o índice de vendas anuais da Toyota nos Estados Unidos não parava de cair. Em maio de 2009, as vendas estavam 40% abaixo da marca do ano anterior. Como se não bastasse, o dólar caiu 15% frente ao iene japonês entre julho e dezembro de 2008. Cada 1% de redução no poder do dólar se traduzia como uma queda de aproximadamente US$36 milhões na receita operacional da Toyota em ienes. O impacto combinado da queda nas vendas e do ajuste cambial levou ao primeiro prejuízo da Toyota desde 1950 – um prejuízo de mais de US$4 bilhões no ano fiscal de 2009 em vendas globais de 7,6 milhões de unidades, uma queda de 1,3 milhão de unidades em comparação com 2008.[1]

---

[1] Cabe ressaltar que em 2008 a GM apresentou um prejuízo de US$30,9 bilhões, sendo que US$9,6 bilhões apenas no quarto trimestre. Para que ela sobrevivesse, foi preciso a intervenção do governo norte-americano e o corte de dezenas de milhares de empregos. A Ford, por sua vez, teve um prejuízo de quase US$15 bilhões em 2008 e já havia tido um prejuízo de US$30 bilhões nos três anos desde 2006.

Quando o prejuízo foi anunciado, os repórteres começaram a telefonar diariamente pedindo um comentário. "O que a Toyota fará agora que está em crise? De quem foi a decisão de introduzir o Tundra e construir uma nova planta dedicada exclusivamente a esses beberrões de combustível? Quem será despedido devido a decisão de construir essas novas planta? O presidente será demitido?", eles perguntavam.

Essas são perguntas naturais da imprensa quando uma empresa anuncia um prejuízo de US$4 bilhões. Acabamos nos acostumando ao modo como as empresas lidam com a perda de dinheiro: executivos perdem seus empregos; fábricas são fechadas; pessoas são dispensadas; projetos são cancelados; bens são vendidos. Trata-se de uma receita bastante previsível. Na verdade, essa é a receita que a maior parte da indústria automobilística seguiu – e não somente as companhias norte-americanas que estavam operando com uma lucratividade marginal ou mesmo com prejuízo antes da recessão. A Nissan, por exemplo, abandonou 12 novos modelos e despediu mais de 20 mil pessoas. Uma notícia da CNN em julho de 2010 dizia que, somente nos Estados Unidos, o setor automobilístico dispensou 300 mil trabalhadores devido ao fechamento de plantas;[2] os CEOs da Chrysler, GM e Kia perderam seus empregos. Os CEOs que mantiveram seus empregos em geral brandiram seus afiados machados. O CEO da Ford, Alan Mulally, entrou para o eminente grupo dos CEOs mais bem pagos que despediram o maior número de trabalhadores – no caso dele, quase cinco mil trabalhadores em 2009, sem mencionar os cortes anteriores em 2008.[3]

Na Toyota, uma transição gerencial já havia sido planejada para 2009, antes da chegada da recessão: Akio Toyoda deveria suceder

---

[2] Chris Isidore, "7.9 Million Jobs Lost – Many Forever," CNNMoney.com, July 2, 2010; http://money.cnn.com/2010/07/02/news/economy/jobs_gone_forever/index.htm.

[3] *Huffington Post*, "The 10 Highest-Paid CEOs Who Laid Off the Most Workers: Institute for Policy Studies", September 1, 2010; http://www.huffingtonpost.com/2010/09/01/ceo-pay-layoffs_n_701908.html#s133350.

Katsuake Watanabe como presidente e CEO; Watanabe se tornaria vice-diretor do conselho de administração. Como isso se deu em meio ao colapso das vendas e da lucratividade e no momento em que a recessão se aprofundava, era fácil inferir que Watanabe estava sendo "despedido", e que Akio Toyoda estava sendo trazido para "salvar" a companhia. Veja, por exemplo, esta manchete da CNN em 20 de janeiro de 2009: "Fabricante japonesa reposiciona seus quadros depois de assistir a queda nas vendas em 2008".

Essa interpretação, que não era rara na imprensa, baseia-se num mal-entendido sobre a estrutura de governança da Toyota. Ela faz parte de um pequeno número de empresas japonesas que mantém a tradição de possuir um conselho de administração interno. Ao passo que o padrão da governança corporativa nos Estados Unidos e na Europa é um conselho composto principalmente por quadros independentes de fora da companhia, o conselho da Toyota é quase todo composto por executivos que passaram toda vida dentro da empresa. Assim, por exemplo, quando a recessão chegou, Shoichiro Toyoda, Hiroshi Okuda e Fujio Cho, os três presidentes que precederam Katsuake Watanabe, estavam no conselho. Outros membros do conselho são, em sua maioria, vice-presidentes executivos que atualmente dirigem ou recentemente dirigiram grandes áreas das operações da companhia.

Não fosse pelo impressionante histórico de sucesso da Toyota, sua estrutura de governança seria altamente suspeita – ela viola muitos dos princípios dados como óbvios pela boa governança de hoje, a qual assume que olhos imparciais vindos de fora são essenciais para ajudar as companhias a tomar decisões difíceis e a permanecer inovadoras e competitivas. Por que a Toyota se atém a esse modelo? Ele está vinculado à primazia do Modelo Toyota e do STP dentro da companhia. Com bons motivos após mais de 50 anos, a Toyota acredita que gente de fora que não conhece o STP, que não vivenciou o Modelo Toyota e que não passou anos refinando suas competências de resolução de problemas sob o molde das Práticas de Negócio Toyota são simplesmente incapazes de fornecer qualquer tipo de supervisão ou *insight* necessário para que a companhia mantenha essas vantagens centrais. Conselheiros externos não compreenderiam bem as decisões gerenciais e como se chegou até elas para cumprir o papel necessário no conselho. O conselho da Toyota cumpre um papel muito diferente daquele tipicamente cumprido pelos conselhos das empresas norte-americanas. Nessas, onde os conselheiros geralmente são de fora, muitos com atividades em tempo integral, o conselho se reúne entre quatro e oito vezes ao ano para revisar um conjunto de planos feitos pela administração. Em contraste, a atividade de tempo integral de um membro do conselho da Toyota é ou como um executivo da companhia ou somente como membro do próprio conselho. Portanto, o conselho tem tempo para se envolver intimamente com o monitoramento exaustivo tanto do desempenho interno quanto das forças externas, o que a Toyota considera essencial para a estratégia e o planejamento saudáveis. Os membros do conselho passam uma parte significativa do seu tempo nas fábricas da Toyota, literalmente caminhando pelo chão-de-fábrica, e visitando escritórios e revendas por todo o mundo. O valor *genchi genbutsu* da Toyota requer que sua presença no local de trabalho para verificar os processos em primeira mão.[4] Como resultado, quando o conselho estabelece metas e estratégias operacionais, elas não são os planos de um pequeno grupo de executivos que foram assinadas por um conselho de pessoas externas à empresa, depois de uma revisão superficial. Cada membro do conselho está, em primeiro lugar, envolvido intima e profundamente com o estabelecimento dos

---

[4] Há também um "conselho" global em separado composto por diretores administrativos que estão um nível abaixo dos executivos seniores do conselho de administração. Esses diretores administrativos dirigem operações específicas em determinadas regiões, tais como fabricação e vendas. Por exemplo, Jim Lentz, CEO da Toyota Motor Sales, nos Estados Unidos, e Tetsuo Agata, presidente da Toyota Engineering and Manufacturing North America, são diretores administrativos. Eles se reportam regularmente ao conselho para oferecer um panorama ainda mais detalhado das operações diárias.

planos, e a maioria deles acabará por liderar a implementação de alguma parte dos planos acordados.

Quando o chão sumiu debaixo dos pés do mercado ao final de 2008, o conselho não podia culpar exclusivamente Katsuake Watanabe por investimentos em expansão tais como novos veículos e novas unidades. Aqueles investimentos eram parte da busca pelo Visão Global 2010, e ela não era um plano exclusivo de Watanabe; era o plano de todo o conselho. Como presidente, Watanabe tinha alguma responsabilidade adicional por operações diárias, mas outros, como Fujio Cho, que o haviam precedido, e Akio Toyoda, que iria sucedê-lo, também eram responsáveis pela direção estratégica da companhia. Embora Watanabe se responsabilizasse publicamente pelos prejuízos da Toyota, ele era a voz da companhia, não um CEO solitário que forçara um plano audacioso e fracassara. Portanto, a transição de Katsuke Watanabe para Akio Toyoda não foi uma reação do conselho à recessão. As Práticas de Negócio da Toyota prescrevem o uso dos "Cinco Por Quês" para se chegar à causa-raiz de um problema, não os "Cinco Quens" para encontrar e demitir os culpados.

O conselho tampouco estava ignorando o prejuízo de US$4 bilhões e a queda de 40% nas vendas na América do Norte. E o Modelo Toyota não permite que a companhia repasse a culpa a outros ou a condições que estão aparentemente além do seu controle. O foco é sempre encontrar caminhos de aprimorar a companhia para que até mesmo os eventos externos possam ser apropriadamente enfrentados sem um dano maior a ela. Nesse caso, o conselho concluiu que houvera sinais antes do terceiro trimestre de 2008 de que uma bolha de alta demanda se formara e que ela entraria em colapso mais cedo ou mais tarde. Por exemplo, Atsushi Niimi, enquanto vice-presidente executivo responsável pela fabricação global, não aceitava o argumento de que essa era uma crise que estava fora do controle da Toyota:

> Olhando para trás, percebemos que, nos Estados Unidos, à certa altura, percebemos que as camionetes estavam se acumulando no estoque. Nosso estoque de camionetes não parou de crescer desde o fim de maio até o começo de junho [2008]. A cultura da

Toyota é fabricar apenas o que é vendido, apenas aquilo que é demandado pelo mercado. Mas não nos mantivemos fiéis a essa filosofia; não fomos ágeis nem rápidos o bastante.

A reação da Toyota à recessão foi radical – radical no sentido de que não envolveu os passos esperados; não houve demissões de executivos, nem demissões em massa nem fechamento de unidades. Pelo contrário, ela seguiu o PET e o Modelo Toyota para encontrar maneiras de colocar a companhia em um terreno estável durante a pior parte da crise e, ao mesmo tempo, continuar a investir no futuro. Isso envolvia revisitar o plano de 10 anos da companhia, o Visão Global 2010, e substituí-lo pelo Visão Global 2020. A visão de longo prazo fornecia as balizas e a direção que embasariam o plano de curto prazo, criado pelo Comitê Emergencial de Aumento dos Lucros (EPIC – Emergencial Profit Improvement Comitee), para retomar a lucratividade da companhia. O trabalho do conselho no Visão Global 2020 e do EPIC eram concomitantes; para esclarecê-los, examinamos cada um deles a seguir.

Visão global 2020 e a reação à grande recessão

O conselho de administração da Toyota começou a definir sua abordagem à crise com a costumeira análise intensiva. Ele ouviu especialistas externos sobre tendências econômicas de curto e longo prazo. Diretores fizeram relatórios detalhados sobre suas regiões. Conselheiros e diretores fizeram visitas pessoais às operações por todo o mundo.

As tendências econômicas de longo prazo identificadas pelos analistas da Toyota no segundo trimestre de 2009 (parafraseadas por fontes da Toyota) foram:

Aumento no preço dos combustíveis. A escassez de combustíveis fósseis se agravará com o passar do tempo, elevando os preços do petróleo e da gasolina. Nos Estados Unidos, o gigantesco *déficit* orçamentário federal criará uma pressão para o aumento dos impostos sobre a gasolina, equilibrando os preços praticados no país com aqueles do resto do mundo. Os preços se reaproximarão de seu pico de 2008 e o ultrapassarão.

Consciência ambiental. Não apenas o aquecimento global deixou de ser uma curiosidade científica e passou a ser uma realidade aceita, como também a conscientização sobre a qualidade do ar, sobre a reciclagem e sobre o reaproveitamento se tornaram preocupações preponderantes. Ainda não está claro se compradores individuais pagarão mais caro por carros mais verdes, mas as legislações pedindo baixas emissões de gases se tornarão cada vez mais rigorosas.

As tendências de curto prazo identificadas foram:

Enfraquecimento da concorrência. A maioria dos concorrentes se sairia pior do que a Toyota durante a recessão, praticando *downsizing* e cortando gastos em P&D, o que reduziria ainda mais sua capacidade de projetar e fabricar produtos competitivos. Nos Estados Unidos, as Três de Detroit estavam enfraquecidas. Isso apresentava a oportunidade de abocanhar mais fatia de mercado.

Demanda represada. Os veículos norte-americanos eram descartados nos últimos anos a uma taxa de 13,5 milhões de unidades por anos; entretanto, a produção em 2009 estava operando a uma taxa anualizada de nove ou 10 milhões de unidades. Com o final da recessão, provavelmente haveria um salto na demanda.

Um arraigado senso de urgência. Os funcionários da Toyota não precisaram ser instigados a adquirir uma mentalidade para a crise e para a escassez – eles podiam ver isso em onde moravam. Como resultado, eles estavam preparados e abertos a aceitar o desafio da mudança acelerada.

Essas análises guiaram a formação do Visão Global 2020. Trata-se de uma visão da Toyota como uma empresa que integra os ciclos da natureza com os ciclos da indústria. O alvo da Toyota ao longo da década foi de "praticar um *monozukuri* (um termo em japonês que significa 'a arte de fazer as coisas') que estabelecesse um forte equilíbrio com a natureza de forma a sustentar cuidadosamente o meio ambiente global". O *slogan* mandava "abrir as fronteiras do amanhã por meio da energia das pessoas e da tecnologia".

As metas de longo prazo do Visão Global 2020 forneciam direção para a reação à recessão – quais investimentos eram apropriados e alinhados com a visão de longo prazo da companhia, e quais não eram. O Visão Global 2020 estabeleceu a prioridade da P&D como um foco em veículos de baixo consumo e ambientalmente responsáveis. Os investimentos existentes da Toyota em tecnologias híbridas, incluindo sistemas de bateria, motores elétricos e outros, bem como em combustíveis alternativos, como o hidrogênio, seriam impulsionados. A companhia também procuraria parcerias com outras líderes nesse espaço – o que acabou levando a um investimento e acordo com a Tesla Motors, uma fabricante de nicho, mas em franca expansão, de veículos exclusivamente elétricos.

Em meio ao trabalho de desenvolvimento do Visão Global 2020, o Comitê Emergencial de Aumento dos Lucros deu início a esforços para levar a companhia de volta à lucratividade o mais rápido possível com a redução de custos, o ajustamento dos volumes de produção e com o enfrentamento de outras vulnerabilidades e fraquezas da companhia.

Obviamente, uma das principais áreas de foco foram montadoras da Toyota, responsáveis por grande parcela dos custos operacionais da companhia. A Toyota sempre procurou que suas plantas operassem lucrativamente a 80% de sua capacidade (a maioria das montadoras requer uma taxa operacional de 85 a 90% da capacidade para alcançar a lucratividade). O alvo de 80% baseava-se em padrões históricos de flutuação da demanda; a companhia utiliza mão de obra temporária e horas extras para produzir a 100% da capacidade durante períodos de pico. A recessão mostrou ao EPIC e ao conselho de administração que uma folga de 20% não era suficiente; a demanda poderia oscilar com uma amplitude maior do que aquela planejada. O EPIC decidiu que um novo alvo se fazia necessário: lucratividade a 70% da capacidade. O percentual se baseava em na planta mais eficiente da companhia em todo o mundo, que era capaz de operar lucrativamente pouco acima dos 70% de capacidade.

Alcançar a lucratividade a 70% da capacidade significava cortar custos fixos operacionais tanto em fábricas quanto em todas as funções de apoio. Como qualquer gerente de fábrica pode testemunhar, cortar custos operacionais mesmo que por poucos pontos percentuais é difícil. Cortar custos operacionais em 12,5% seria uma tarefa de muitos anos. Cortar os custos operacionais em 12,5% nas fábricas mais eficientes e produtivas do mundo em menos de dois anos vai ao limite da credibilidade. Entretanto, foi essa a meta que o comitê estabeleceu.

Há uma maneira óbvia de cortar custos operacionais drasticamente, que foi o caminho que a maioria das empresas em todo o mundo tomou; despedir trabalhadores. Um pequeno levantamento do noticiário de 2009 indica que 65% das empresas Fortune 100 anunciaram dispensas significativas. A Toyota poderia ter enxugado sua força de trabalho de membros de equipes permanentes para alcançar a meta de lucratividade e ter utilizado mais trabalhadores temporários e horas extras no futuro. Como expresso no Capítulo 1, porém, a Toyota encara seu pessoal com experiência em STP e PET como um bem em valorização. A partir deste ponto de vista, não faz sentido dispensar funcionários para resolver um problema de curto prazo. E a Toyota não o fez. Até março de 2011, nenhum membro de equipe de fabricação da Toyota foi involuntariamente dispensado. Infelizmente, a NUMMI, a *joint venture* com a GM, precisou ser fechada quando a GM declarou falência e abandonou suas obrigações junto ao empreendimento e aos seus trabalhadores (ver página 35 para uma discussão sobre a NUMMI). A perda da NUMMI acabou representando um ganho para San Antonio, Texas, onde a planta da Toyota assumiu a produção do modelo Tacoma e abriu mil postos de trabalho, e também para o Mississippi, onde a unidade de Blue Springs, cuja inauguração fora adiada com a chegada da recessão, assumiu a produção do Corolla, criando 4 mil empregos.[5]

É interessante notar que a mídia pareceu reagir com indiferença ou mesmo negativamente a essa estratégia de zero demissões durante a recessão. Por exemplo, um artigo na *Automotive News* lamentava: "Com o crescimento dos prejuízos, nenhum plano audacioso na Toyota".[6] O artigo criticava a Toyota por sua política ultrapassada de "lento crescimento orgânico" (o que é de certa forma irônico, considerando-se a atenção que seria dada ao "crescimento rápido demais" da empresa, poucos meses depois), observando que não houvera cancelamento ou fechamento fábricas no Japão, a dispensa de um grande número de pessoas ou a transferência de sua P&D para países com mão de obra barata. A reestruturação radical e as demissões em massa eram os únicos planos que faziam sentido para muitas das pessoas que faziam a cobertura da indústria. Para a Toyota, demitir trabalhadores que haviam recebido anos de treinamento em melhoria contínua e resolução de problemas seria uma derrota. Era desses funcionários bem-treinados e experientes que a companhia precisava se quisesse encontrar maneiras de cortar custos e aumentar a eficiência.

É importante observar que a Toyota não garante o emprego vitalício de seus colaboradores. A promessa que a companhia faz é que todos são considerados e respeitados. Esse respeito significa que a companhia esgotará todas as outras possibilidades viáveis antes de dispensar um trabalhador fixo. Uma medida incomum que a Toyota tomou em reação à recessão foi oferecer acordos de demissão voluntária nos Estados Unidos – embora apenas depois de projetar um plano para garantir que as escolhas dos voluntários fossem completamente voluntárias. Ao final, estima-se que 1.200

---

[5] Chester Dawson, "Toyota Revives Dormant Plant", *Wall Street Journal*, December 27, 2010.

[6] Hans Greimel, "As Losses Mount, No Bold Plan at Toyota", *Automotive News*, March 2, 2009.

de um total de 18 mil colaboradores elegíveis aceitaram a demissão voluntária (menos de 7%).

Outra maneira usual de enfrentar um declínio da lucratividade é cortar os gastos em pesquisa e desenvolvimento e o lançamento de novos produtos. A Toyota reduziu sim os gastos em P&D: eles caíram do posto de primeiro para o quarto lugar no mundo, de acordo com a revisão anual da Booz Allen Hamilton

---

Toyota, demissões e a Nummi

A NUMMI, Inc. nunca foi legalmente uma fábrica da Toyota; foi a primeira montadora da Toyota na América do Norte, formada como uma *joint venture* com a General Motors. Quando a GM se reestruturou e declarou falência, a empresa decidiu abandonar a NUMMI. A Toyota ofereceu tudo que pôde para que a GM cogitasse manter sua parte da NUMMI, incluindo fabricar uma versão do Tacoma como modelo da GM, sem sucesso. A Toyota se viu responsável por toda a operação e precisou decidir se aumentava o investimento para cobrir a parcela da GM ou se fechava a NUMMI. Atsushi Niimi, membro do conselho e responsável pela área de fabricação global, explica como a Toyota tomou a decisão:

> A operação da NUMMI quase nunca foi lucrativa, mas fazia dinheiro suficiente para lançar o próximo modelo. É exatamente como uma bicicleta que precisa estar se movendo o tempo inteiro para não cair. Em termos do volume, estávamos produzindo mais para as marcas da Toyota do que para as marcas da GM. Mas quando a GM tomou a decisão de abandonar o projeto da NUMMI, e considerando a estrutura de alto custo na área da Califórnia, não seria possível continuarmos com o projeto por um longo prazo.
>
> No auge da recessão, a Toyota já dispunha de uma capacidade excessiva, por isso foi tomada a difícil decisão de fechar a *joint venture*. A Toyota atendeu a todos os requisitos legais,

> pagando US$250 milhões de indenização aos funcionários da NUMMI e promovendo sua recolocação. Enquanto isso, absolutamente nenhuma assistência foi oferecida pela GM, ou pelo sindicato automotivo norte-americano. Mas esse não foi o fim da associação da Toyota com a NUMMI. Depois que a Toyota investiu na Tesla Motors, em 2010, a Tesla comprou a NUMMI e decidiu contratar novamente alguns ex-funcionários da empresa.

sobre gastos em P&D, mas ela foi a única montadora a figurar dentre as 10 companhias com maiores gastos no mundo, conforme avaliado em 2009. Na verdade, a Toyota gastou US$1,8 bilhão a mais em P&D do que a GM, e quase US$3 bilhões a mais que a Honda e a Ford naquele ano.[7] O Visão Global 2020 forneceu diretrizes indicando onde a Toyota precisaria manter seus investimentos, especialmente em tecnologia relacionada a veículos ambientalmente responsáveis. A Toyota reduziu custos adiando o lançamento de alguns novos modelos, concentrando-se em eficiência e liberando fornecedores terceirizados, mas dispensar engenheiros regulares estava fora de cogitação. Na verdade, os funcionários do Toyota Technical Center em Michigan (sua própria corporação, que conta com mais de mil engenheiros-chave na equipe) eram inelegíveis para o programa de demissão voluntária. A Toyota queria manter todos os engenheiros que ela havia treinado com tamanho cuidado e rigor.

A tarefa a ser enfrentada para responder à recessão era cortar custos sem demissões e garantir que a companhia pisasse em terreno firme para emergir da crise mais forte do que nunca. Como o simpático presidente Watanade afirmou em um discurso conjunto com o novo presidente Akio Toyoda: "Deixamos [nossas forças]

---

[7] A pesquisa da Booz Allen Hamilton sobre gastos em P&D pode ser encontrada em http://www.booz.com/global/home/what_we_think/featured_content/innovation_1000_2010.

se diluírem. Permitimos o crescimento de custos fixos e de riscos cambiais, e nossa receita está agora sensível demais a flutuações em vendas de unidades e taxas de câmbio. Ademais, a velocidade e a eficiência de nossas operações de negócio se reduziram".

De que forma a Toyota lidou com essas fraquezas? Não com uma mudança radical de direção, e sim se tornando mais agressiva no que sempre fizera: melhorando continuamente, investindo nas pessoas e estimulando-as a descobrir e implementar soluções que cortassem custos e aprimorassem a qualidade e a produtividade.

Transformando a recessão em oportunidade

Em meio à queda das vendas no segundo trimestre de 2008, Tetsuo Agata foi nomeado novo presidente da Toyota Engeneering and Manufacturing North America (TEMA), organização que dirige as áreas de fabricação, vendas e engenharia da Toyota. Agata foi escolhido e transferido de uma posição similar nas operações europeias da Toyota porque passara muitos anos trabalhando na TEMA antes de ir para a Europa. O conselho acreditava que precisava de um quadro experiente para gerir aquilo que na época era um problema de produção da América do Norte.

Mesmo antes da chegada de Agata, já fora tomada a decisão de reduzir drasticamente a produção de camionetes e SUVs em resposta à disparada do preço do petróleo e à queda das vendas. A produção foi suspensa por três meses nas plantas de Princeton, em Indiana, e de San Antonio, no Texas, a mesma providência sendo tomada em relação à troca de veículos entre as plantas para a máxima eficiência (um decisão que reexaminaremos mais adiante). Ainda assim, afirma Agata, "minha primeira mensagem, ainda em Paris, foi que precisávamos fazer nossos melhores esforços para manter todos os nossos quadros".

Embora seja verdade que a Toyota não demitiu, isso não significa que Agata e sua equipe não cogitassem uma necessidade urgente de corte de custos com pessoal. Como já mencionado, a Toyota utiliza trabalhadores temporários e horas extras como mecanismos para aumentar a produção acima do histórico patamar de lucratividade de 80% de sua capacidade. Durante o constante crescimento da Toyota nos Estados Unidos, suas plantas na América do Norte vinham trabalhando, em média, a 95% da capacidade. Nesses anos de prosperidade, os colaboradores cumpriam horas extras aos montes. Além das horas extras, havia um bônus anual baseado na lucratividade da companhia e no desempenho da unidade que regularmente perfaziam mais de 10% dos salários desses trabalhadores.

Com a queda dos volumes e a drástica redução da produção, não apenas o trabalho temporário foi cortado a zero como também foram extintos os bônus e as horas extras. Para muitos trabalhadores, isso significava uma queda de mais de 10% nos rendimentos. Agata instituiu um modelo de sacrifício compartilhado na TEMA. Se os trabalhadores levariam para casa um salário 10% menor, os gerentes e os executivos deveriam sofrer cortes temporários ainda maiores em seus pagamentos. Além do cancelamento dos bônus, ele instituiu uma escala decrescente, com os vice-presidentes e acima deles, incluindo ele próprio, sofrendo um corte de mais de 30% no salário até que a lucratividade fosse restaurada.

Outras medidas para cortar custos também foram implementadas. O jatinho corporativo da TEMA foi vendido, os gerentes abriram mão de viagens em classe executiva, as contratações foram congeladas e o programa de desligamento voluntário mencionado anteriormente foi anunciado. Membros de equipes nos escritórios corporativos da TEMA formaram grupos *kaizen* para procurar maneiras de cortar custos, a ponto até mesmo de economizar energia elétrica nos escritórios. Agata nos contou: "Muitos dos lugares em que gastávamos dinheiro não afetavam os clientes. É por isso, por exemplo, que aquela luz [no meu escritório] está apagada". Economizar dinheiro tornou-se uma meta de melhoria contínua. Diversos esforços pequenos, em vez de alguns poucos cortes grandiosos feitos por um executivo sênior, acabavam surtindo grande economia.

Como os executivos da Toyota esperavam, a recessão realmente levou os colaboradores da empresa a uma mentalidade de aceitar níveis de mudança ao quais eles talvez tivessem resistido antes da recessão. Por exemplo, a planta de Kentucky, a TMMK, só conhecera crescimento e prosperidade, e até a recessão, a maior queixa que os membros de equipes tinham era de se sentirem pressionados por cumprir muitas horas extras. O impacto inicial da crise do petróleo e da recessão foi amortecido na TMMK porque a planta não fabricava camionetes nem SUVs, os quais apresentavam as quedas mais repentinas e agudas na demanda. Mas com o recrudescimento da recessão e com a queda generalizada da venda de automóveis, o impacto ficou patente no chão-de-fábrica. Tim Turner, um membro de equipe da TMMK há 15 anos, relembrou a data exata em que percebeu o quanto a recessão era grave:

> 12 de fevereiro de 2009. Foi essa a data em que interrompemos a planta [uma ocorrência raríssima] para ouvirmos um comunicado. O gerente geral apresentou um monte de dados, tal como a taxa de vendas trimestralmente ajustada. A maioria dos membros de equipes não fazia ideia daquilo. O gerente geral nos contou: "Eu já me submeti a um corte salarial oito meses atrás e mantivemos isso internamente... mas agora precisaremos pedir um pequeno corte de todos para que possamos manter todo mundo empregado". Só então ficou claro o quanto eles são sérios em relação à segurança do emprego.

A dura realidade da queda da demanda e o que isso significava para todo mundo na planta levou imediatamente a um foco intensificado em redução de custos por parte dos membros de equipes. Na maioria das empresas, é raro que algum trabalhador sequer tome conhecimento dos custos, e muitas vezes, por uma questão de política interna, a gerência não quer que esses colaboradores conheçam os verdadeiros custos. Na TMMK, os membros de equipes utilizavam os cartazes com parâmetros afixados em todas as áreas da planta – normalmente voltados aos projetos *kaizen* de qualidade e segurança – para encontrar oportunidades de economizar dinheiro. Outra estrutura para *kaizen* são os círculos de qualidade, os quais na TMMK são organizados voluntariamente por colaboradores em hora extra. Os círculos utilizam o PNT para solucionar problemas maiores do que aqueles com que podem lidar durante um dia normal em que estão trabalhando na produção. Steve Turley, trabalhador veterano da equipe há 13 anos na empresa e que foi selecionado para trabalhar em tempo integral na organização das atividades dos círculos de qualidade no setor de montagem, nos contou:

> No passado, nos concentrávamos mais em círculos de qualidade visando qualidade e segurança, mas com a recessão os custos suplantaram tudo isso. Passamos a nos concentrar em reduzir desperdícios e reparos. Podíamos vasculhar nossos relatórios atrás das áreas onde tínhamos mais desperdícios e refugos, e nos relatórios de manutenção para descobrir quando viriam consertar algo, e ver os custos associados a isso.

Esses esforços de círculos de qualidade, comandados por membros e líderes de equipes, economizaram US$2 milhões em apenas uma (dentre duas) linha de montagem na TMMK em 2009.

Por exemplo, uma das equipes inventou um dispositivo para ajudar na reciclagem das estantes rolantes (plataformas com rodas montadas em estruturas que transportam peças para o trabalhador na linha), que precisam ser reconfiguradas cada vez que há uma mudança na linha de produção. As plataformas rolantes são altamente especializadas e tendiam a ser descartadas quando mudanças se faziam necessárias. Essa equipe construiu uma máquina capaz de desmontar as estantes e separá-las em recipientes para partes de aço, plástico e alumínio, de forma que cada uma pudesse ser reciclada, em vez de jogada fora. A invenção acabou chegando a outras plantas da Toyota, e a equipe já encaminhou os papéis para patenteá-la.

Todo o corte de gastos, porém, foi feito com vistas à lucratividade futura. A ideia era cortar sem dó nem piedade qualquer gasto que não tinha um impacto para os consumidores ou para as perspectivas de crescimento futuro da companhia – e por isso as demissões e grandes cortes em P&D estavam fora de cogitação. O que a TEMA e outras unidades da Toyota descobriram foi que mesmo uma companhia devotada a encontrar e eliminar constantemente o desperdício pode ficar cega diante do acelerado crescimento e lucratividade. O sucesso de diversas equipes em encontrar áreas em que os custos podiam ser cortados sem um impacto no longo prazo servia para relembrar o preceito de Taiichi Ohno de que cada processo estava repleto de desperdício e que poderia ser aprimorado.

A Toyota busca, de fato, criar uma mentalidade de escassez em todos os seus funcionários, mesmo em épocas de vacas gordas. Na verdade, seu extremo conservadorismo fiscal nesses períodos foi o que lhe proporcionou o dinheiro para suportar a recessão e a crise dos *recalls* sem demissões involuntárias nem grandes reduções em gastos de P&D (ver "Economizando na bonança para se proteger da tempestade" a seguir). Ainda assim, um dos resultados positivos da recessão foi que a empresa possui uma nova geração de membros e líderes de equipes que vivenciaram o preceito na própria pele. Isso é muito mais poderoso como experiência de aprendizado do que qualquer coisa que a Toyota pudesse fazer durante os bons tempos.

Economizando na bonança para se proteger da tempestade

Um dos eventos seminais na história da Toyota foi a crise de 1950. A empresa, então liderada pelo fundador da TMC, Kiichiro Toyoda, investia pesadamente, esperando um rápido crescimento que não se confirmou. Em determinado momento, a empresa ficou com o cofre raspado, a ponto de conseguir honrar a folha de pagamento, levando a única greve prolongada de trabalhadores na sua história. Seus financiadores intervieram e forçaram a empresa a reduzir sua folha em mais de 1.500 funcionários. Após chamar voluntários para atender a essa demanda, Kiichiro Toyoda e seu diretores entregaram os cargos, assumindo responsabilidade pessoal por levar a empresa àquela crise.

A perda de controle para os bancos incutiu para sempre na cultura do Modelo Toyota o valor da "autossustentação". Esse princípio se traduziu no fato da companhia possuir até hoje uma estratégia de investimento bastante conservadora, mantendo de US$25 a US$40 bilhões em dinheiro em mãos durante as vacas gordas. A Toyota já foi criticada mais de uma vez e recebeu más avaliações de alguns consultores de investimento por essa estratégia conservadora, especialmente quando os concorrentes estavam comprando sem parar, pagando vultosos bônus ou repassando ganhos aos acionistas.

Entretanto, essa estratégia conservadora foi valiosa quando a empresa enfrentou o pior ambiente econômico desde o Japão do pós-guerra. A única responsável pela Toyota ter sustentado os empregos durante a recessão e a crise dos *recalls*, enquanto continuava com os maiores investimentos em P&D em seu setor, foi a sua abordagem conservadora em relação a despesas e investimentos.

Transformando as agruras em oportunidades

Como mencionado anteriormente, uma das primeiras reações à queda nas vendas de grandes veículos foi a interrupção das linhas de montagem dedicadas a esses modelos e a transferência da montagem de certos veículos para diferentes plantas a fim de maximizar a eficiência das fábricas e das pessoas. A planta dedicada ao modelo Tundra, em San Antonio, Texas (TMMTX), e a linha de montagem na planta de Princeton, Indiana (TMMI), que produzia tanto as camionetes Tundra quanto os SUVs Sequoia, foram paralisadas durante três meses, de agosto a outubro de 2008. Nesse período, a produção de Tundras foi transferida inteiramente para a TMMTX. Enquanto isso, a construção de uma nova planta em Mississippi voltada para a produção do SUV Highlander foi paralisada; em lugar dele, a TMMI produziria o Highlander assim que fosse capaz de reconfigurar uma de suas linhas de montagem. A decisão pela interrupção foi tomada antes da recessão chegar ao auge; assim que isso ocorreu, as esperanças de uma rápida retomada caíram por terra. As vendas de grandes veículos fabricados em Indiana e no Texas persistiram em cerca da metade das taxas pré-recessão até meados de 2009.

Essas interrupções das linhas de montagem lembram as típicas práticas da indústria de lidar com uma baixa na demanda. A diferença é que os membros de equipes da Toyota nessas linhas não receberam férias temporárias nem foram demitidos. Eles continuaram a trabalhar todos os dias, em turnos de oito horas. O que leva à pergunta: o que todos esses trabalhadores estavam fazendo, e de que forma a Toyota poderia retomar a lucratividade ao continuar remunerando trabalhadores ociosos?

Lembre-se que uma das metas do Comitê Emergencial de Aumento dos Lucros era que todas as plantas fossem capazes de ter lucro com pouco mais de 70% da capacidade. A lucratividade de uma fábrica depende de muitos fatores, além dos trabalhadores e do custo das máquinas. Sem dúvida que há custos de manutenção, mas há também custos de defeitos, de estoque e de complexidade gerencial. A complexidade em uma planta automotiva depende de diversos fatores, incluindo quantos tipos diferentes de veículos são produzidos em cada linha, quantas variações existem nesses veículos (tais como motores, transmissões e acabamentos diferentes) e com que frequência novos veículos ou variações são introduzidos. O fator preponderante, porém, é com que frequência a velocidade da linha é alterada.

A complexidade pode causar uma profusão de erros e defeitos e diminuir a lucratividade. Mas uma planta capaz de lidar com um alto nível de complexidade sem cometer erros é a mais lucrativa de todas – ela pode ajustar dinamicamente o que está produzindo para corresponder à demanda, tanto positiva quanto negativa (mesmo numa economia aquecida, a superprodução leva a cortes de preço, o que inibe a lucratividade).

As montadoras da Toyota no Japão são lendárias por sua capacidade de gerir a complexidade enquanto mantêm a qualidade. Cada unidade produz uma variedade de veículos com muitas versões (incluindo versões diferentes para cada país), o que frequentemente modifica a velocidade da linha. Embora as plantas da Toyota na América do Norte fossem consistentemente ranqueadas perto das melhores fábricas norte-americanas, elas não se comparavam com as plantas japonesas em termos de gestão da complexidade e conquista de altas taxas de qualidade. Por exemplo, em 2008, a TMMI fabricava no máximo dois modelos diferentes em uma linha e operava a uma taxa de 150 defeitos (itens que são descobertos e corrigidos conforme o carro avança na linha de montagem ou na inspeção final antes do carro deixar a planta) a cada 100 veículos, enquanto as melhores unidades da Toyota no Japão fabricavam de quatro a seis modelos e operavam a uma taxa de 20 defeitos a cada 100 veículos.

A interrupção de uma das linhas de montagem da TMMI (além da linha que produz Tundras e Sequoias, a TMMI possui uma linha produzindo *minivans* Siennas que continuou suas operações) representou um enorme desafio e uma oportunidade aos gerentes da fábrica. O desafio era manter metade do pessoal da planta, cerca de 1.800 pessoas, ativamente engajada enquanto seus empregos permaneciam congelados. A oportunidade era de igualar a qualidade, a flexibilidade e os níveis de eficiência de custos aos das melhores unidades da Toyota no Japão.

O enfrentamento de questões de qualidade nas plantas da Toyota nunca é algo fortuito ou *ad hoc*. A diminuição das taxas de defeitos começou pela renovação do treinamento em *kaizen* e PET para aguçar as habilidades de resolução de problemas de todos os funcionários antes que eles enfrentassem a temida tarefa de cortar os defeitos em mais de 80% (tenha em mente que essa era uma planta vencedora de inúmeros prêmios de qualidade industrial nos Estados Unidos com os antigos níveis de defeitos). Como não havia auditórios grandes o suficiente para acomodar 1.800 pessoas em aulas de treinamento, os líderes da planta decidiram treinar os membros de equipes em seus grupos de trabalho e conduziram o treinamento em pequenas salas ao redor do chão-de-fábrica. Em lugar de projeção de computador, eles utilizaram *flip charts*. Eles precisavam primeiro treinar os treinadores, já que todo o treinamento seria feito por gerentes e líderes de grupo. A bem da verdade, essa abordagem intimista funcionou melhor, pois tornou o treinamento mais acessível e interativo e permitiu que a companhia aplicasse conceitos para o próprio local de produção. Ela também elevou significativamente as habilidades de treinamento de equipe gerencial, um benefício que era muito importante na Toyota, onde se espera que os gerentes sejam professores.

Quem quer que já tenha passado por algum período de treinamento corporativo, para não falar em três meses de treinamento, poderá compreensivelmente se perguntar como três meses de treinamento podem cortar custos e aprimorar a qualidade. Afinal de contas, exercícios de treinamento sem qualquer objetivo concreto acabam redundando em treinar por treinar – uma oportunidade para os colaboradores tirarem uma soneca ou ficaram de brincadeiras, não necessariamente aprender algo que possam colocar em prática.

Para combater essa tendência, a TMMI combinou treinamento em sala de aula com projetos *kaizen* de mão na massa. Metas concretas foram estabelecidas para a melhoria de parâmetros de qualidade, segurança e produtividade ao final dos três meses, para fornecer aos membros das equipes um foco para suas atividades. Em muitos casos, esses exercícios de mão na massa precisavam simular as tarefas, já que a linha não estava funcionando. Mas os líderes de grupo e gerentes da planta dispunham de dados anteriores à interrupção da linha, conheciam a atividade de cada um, por isso eram capazes de trabalhar com segurança, qualidade e produtividade.

Por exemplo, um grupo apelidou a si mesmo de "Reis dos Arranhões" (*Ding Kings*), já que sua tarefa era eliminar os arranhões nas partes da lataria que eram unidas por solda em painéis no departamento de carroceria. Pequenas irregularidades e raspões representavam o problema número 1 em termos de custo para esse departamento.

O primeiro passo no PET é identificar o problema. Como parte desse passo, os membros da equipe classificavam os arranhões vistos em diversas áreas do veículo. Eles encontraram um conjunto de arranhões na tampa do porta-malas do Sequoia e investigaram a causa-raiz. Um membro da equipe sugeriu que os arranhões eram causados pela alavanca que sustenta a parte no lugar. Uma investigação confirmou a teoria. A equipe consertou o problema reforçando a alavanca e substituindo uma unidade de plástico duro que pressiona a parte por uma unidade mais macia e maleável. Quatro meses de acompanhamento mostrou que o conserto funcionou – zero defeitos.

Equipes como essa estavam trabalhando por toda a fábrica, livres para se concentrar em segurança, qualidade e produtividade, pela interrupção da linha e pela ainda baixa demanda durante a recessão. O que eles conseguiram é admirável por qualquer que seja o critério. Em 2008, a TMMI diminuiu os defeitos de 150 para 31 a cada 100 veículos. Em meados de 2009, havia quebrado a marca de 20 defeitos e estava apresentando um desempenho tão bom ou melhor do que qualquer planta japonesa. Quando a TMMI começou a fabricar Highlanders no segundo semestre de 2009 na linha que fora interrompida, foi capaz de manter esse histórico de qualidade intacto.

Levar as habilidades fundamentais a um novo nível era outra área de foco para as atividades desaquecidas da TMMI. Antes da recessão, o departamento de pintura desenvolvera um programa de treinamento singular para membros de equipes. Ser treinado para um emprego numa linha de montagem da Toyota significa familiarizar-se profundamente com o trabalho padronizado para a função e praticar os passos necessários. Classes de funções como pintura, soldagem e montagem foram analisadas, e habilidades fundamentais que se aplicam amplamente a essas funções foram identificadas. Esse processo de treinamento de habilidades fundamentais começa com o desempenho simulado de tarefas em estações de trabalho artificiais (por exemplo, aprender a calafetar a carroceria soldada do carro), passando para o desempenho da tarefa numa maquete estacionário de um veículo até finalmente o trabalho em maquetes em movimento, mas não em um carro de verdade. O departamento de pintura da TMMI havia levado essa abordagem padrão um passo além. Ele criou uma linha circular de montagem a partir de partes sobressalentes, que era grande o suficiente para transportar veículos de verdade ao redor para que os membros das equipes pudessem praticar o trabalho padronizado em carros reais. Um dos departamentos de montagem já havia construído, antes da interrupção da linha, um circuito de treinamento semelhante para simular tarefas de montagem.

Durante a crise, os circuitos de treinamento em tamanho real foram abertos para que todos os departamentos pudessem treinar para o lançamento do Highlander. Esse foi um dos motivos pelos quais a planta conseguiu lançar a produção com tão poucos defeitos.

E não foi só dessa maneira que o treinamento concentrado e as atividades *kaizen* valeram a pena. A TMMI também começou a bater novos recordes de segurança. Em 2004, houve 19,8 incidentes de segurança por 20 mil horas trabalhadas; durante todo o mês de fevereiro de 2009, houve apenas um incidente de segurança em toda a planta para mais de 20 mil horas de trabalho.

Quando a Toyota transferiu a produção do Tundra e interrompeu uma das linhas de montagem da TMMI em agosto de 2008, ela esperava que a demanda praticamente se recuperasse até o segundo trimestre do ano seguinte. A recessão acabou com essa esperança. Ao final de 2008, a produção total da TMMI estava 48% abaixo do que estivera um ano antes. Oito meses após a interrupção inicial, em março de 2009, a linha ainda estava trabalhando a 60% da velocidade anterior, deixando 40% dos membros de equipes disponíveis para treinamento e *kaizen*. Um trabalhador líder de uma equipe, explicou da seguinte forma:

A diferença entre a Toyota e as outras empresas é que, em vez de nos forçar a ficar desempregados, ela está investindo em nós, permitindo que agucemos nossas mentes. Acho que não há sequer uma pessoa que não perceba o incrível investimento que a Toyota está fazendo.

Ao caminhar pela planta em março de 2009, era impossível dizer que 40% dos empregados não estavam fabricando carros. Em todas as direções, engenheiros, gerentes e trabalhadores estavam concentrados e ocupados. Aqueles que não estavam trabalhando na produção estavam planejando mudanças de velocidade na linha, preparando o lançamento de futuros modelos ou desenvolvendo maneiras de aprimorar a segurança, aprimorar as operações da planta, cortar custos e aumentar a qualidade.

Um dos motivos pelos quais o lançamento do novo Highlander foi alcançado em tempo recorde e com o menor custo já registrado foi o reaproveitamento dos equipamentos dedicados à antiga linha de montagem do Tundra. Na maioria dos casos, os robôs e os equipamentos usados na produção de um veículo teriam no mínimo oito anos de uso e estariam se aproximando de fim de seu ciclo de vida quando uma planta estivesse parando de fabricar aquele veículo. A produção do Tundra, entretanto, fora paralisada na TMMI após dois anos apenas, por isso os antigos robôs de soldagem e cortinas de luz puderam ser novamente aproveitados. As estantes e as plataformas de transporte, que normalmente teriam sido compradas, foram construídas na própria planta com peças sobressalentes. Até mesmo a antiga passarela suspensa utilizada pela manutenção foi aproveitada e transformada em plataformas de transporte. A partir da iniciativa e da cooperação de membros de equipes, um item da linha orçado em US$4 milhões saiu por apenas US$700 mil.

A TMMTX em San Antonio também ficou ociosa por três meses quando o mercado de camionetes despencou no primeiro trimestre de 2008, mas diferentemente da TMMI, ela só fabricava Tundras; por isso, a planta inteira, juntamente com seus 21 fornecedores, nada fabricou durante esse período. San Antonio aproveitou esse tempo para promover treinamento organizado e *kaizen* diário, similar à TMMI. A planta reuniu todos os módulos de treinamento que haviam sido utilizados quando de sua inauguração. Ainda sobrava tempo, porém, e a planta desenvolveu outros 30 módulos de treinamento para preenchê-lo. Ao final, o treinamento incluía cerca de 90 módulos voltados para membros de equipes, líderes de equipes e líderes de grupos. Os tópicos cobriam diversos temas e eram bastante similares ao currículo de alguns cursos superiores de dois anos – por exemplo, métodos estatísticos para controle de qualidade, análise ergonômica, treinamento para acidentes de trabalho, equilíbrio da linha e manutenção de equipamentos.

Assim que o treinamento começou, ficou claro o tamanho da lacuna entre o nível de competência que a Toyota aspirava para seus membros de equipes e a realidade do que eles possuíam. Mesmo na competência fundamental da Toyota na resolução de problemas, o nível de habilidade encontrava-se abaixo do ideal. Dan Antis, gerente da planta TMMTX, explicou:

> [Antes da interrupção], tínhamos o treinamento das Práticas Empresariais Toyota para o nível de gerência e acima. Alguns de nossos grupos de engenharia já o haviam iniciado; eles estavam indo muito bem. Mas no chão-de-fábrica, quase não havia treinamento sobre resolução de problemas. Tivemos, felizmente, a infelicidade de dispor desse período de desaquecimento para treinar.

Conforme o treinamento progredia, a planta era capaz de tirar proveito do conhecimento único de cada pessoa. Por exemplo, o gerente assistente de segurança era um ex-detetive de Los Angeles. Uma conversa casual com um membro de uma equipe de qualidade sobre como lidar com uma cena de crime levou o gerente de segurança a ministrar um curso sobre investigação de problemas de qualidade utilizando métodos detetivescos, incluindo como se aproximar, como documentar as provas com fotografias e até mesmo como lançar uma camada de talco na carroceria, como que procurando por digitais, para conseguir enxergar arranhões ou irregularidades mais claramente.

Na TMMTX, o programa de círculo de qualidade ainda era muito imaturo. Quando a planta estava trabalhando a toda capacidade, os membros de equipes dispunham de pouquíssimo tempo durante o turno para participar ativamente de *kaizen* de melhoria. Como resultado, poucos tinham a chance de empreender um esforço significativo de resolução de problemas. Eles até podiam desenvolver uma ideia *kaizen* para suas próprias tarefas, mas raramente para um problema mais amplo e de maior impacto que afetasse diversas tarefas.

Isso era particularmente importante na TMMX, já que a planta, repleta de trabalhadores que eram novos na Toyota, ainda estava tentando identificar aqueles membros de equipes que tinham o potencial para se tornarem líderes de equipes e líderes de grupos. Os círculos de qualidade ofereciam uma oportunidade para que os melhores membros de equipes aprendessem e se aprimorassem depressa e para que os gerentes da planta pudessem avaliar melhor os potenciais futuros deles.

Apenas oito círculos de qualidade piloto tinham sido introduzidos no início de 2008, dirigidos por gerentes assistentes que tinham experiência prévia no assunto em outras unidades da Toyota. A interrupção foi uma oportunidade de instaurar círculos de qualidade por toda a planta. O objetivo a longo prazo era ter círculos de qualidade liderados por trabalhadores do chão-de-fábrica; antes disso, porém, seus supervisores imediatos, chamados de líderes de grupo, precisavam ser os especialistas para que pudessem fornecer monitoria a seus membros de equipes. Todos os líderes de grupo foram convidados a passar por treinamento como facilitadores e então liderar um círculo de qualidade. Como resultado, a planta lançou 94 círculos de qualidade. Eles trabalhavam em segurança, qualidade e produtividade em todas as áreas da planta. Assim como na TMMI, com o poder de todos esses grupos voltado à resolução de problemas, a planta se viu capaz de alcançar suas metas pré-estipuladas de melhorias em redução de custos, qualidade e segurança um ano antes do programado – garantindo enormes ganhos para a sua lucratividade a longo prazo.

Aprendendo a gerir a complexidade

Outra iniciativa para aumentar a lucratividade das fábricas a longo prazo era acabar com a prática de utilizar as unidades japonesas como *buffer* das unidades norte-americanas. As fábricas da Toyota nos Estados Unidos jamais haviam produzido todos os veículos vendidos no país. A produção total dessas montadoras era mantida num nível relativamente constante, abaixo da demanda real, enquanto as plantas japonesas ajustavam dinamicamente sua produção para fornecer os veículos necessários a fim de preencher a lacuna, liberando as plantas norte-americanas da complexidade de modificar seu leque de veículos ou a velocidade da linha.

Custava caro utilizar a plantas japonesas como colchão, enviando veículos para a América do Norte (além dos custos de frete, as plantas precisavam duplicar todos os equipamentos das plantas norte-americanas privilegiadas pela folga), e expunha a empresa a um risco cambial desnecessário. Durante a recessão, a Toyota decidiu cortar os custos encerrando essa duplicação de equipamentos e esforços e fazendo com que as plantas norte-americanas se responsabilizassem pelo volume total dos carros do seu mercado (carros globais como o Corolla e o Camry ainda seriam compartilhados com o Japão). Isso queria dizer que as plantas norte-americanas precisariam ser capazes de gerir a complexidade sem perder em qualidade, assim como suas correspondentes japonesas faziam.

As tarefas nas linhas de montagem da Toyota são padronizadas desde a época de Ohno. Cada trabalhador sabe exatamente o que fazer e de quanto tempo dispõe para isso (a velocidade da linha é conhecida como tempo *takt*, ou simplesmente *takt*, e se baseia na taxa de demanda do cliente). Entretanto, caso a velocidade da linha mude para um novo *takt* para acomodar uma mudança na demanda, o número de trabalhadores na linha precisará ser ajustado para cima ou para baixo, cada um deles assumindo mais ou menos tarefas. Embora possa parecer contraintuitivo, desacelerar a linha de montagem (um *takt* mais longo) é uma mudança mais difícil do que acelerá-la. Uma linha mais rápida, em geral, pode ser acomodada acrescentando-se mais trabalhadores e delegando a cada um deles um número menor de tarefas. Dessa forma, são apenas os trabalhadores adicionais que precisam ser treinados quando a linha é acelerada. Uma linha mais lenta significa retirar trabalhadores da linha e realocar suas tarefas a outros trabalhadores, de modo que cada trabalhador passa a ter novas tarefas a cumprir para preencher um ciclo mais longo de trabalho. Nesse caso, cada trabalhador precisa aprender um trabalho padronizado para uma nova tarefa (e parte do trabalho padronizado precisará ser modificado). Quanto mais frequentemente a velocidade da linha é modificada, mais difícil é para os trabalhadores manterem seus padrões de qualidade e produtividade.

A TMMK, a planta original da Toyota nos Estados Unidos, vinha operando há mais de 20 anos quando a recessão chegou. Com a folga proporcionada pelas plantas japonesas, a TMMK raramente tivera de modificar o *takt*, e a grande maioria das mudanças foram feitas para aumentar a velocidade da linha. A planta se aprimorara e tivera mudanças mais frequentes de *takt* nos anos anteriores à recessão, mas ainda fazia essas mudanças muito mais devagar do que no Japão, e as mudanças ainda eram eventos raros. Agora, a TMMK precisaria aprender a mudar o *takt* com a mesma frequência em que a demanda oscilasse. E não só isso, ela precisaria se ajustar a frequentes mudanças de *takt* ao mesmo tempo em que passava a fabricar uma maior variedade de veículos (por exemplo, os vários modelos e estilos de acabamento do Camry, o Camry híbrido, o Venza e o Solara conversível) e um leque dinâmico desses veículos. A cada dia, a combinação de Camrys, Venzas e Solaras e os opcionais específicos de cada um (por

Capítulo 2 A crise do petróleo e a recessão

exemplo, acentos eletrônicos ou manuais) mudariam conforme a demanda do mercado.

O planejamento para o primeiro grande desaquecimento na velocidade da linha requeria que equipes de todas as partes da planta estudassem cada função da linha, examinassem em detalhe cada tarefa e quanto tempo demorava, revisassem possíveis defeitos associados a cada uma para que contramedidas pudessem ser identificadas e, por fim, incorporassem todas as mudanças em um novo trabalho padronizado, a fim de aumentar a produtividade e reduzir defeitos. Em seguida, os trabalhadores precisavam ser repetidamente treinados no novo padrão até serem capazes de desempenhar as tarefas de maneira impecável. A adaptação ao *takt* mais lento levou seis semanas, o que na época foi mais rápido e envolveu menos defeitos e problemas de segurança do que o apresentado por qualquer outra planta norte-americana em mudanças de *takt* anteriores.

Com o corte radical de horas extras e a desaceleração da linha, muitos membros de equipes estavam liberados para trabalhar nas mudanças adicionais pelas quais a planta estava passando e que acrescentavam complexidade. Equipes *kaizen* foram formadas para planejar a introdução de versões adicionais do Venza. Mas o maior impacto dessas equipes foi ajudar que a planta se ajustasse a uma combinação dinâmica de veículos. No passado, a TMMK fora capaz de sequenciar veículos e a combinação geral de Venzas, Camrys e Solaras com base naquilo que funcionava melhor para a linha de montagem. Agora ela precisava fazer ajustes conforme o tamanho da demanda – e isso significava inúmeros puxões na corda *andon* à medida que os trabalhadores aprendiam a lidar com a variedade. Foram formadas equipes para analisar cada puxão do *andon*, diagnosticar as causas-raiz e encontrar soluções.

Equipes adicionais foram formadas para dar sequência ao trabalho de melhoria do desempenho da planta nas mudanças do *takt*. Agora que estava completamente exposta à mais inesperada flutuação da demanda em toda história dos Estados Unidos, a fábrica teria que fazer mudanças muito mais frequentes do *takt*. Na verdade, durante 2009 e 2010, a planta fez oito mudanças de *takt*, mais do que em toda sua história. Na segundo trimestre de 2010, a TMMK já conseguira aprimorar seu processo de mudança de *takt* o suficiente para diminuí-lo de seis para quatro semanas (isso não significa que a linha fosse interrompida por quatro semanas) – ou seja, no futuro, a planta será capaz de ajustar sua velocidade com maior frequência e ao mesmo tempo alcançar a produção máxima mais depressa, o que a tornará mais lucrativa.

Tamanha variabilidade não estava limitada apenas à TMMK. Lembre-se que a TMMTX, a planta fabricante do Tundra, em San Antonio, Texas, tinha apenas dois anos de idade quando da chegada da recessão – e que, portanto, tinha pouquíssima experiência em lidar com mudanças. Para tornar as coisas ainda mais complexas, a TMMTX tinha uma abordagem singular em relação a fornecedores de autopeças. O sistema *just-in-time* da Toyota depende de relacionamentos de longo prazo e altamente integrados com os fornecedores, que muitas vezes entregam as peças ao longo do dia. Isso requer que os fornecedores tenham plantas próximas às da Toyota, o que no Japão significa uma viagem de cerca de 30 minutos. Como a TMMTX fora construída longe da base de fornecedores do Meio--Oeste norte-americano, a Toyota tomou a medida incomum de colocar os fornecedores dentro de sua propriedade, logo ao lado da montadora: dois terços de todas as autopeças passaram a ser produzidas no próprio local. Isso significava que todas as mudanças precisavam ser intimamente coordenadas com os fornecedores, os quais recém estavam aprendendo o STP, já que literalmente não havia mais espaço para estocar qualquer parte extra. Quatro dos 21 fornecedores locais de partes estavam sob o mesmo teto da linha da Toyota, com apenas alguns metros os separando.

Quando uma nova montadora é inaugurada, a prática da Toyota é declará-la como infante e designar uma planta-mãe para guiar o seu crescimento e desenvolvimento. No caso em questão, a mãe era a TMMI, que havia transferido alguns de seus melhores gerentes e líderes de grupo para o Texas. Ainda assim, sob circunstâncias normais, a TMMTX estaria protegida de grandes mudanças por pelo menos três ou cinco anos. O colapso das vendas de camionetes não permitiu aquele luxo. Quando a planta recomeçou as atividades após os três meses de paralisação, ela precisou se ajustar a um tempo *takt* mais lento.

A TMMTX manteve a linha mais lenta durante meses para reduzir os estoques dos revendedores em vista do lançamento do modelo Tundra em 2010 (que acabou lançado no terceiro trimestre de 2009). Com os preços da gasolina caindo significativamente e com um novo modelo bastante comentado, a demanda deu um salto repentino. Foi necessário que a planta aumentasse a velocidade da linha de 109 segundos por veículo para 73 segundos por veículo, a maior mudança vista em plantas da Toyota na América do Norte, e possivelmente em qualquer outra parte do mundo. Essa mudança foi facilitada pelo treinamento por que a unidade passou durante a interrupção. Com uma mudança de tamanha proporção, decidiu-se por uma adaptação ao longo de várias semanas. Ainda assim, a unidade conseguiu implementar por completo a mudança de *takt* em apenas quatro semanas, mais depressa que as seis semanas planejadas e igualando o feito da TMMK.

Trabalhando junto com os fornecedores

A produtividade e a lucratividade de uma grande unidade industrial dependem, é claro, de muitas coisas que ocorrem do lado de fora de suas paredes. Os fornecedores representam grande parte da equação, especialmente na produção enxuta (*lean*), em que há um estoque relativamente baixo para garantir uma folga. A Toyota depende de fornecedores que sejam confiáveis e capazes de alcançar os padrões de qualidade e produtividade de suas motadoras. As autopeças produzidas por fornecedores externos perfazem 70% de um veículo da Toyota; por isso, restringir *kaizen* às unidades da Toyota afetaria apenas 30% de um carro.

Com a chegada da recessão, a preocupação não se resumia a como a Toyota estava se saindo, mas também a como seus fornecedores estavam se saindo. Caso qualquer um dos grandes fornecedores da empresa se visse em dificuldades financeiras pela queda na produção ou encolhimento do crédito, as unidades da Toyota encontrariam enormes dificuldades. Para lidar com as necessidades e com a situação dos fornecedores, o departamento de compras da TEMA dera início, em 2006, a um esforço para acompanhar a sua situação financeira; porém, com a crise, era preciso agora um esforço mais intensivo. A equipe de compras estabeleceu uma sala de crise para começar a acompanhar a posição financeira de cada um dos fornecedores da Toyota na América do Norte em detalhes. Fala Jason Reid, gerente geral de compras: "Tentamos passar rapidamente de um modelo de levantamento reativo para um modelo mais preditivo, pois temíamos pelo que poderia acontecer com os fornecedores caso uma ou mais dentre as 'Três Grandes' declarasse falência. Preocupava-nos também quais fornecedores estavam mais envolvidos com SUVs e camionetes em comparação com carros de passageiros. Por isso, com base nesses modelos preditivos, começamos a desenvolver planos de contingência".

O modo como a empresa reagiu a fornecedores que estavam sofrendo graves e substanciais efeitos ilustra bem a meta da Toyota de aumentar a lucratividade a longo prazo, e não apenas de cortar custos (ver "Nunca pressione os fornecedores, seus parceiros", na página 59). Robert Young, vice-presidente de compras da TEMA, observa que a Toyota não se interessa apenas pela situação financeira de seus fornecedores, mas também pelas causas de seus problemas, para saber que assistência oferecer, se for o caso. "Se [suas dificuldades eram] resultado de ineficiência na fabricação – algo em que nossos membros de equipes podiam ajudar – assim o fizemos. Na maioria dos casos, porém, tratava-se de um problema de refinanciamento de dívida, em que não tínhamos como ajudar. Não somos um banco". Mas a Toyota até possuía algumas ferramentas a sua disposição para auxiliar os fornecedores que estavam enfrentando uma escassez de crédito. "Modificamos nosso cronograma de ferramentas e pagamentos, de modo que nossos pagamentos por equipamentos foram adiantados e melhor alinhados com seus verdadeiros gastos para seus departamentos". Em outras palavras, a Toyota começou a pagar os fornecedores *mais cedo*. A reação normal das companhias que estão tentando restaurar a lucratividade é atrasar os pagamentos aos fornecedores.

Mas essa não foi a única coisa que o departamento de compras fez para amparar os fornecedores com falta de caixa. Ele desenvolveu um plano para fazer algo que a Toyota tenta evitar a todo custo – aumentar o estoque de autopeças. Trabalhando em colaboração com alguns fornecedores, o departamento de compras elevou os pedidos acima do necessário para a produção. O departamento precisou se desdobrar para encontrar espaço de armazenamento – a companhia não tem espaço próprio desse tipo – para essas partes sobressalentes. A estratégia tinha dois lados: ao comprar estoque em excesso com antecedência, a Toyota estava criando uma margem de segurança para si mesma caso o fornecedor fosse à falência, mas também estava ajudando o fornecedor a evitar a falência ao injetar dinheiro na empresa.

A gestão de relacionamento com os fornecedores tinha um lugar de destaque na lista de prioridades da TMMTX, já que eles estavam bastante integrados em termos de localização. Não apenas muitos dos fornecedores se encontravam no próprio local, como a maioria deles era nova no ramo automotivo. Quando a Toyota decidiu construir a fábrica do Tundra longe dos bolsões tradicionais de fornecedores de partes automotivas, ela precisou criar uma nova base de fornecedores no Texas. Um programa foi lançado para incentivar novas empresas. A Toyota estabeleceu contato entre empresários pertencentes a minorias, muitos dos quais não tinham experiência na indústria automobilística, com fornecedores já existentes para criar *joint ventures* com 51% de posse de parceiros pertencentes a minorias.

Durante a recessão, o departamento local de compras da Toyota se comunicou intensamente com os fornecedores e os incentivou a seguir a liderança da Toyota na manutenção do emprego de seus funcionários. A equipe da TMMTX convidou fornecedores a participarem de seus treinamentos e *workshops kaizen* para que todos pudessem crescer juntos.

Cada fornecedor tinha sua própria abordagem para lidar com a segurança dos empregos, mas todos eles enviaram alguns trabalhadores para *kaizen*, reforçando, assim, suas operações e sua força de trabalho. Um dos maiores fornecedores com sede no local explicou: "Os projetos de *kaizen* nos ajudaram a economizar em mudanças de ferramentas e passos de processos. Eles aprimoraram a ergonomia e aumentaram a produtividade e o moral de nosso pessoal".

Alguns fornecedores, sem os mesmos recursos da Toyota, precisaram encontrar abordagens criativas para se manter no negócio ao mesmo tempo em que se preparavam para o futuro. Por exemplo, uma empresa apresentou um programa de demissão voluntária enquanto continuava a pagar todos os benefícios. Como funcionários suficientes fizeram essa opção, não houve necessidade de demissões. Quando os volumes começaram a subir novamente, os funcionários foram readmitidos.

Portanto, não foram apenas as unidades da Toyota que emergiram mais fortes da recessão. Seu relacionamento com os fornecedores também se solidificou, tanto com a experiência de ver como a Toyota os tratou durante os piores momentos – que seu comprometimento para com as pessoas e seus parceiros de negócio não era apenas da boca para fora – quanto com sua participação em treinamentos e exercícios de STP, PET e *kaizen*. Ter parceiros mais fortes era, sem dúvida, uma vitória nos esforços de reerguer a lucratividade de longo prazo da companhia. Com fornecedores mais fortes, operando num nível mais elevado de produtividade e qualidade, a companhia podia ser ainda mais flexível para reagir rapidamente à volatilidade da demanda e às mudanças no mercado.

Nunca pressione os fornecedores, seus parceiros

Taiichi Ohno afirmava: "Pressionar os fornecedores é algo que está totalmente longe ao espírito do Sistema Toyota de Produção". Numa grande queda do mercado, há uma tendência natural de usar os fornecedores como um escudo para atrasar pagamentos, renegociar contratos ou transferir negócios para fontes de menor custo. O Princípio 11 de *O Modelo Toyota*, porém, declara o seguinte: "Respeite sua vasta rede de parceiros e fornecedores desafiando-os e ajudando-os a melhorar".[8]

Esse princípio ficou claro nas medidas que a Toyota tomou para lidar com seus fornecedores durante a recessão, incluindo oferecer-lhes apoio técnico e financeiro e treinamento *kaizen*. Outro exemplo do investimento de longo prazo que a Toyota faz nessas parcerias é a proteção que ela oferece em relação a mudanças na produção. Por exemplo, quando a Toyota transferiu a produção do Tundra de Indiana para o Texas, a Dana Corporation perdeu o contrato de fornecimento de chassis de camionete para a uma fornecedora do México. Entretanto, enquanto afastava essa parceria da Dana, a Toyota repassou outros negócios a ela, entre ela peças do Highlander, que estava se transferindo para Indiana, de modo que não houve um impacto líquido muito grande nos negócios da Dana.

[8] Jeffrey K. Liker, *The Toyota Way* (New York: McGraw-Hill, 2004).

Emergindo da recessão

O efeito combinado desses esforços e de outros similares empreendidos por toda a América do Norte e ao redor do mundo começara a inverter a maré para a Toyota no terceiro trimestre de 2009. A demanda se estabilizara com a ajuda dos cortes fiscais para venda de carros a fim de salvar empresas à beira da falência, empreendidos por governos dos Estados Unidos, da Europa e do

Japão. Em agosto de 2009, a Toyota vendeu mais veículos sob esse regime de estímulo fiscal nos Estados Unidos do que qualquer outra fabricante, mantendo o primeiro lugar em cinco dentre 10 categorias de veículos. Na verdade, as vendas estavam tão altas que a Toyota tinha um problema diferente: ela não conseguia fabricar os carros com tamanha velocidade. Todas as plantas da América do Norte estavam trabalhando com horas extras, mas os estoques nas revendas dos carros mais populares – a maioria de pequeno porte e de baixo consumo – estavam quase esgotados. Em agosto, as vendas chegaram a 195 mil veículos. A volatilidade, porém, ainda não acabara. Após o encerramento do programa de incentivos fiscais, as vendas despencaram em setembro para 98 mil, embora isso se devesse em parte aos estoques limitados disponíveis.

Em outubro, a Toyota conseguiu anunciar que retomara a lucratividade, ainda sem demitir um trabalhador sequer. O sucesso da companhia atestava tanto seu sólido valor de marca, construído ao longo de décadas, quanto sua política de gastar e economizar zelosamente durante as épocas boas. Com cerca de US$25 bilhões em dinheiro ou em meios equivalentes, a companhia podia se dar ao luxo de esperar passar a recessão sem cortar o orçamento de P&D, fechar plantas ou demitir grande número de funcionários. Parecia, sem dúvida, que a Toyota estava completando uma das maiores reviravoltas da história corporativa, isso sem fugir de seus princípios fundamentais e sem fazer grandes mudanças em sua estratégia. De fato, é seguro afirmar que a Toyota suportou a Grande Recessão ao simplesmente fazer mais daquilo que já vinha fazendo desde antes da crise – vivendo o Modelo Toyota.

Em agosto de 2009, parecia que a Toyota retomara sua trajetória para tornar-se a maior e mais admirada companhia do mundo. Foi então que um trágico acidente em San Diego mudou tudo.

Capítulo 3

A crise dos *recalls*

Reconhecemos que uma compreensão completa das situações e problemas exige um estudo e uma coleta extensivos de todos os fatos quantitativos e qualitativos relevantes com Genchi-Gebuntsu.
— *The Toyota Way 2001*

Em 28 de agosto de 2008, em San Diego, Califórnia, Mark Saylor e sua esposa, sua filha e seu cunhado morreram quando seu Lexus, emprestado por uma oficina que estava consertando o veículo da família, derrapou a mais de 160 km/h, colidiu com outro veículo, despencou em um barranco e pegou fogo. A tragédia familiar em alta velocidade foi registrada ao vivo para posteridade por uma ligação para o telefone de emergência 911. Um evento de proporções tão dramáticas chamou a atenção de todos nos Estados Unidos – sobretudo porque Mark Saylor era um veterano policial rodoviário do estado da Califórnia. Se um policial rodoviário não fora capaz de salvar sua família de um carro fora de controle, ninguém mais poderia fazê-lo. Se isso podia acontecer com eles, era impossível não cogitar, também podia acontecer comigo.

Os poucos detalhes que começaram a surgir depois do acidente ajudaram a aumentar o medo e as dúvidas. Os Saylors dirigiam um Lexus ES 350 2009, o modelo de carro de passageiros cujos tapetes emborrachados foram alvo de um *recall* da Toyota em 2007 devido à possibilidade de trancarem o acelerador. No trajeto desgovernado que levou até o acidente, o cunhado fez uma ligação para o número de emergência 911 relatando que o pedal do acelerador estava preso e que os freios não estavam funcionando.[1] Era fácil sair tirando conclusões a partir desses vagos detalhes: ou a Toyota fora incapaz de consertar o problema no *recall* de 2007 ou então havia algo muito mais sério com os seus veículos. Para muitas pessoas, era difícil de entender que um tapete pudesse prender o acelerador. Se o tapete havia trancado o pedal, por que Mark Taylor simplesmente não usou seu pé para liberá-lo? Havia, é claro, outras perguntas: por que Saylor simplesmente não desligou o carro? Será que ele ou o passageiro da frente não podiam ter colocado o carro em ponto morto?

As perguntas e as suspeitas sobre o que realmente havia acontecido em San Diego abriram terreno para uma incrível série de eventos que acabou se revelando a maior ameaça à Toyota desde a quase falência da companhia em 1950. Ao longo dos seis meses seguintes, a Toyota viria a anunciar três *recalls* diferentes, relacionados ao controle de velocidade dos veículos, que afetaram mais de sete milhões de carros. Durante esse período, a Toyota seria acusada pela mídia, pelos políticos e pelos clientes de esconder informações e de colocar vidas em risco. Alguns chegariam inclusive a alegar que defeitos nos carros da Toyota haviam levado diretamente às mortes de mais de 100 pessoas em 10 anos. A ilibada reputação de qualidade e segurança da empresa ficaria seriamente maculada aos olhos de muitos. Ela acabaria perdendo sua posição de liderança no mercado e gastaria bilhões de dólares em *recalls* e incentivos para atrair de volta os consumidores. Altos executivos seriam convocados perante o congresso norte-americano e fariam repetidos pedidos públicos de desculpas.

---

[1] Você pode ouvir a gravação da chamada para o 911 aqui: http://www.youtube.com/watch?v=KHGSWs4uJzY.

Como foi que as coisas deram tão errado em tão pouco tempo? Como uma empresa cuja qualidade era lendária precisou repentinamente convocar *recall* atrás de *recall*, aparentemente sem conseguir encontrar, e muito menos corrigir, os defeitos em seus carros? Como a Toyota podia reagir com tamanho vagar aos abundantes indícios de que as vidas dos clientes estavam em perigo? Como a Toyota podia fazer um fiasco atrás do outro às vistas da opinião pública? Será que a ideia de qualidade e de colocar o cliente em primeiro lugar era apenas uma bela retórica, sem nada por trás? Será que a Toyota havia perdido completamente seu rumo?

Essas são todas perguntas legítimas quando se observa o resumo da sequência de eventos desde agosto de 2009 até fevereiro de 2010 (localizado ao final do capítulo). Para respondê-las, e para compreender os erros que a Toyota cometeu, é preciso observar esses mesmos eventos pelos olhos da Toyota, traçando a história das acusações de aceleração repentina, e separar fato de ficção.

O acidente da família Saylor

Considerando o papel seminal do acidente da família Saylor em tudo que se seguiu e o modo como ele coloriu a compreensão do público sobre as acusações de aceleração não intencional, é de se admirar que tão pouca gente esteja ciente dos seus verdadeiros detalhes. Assim como acontece com todos os acidentes fatais em sua jurisdição, o departamento de polícia do condado de San Diego conduziu uma rigorosa investigação do ocorrido. O relatório de 29 páginas revela alguns fatos surpreendentes que eliminam praticamente todas as dúvidas sobre a causa real do acidente: um tapete proveniente de um veículo inadequado, incorretamente instalado no carro dos Saylors pela oficina que emprestou o Lexus à família.[2]

---

[2] Todas as citações e detalhes foram tirados do relatório oficial do departamento policial do condado de San Diego, disponível em: http://autos.aol.com/gallery/saylor-crash-report/.

Uma das primeiras coisas que o policial encarregado da investigação percebeu ao examinar o carro foi que o tapete que se encontrava no Lexus ES 350 era do tipo emborrachado (AWFM – *all-weather floor mat*) projetado para o Lexus RX400h versão SUV (um veículo com muito mais espaço no assoalho) e que ele não estava bem afixado. Ademais, como resultado do incêndio, "o pedal do acelerador havia derretido e se fundido com a parte superior direita do tapete", indicando que o pedal se encontrava preso ao tapete quando da ocorrência do acidente.

Apesar de uma lista de checagem distribuída pela Toyota a suas revendas identificar especificamente a importância de verificar a instalação adequada dos tapetes no ES 350, desenvolvida após o *recall* dos tapetes emborrachados desse modelo em 2007, Mark Saylor deixou a oficina autorizada com o jogo errado de tapetes. Quando o investigador colocou um dos tapetes grandes do modelo RX400h no ES 350 na revenda Lexus, ele registrou: "Cada vez que eu pressionava o pedal, ele ficava preso a um dos cantos do AWFM. Isso não ocorria com o tapete AWFM do ES 350. Não somente o pedal se prendia ao tapete do modelo SUV, como permanecia preso".

A prova mais convincente contra o tapete, porém, é que um acelerador trancado devido a um tapete inadequado não é apenas uma teoria – isso já havia ocorrido com outro cliente utilizando o mesmo veículo poucos dias antes do acidente da família Saylor. Frank Bernard recebera o veículo emprestado da revenda em 24 de agosto. No dia seguinte, ao ingressar em uma autoestrada, Bernard pisou mais fundo no acelerador. Assim que ganhou alguma velocidade, ele tirou o pé do pedal, mas o carro continuou acelerando entre 125 e 135 km/h. Percebendo que o pedal não estava retornando, ele pisou no freio com seu pé esquerdo e tentou usar seu pé direito para puxar de volta o acelerador. Mas o pedal estava trancado de tal forma que ele não conseguia liberá-lo. Bernard usou os freios e conseguiu desacelerar o carro para 40 ou 50 km/h, manobrando-o até o acostamento da rodovia. Chegando lá, ele colocou o veículo em ponto morto, parou o carro completamente e desligou o motor. De acordo com Bernard, foi preciso um esforço considerável para liberar o pedal. Ele removeu o tapete e continuou seu dia sem qualquer outro problema com o carro.

Quando devolveu o carro à revenda, Bernard avisou o recepcionista plantonista de que havia um problema com o tapete do veículo e que ele havia trancado perigosamente o acelerador. Ele lembra de ter dito ao recepcionista: "Acho que o tapete é o problema; você precisa dizer isso a alguém". Seu alerta foi ignorado. Aparentemente o recepcionista achou que Bernard iria contar aquilo para alguém do serviço técnico; Bernard achou que o recepcionista repassaria a história para alguém responsável. Três dias depois, Mark Saylor entrou no carro, ainda com os tapetes errados e mal afixados, e partiu com ele. Logo antes do acidente que os vitimou, múltiplas testemunhas viram os Saylors fazendo praticamente o mesmo que Bernard fizera – eles estavam andando pelo acostamento a cerca de 50 km/h. O relato policial sugere que a certa altura antes que Saylor conseguisse parar o veículo, por alguma razão, "os freios possivelmente falharam devido ao superaquecimento pelo uso prolongado em alta velocidade", e o carro voltou a acelerar.

É difícil imaginar provas mais convincentes da causa do acidente da família Saylor. O problema com o tapete também explica muitas das perguntas que pairavam sobre circunstâncias do ocorrido. Os experimentos da investigação mostraram como era fácil que o acelerador ficasse trancado caso o tapete do modelo RX400h fosse instalado naquele veículo. A agonizante experiência de Bernard mostra o quanto foi difícil liberar o pedal depois que ele ficou preso. A situação como um todo demonstra o risco resultante de utilizar o jogo errado de tapetes em determinado veículo, e a possibilidade de que, apesar de diretivas específicas a funcionários qualificados de rede autorizada, tapetes perigosos podiam acabar nos carros errados. Por outro lado, o acidente da família Saylor não sugere qualquer problema inerente ao veículo, muito menos com sua parte eletrônica.

Lidando com jogos de tapetes

Os detalhes do acidente da família Saylor, no entanto, só se tornaram públicos em 25 de outubro de 2009, quando o relatório da polícia ficou pronto. Nesse ínterim, havia escassas informações de que um veículo da Toyota acelerara fora do controle de um policial rodoviário treinado, matando quatro pessoas, e que o jogo de tapetes talvez estivesse envolvido no acidente. O envolvimento potencial dos tapetes cumpriu um grande papel no modo como a história evoluiu, já que, como ressaltado, a Toyota convocara um *recall* dos tapetes emborrachados do Lexus 350 e do Toyota Camrys (que compartilham o mesmo chassi) em 2007. Esse *recall* foi uma resposta às reclamações de cinco clientes associadas a três acidentes e um acidente fatal que a agência norte-americana responsável pelas estradas federais (NHTSA – National Highway Traffic Administration) determinou terem sido causados por aceleradores trancados.[3] Esses acidentes ocorreram com veículos que usavam o novo tapete emborrachado que fora projetado por engenheiros da Toyota Motor Sales (TMS), na Califórnia, e que podiam ser oferecidos como opcionais pelos revendedores.

Uma investigação das queixas revelou que o projeto e o material do novo tapete criavam um rebordo perto da base do pedal de aceleração. Pressionar o pedal até o chão, especialmente quando o tapete emborrachado não estava afixado ou instalado sobre o tapete comum, podia fazer com que o acelerador ficasse preso. Ironicamente, o problema foi exacerbado pela alta qualidade da borracha usada, que era bastante grossa e rígida. Enquanto os investigadores da Toyota e da NHTSA procuravam por outras possibilidades, os novos tapetes emborrachados foram declarados os culpados e passaram por um *recall* em 2007. Esse *recall* afetou cerca de 55 mil clientes – somente aqueles que haviam

---

[3] U.S. Department of Transportation, "U.S. Department of Transportation Releases Results from NHTSA-NASA Study of Unintended Acceleration in Toyota Vehicles", 8 de fevereiro de 2011; http://www.dot.gov/affairs/2011/dot1611.html.

optado especificamente pelos tapetes emborrachados vendidos nas revendas autorizadas da Toyota. O *recall* não cobria a colocação tapetes de um veículo diferente em um Camry ou em um Lexus 350, ou a instalação de um tapete por cima de outro (o que, é claro, podia trancar o pedal em qualquer veículo). Esse *recall*, porém, foi suficiente para colocar a Toyota em maus lençóis quando os tapetes foram novamente implicados no acidente da família Saylor.

Embora a NHTSA e a Toyota tivessem concordado em 2007 que o *recall* dos tapetes era suficiente para lidar com a questão, o acidente da família Saylor mostrava que utilizar o jogo errado de tapetes (por exemplo, tapetes grandes demais, projetados para outro veículo) sem afixá-los adequadamente podia ainda assim causar o trancamento do pedal. Em vez de esperar até que um estudo completo sobre as questões e as soluções potenciais ficasse pronto, a Toyota anunciou um *recall* e um Alerta de Segurança aos Clientes para os donos de oito modelos, incluindo o Camry, o Avalon, o Tacoma e o Lexus ES e IS. Um alerta de segurança, diferentemente de um *recall*, é essencialmente uma carta ao público prevenindo comportamentos perigosos e mostrando como evitar problemas potenciais. No caso em questão, o comportamento perigoso era usar os tapetes errados, instalá-los um sobre os outros e/ou não afixá-los adequadamente.

Embora muitas vezes seja o caso, um *recall* não ocorre necessariamente logo depois do anúncio. No caso em questão, a Toyota ainda estava determinando a melhor maneira de lidar com tapetes incorretos ou mal-instalados, por isso os proprietários não foram chamados a levar seus carros às revendas autorizadas imediatamente. Até que um remédio permanente fosse encontrado para limitar a possibilidade de que os pedais do acelerador ficassem presos caso os condutores ignorassem os avisos sobre a instalação apropriada dos tapetes, os clientes foram instruídos, pelo alerta de segurança, a remover todos os tapetes de seus veículos, qualquer que fosse o seu estilo ou fabricante. O alerta de segurança também fornecia instruções sobre como parar um veículo com um pedal de aceleração trancado (pisando fundo no freio, colocando o carro em ponto morto e desligando o motor). Os engenheiros da Toyota continuavam a estudar o modo como o tapete prendia o pedal, e – com o anúncio do *recall* dos tapetes – agora estavam recebendo pilhas de relatórios das revendas sobre clientes fazendo coisas perigosas com os tapetes. Os revendedores estavam, um após o outro, descobrindo veículos com dois, três, quatro, e até oito tapetes empilhados um sobre outro. George Tatar, gerente geral de uma revendedora nos subúrbios da Filadélfia, nos contou: "Estávamos vendo de tudo. Tapetes automotivos não originais era o de menos. Vimos carros com tapetes de banheiro. Vimos pedaços reaproveitados de carpetes caseiros. De tudo".

As evidências contribuíram para a decisão de lidar com o *recall* de tapetes em setembro alterando os veículos para aumentar o espaço entre o fundo do acelerador e o assoalho. Na maioria dos casos, isso envolvia cortar fora um pedaço do fundo do pedal do acelerador. Embora isso não impedisse que um pedal ficasse trancado caso alguém empilhasse seis tapetes um sobre o outro, proporcionava uma margem de segurança extra contra a prática mais comum de colocar um tapete emborrachado sobre o tapete já existente durante o inverno, para removê-lo na primavera.

A Toyota começou a notificar seus clientes sobre esse esforço ao final de outubro. Em sua carta, aprovada pela NHTSA, a Toyota buscava esclarecer da melhor maneira que o "defeito não existe quando o tapete em frente ao banco do condutor é compatível com o veículo e encontra-se bem afixado". Contudo, em seu comunicado à imprensa a respeito do plano de alterar o tamanho do pedal do acelerador, a Toyota declarava que a carta "confirma que não existe qualquer defeito em veículos cujo tapete do condutor é compatível com o veículo e encontra-se bem afixado". A NHTSA prontamente censurou a Toyota por essa declaração, por acreditar que ela dava a entender que a agência concordava com as conclusões da Toyota. A NHTSA divulgou uma nota afirmando que o comunicado da Toyota à imprensa era "impreciso" e "enganador", e que a remoção dos tapetes "não corrigia o defeito fundamental"; a agência havia decidido que o trancamento de pedais causado pelo uso de tapetes errados – e mal-instalados – por parte dos condutores era um defeito do veículo. Essa interação, é claro, só serviu para elevar a tensão dos consumidores americanos. A nota de censura da NHTSA convenceu muitas pessoas de que a Toyota não estava sendo honesta e não estava agindo em defesa do melhor interesse de seus clientes.

Considerando o que sabemos sobre a situação bastante específica que levou ao acidente da família Saylor, o *recall* dos tapetes parece uma reação um tanto exagerada: nem todos os tapetes poderiam causar aquele acidente, nem mesmo tapetes que não estavam bem afixados, mas sim os grossos tapetes emborrachados provenientes de um veículo muito maior *e* sua má instalação. Muitos clientes e o público em geral estavam compreensivelmente céticos. O exame de um típico veículo da Toyota com os tapetes adequados e bem instalados revelava claramente que não havia risco do pedal ficar preso. George Tatar confirmou o ceticismo: "As pessoas simplesmente não levaram a sério o *recall* dos tapetes". Este sentimento foi compartilhado por outros revendedores por nós entrevistados. O ceticismo talvez tenha ajudado a aplacar a confiança na Toyota – sem os detalhes específicos, as pessoas simplesmente não acreditavam que o acidente da família Saylor pudesse ter sido causado por tapetes automotivos, e, portanto, a nota oficial alimentou as especulações de que a Toyota não sabia o que causara o acidente. O desastrado comunicado à imprensa sobre o *recall* e a censura da NHTSA só fizeram piorar as coisas. Quando, enfim, o relatório policial sobre o acidente da família Saylor foi amplamente divulgado, o público e a mídia já haviam começado a especular sobre outras causas, com muitas pessoas jogando a culpa no controle eletrônico de aceleração e em outros dispositivos dos veículos.

Uma breve história da eletrônica veicular e da aceleração repentina

A divulgação em fevereiro de 2011 da detalhada investigação que a Nasa conduziu sobre a eletrônica veicular da Toyota finalmente deu fim às especulações sobre supostos defeitos escondidos nos carros da companhia. Como afirmou Ray LaHood, secretário norte-americano dos transportes: "Convocamos os melhores e mais brilhantes engenheiros para estudar os sistemas eletrônicos da Toyota, e eis o veredito. Não há qualquer causa eletrônica para a aceleração não intencional em alta velocidade em Toyotas".[4] Por mais de um ano, porém, até que o relatório fosse divulgado, muitas pessoas sinceramente acreditavam que a eletrônica veicular em Toyotas era uma causa possível, ou mesmo provável, dos relatos de veículos desgovernados. Mas será que jamais houve, em primeiro lugar, qualquer justificativa para essa crença? E os órgãos reguladores, os condutores e a mídia deviam mesmo ter suspeitado da computação e eletrônica veicular?

Ao analisar os enredos de filmes de suspense, é fácil perceber que os seres humanos nutrem uma profunda desconfiança em relação às máquinas, especialmente os computadores. Filmes como *Jogos de Guerra*, *2001 - Uma Odisseia no Espaço*, a franquia *The Terminator* e *Christine - o Carro Assassino*, para citar apenas alguns, corporificam nosso temor de que as máquinas que não compreendemos muito bem podem entrar em parafuso e nos colocar em perigo. Nossos carros, conforme sua parte mecânica vai sendo constantemente substituída pela eletrônica, parecem cada vez mais cair nessa categoria. Cerca de 15 anos atrás, um *e-mail* em corrente parodiava os computadores pessoais, especialmente o sistema operacional Windows, ao descrever comicamente como os carros se comportariam se fossem como os computadores e travassem sem aviso. Hoje, embora ainda engraçada, a piada é no máximo irônica,

---

[4] Comentários de Ray LaHood em entrevista coletiva, 8 de fevereiro de 2011.

já que um típico carro de passageiros possui 10 ou mais computadores mais poderosos que os PCs sobre os quais Bill Gates fundou o império da Microsoft.

Os "fantasmas" em nossas máquinas

O que todos esses computadores fazem? Praticamente todos os carros de passageiros modernos são controlados por um computador, conhecido na indústria como módulo de controle do motor (ECM – *engine control module*). O ECM monitora o desempenho do motor e é capaz de ajustar dinamicamente a mistura de ar e combustível, de detectar uma perda de vácuo ou um salto de calor e de tomar inúmeras outras ações para maximizar ou a eficiência de consumo ou a potência do motor. Módulos similares de controle governam muitas outras funções nos carros modernos.

Desde sua introdução pela BMW ao final dos anos 80, os controles eletrônicos de aceleração (ETCs – *electronic throttle control*) encontram-se entre esses sistemas computadorizados. Num sistema exclusivamente mecânico, um cabo ou um conjunto de barras metálicas conecta o pedal do acelerador à válvula borboleta no motor, a qual governa quanto ar entra na câmara de combustão. Com o controle eletrônico de aceleração, um sensor monitora a posição do pedal do acelerador e transmite essa informação por um fio condutor (*by wire*; é por isso que ele é conhecido como sistema *drive-by-wire*) até o ECM, que envia então uma mensagem ao controle eletrônico de aceleração dizendo para a borboleta permitir a entrada de mais ou menos ar na câmara de combustão.

Como ocorre com muitos sistemas baseados em partes móveis, existem muitas desvantagens no antiquado controle mecânico de aceleração: os cabos podem ficar frouxos ou quebradiços; os encaixes das barras podem se desgastar ou ficar com folga. Os sistemas mecânicos também têm uma precisão limitada. Acima de tudo, porém, os sistemas mecânicos são "burros"; eles são incapazes de se comunicar entre si. Um controle eletrônico de aceleração conectado a outros computadores no motor e na transmissão permite uma sintonia fina de desempenho dependendo da situação. Por exemplo, o uso de controle eletrônico de aceleração, EMCs e outros computadores produziu alguns dos mais importantes avanços de segurança na última década, sistemas como o controle de estabilidade e de tração. Outros computadores no carro são responsáveis pelos freios ABS e pelos *air bags*. Sem o uso de computadores, esses dispositivos seriam literalmente inviáveis. Esses sistemas de segurança computadorizados são os maiores responsáveis pelo fato de os Estados Unidos terem alcançado em 2009 o menor nível de mortalidade no trânsito desde 1950.

Contudo, ao contrário dos sistemas mecânicos, os sistemas eletrônicos carregam consigo certo mistério. Existe uma crença generalizada de que se eles apresentarem um defeito, não dá para saber o que deu errado da mesma forma que ocorre com os sistemas mecânicos. De acordo com Jeremy Anwyl, CEO do Edmunds.com, um dos principais *sites* de informações automotivas, essa crença está simplesmente errada. "Se uma peça mecânica ficar emperrada ou entupida, é inteiramente possível que o problema vá embora por si mesmo sem deixar vestígios. Você jamais saberia que ele ocorreu. Já os sistemas eletrônicos deixam pistas, tornando o diagnóstico muito mais fácil."[5] Somente quando uma peça mecânica falha por completo – se uma mangueira de freio se romper, por exemplo – é que fica fácil de encontrar e diagnosticar sua evidência física. Sistemas eletrônicos tendem a deixar indícios de problemas intermitentes. Embora possa ser difícil apontar a causa exata de um problema eletrônico, a existência do problema em si é bem fácil de documentar. Ainda assim, as pessoas tendem a confiar menos nos sistemas eletrônicos. E se o controle eletrônico de aceleração enviar o sinal errado para a válvula borboleta, levando a uma aceleração não intencional?

Esse também era um pensamento assustador para os fabricantes de veículos. Só seria possível migrar para o controle eletrônico de aceleração e os ECMs, mesmo com todas as suas vantagens, se

---
[5] Entrevista com os autores, 26 de outubro de 2010.

os sistemas fossem mais confiáveis do que os sistemas mecânicos a serem substituídos. Portanto, os fabricantes projetaram seus sistemas computadorizados de acordo com essa premissa básica.

Quando os engenheiros projetam sistemas veiculares eletrônicos, eles empregam uma metodologia chamada de análise dos modos de falhas e seus defeitos, que busca identificar todos os pontos de falha possíveis e projetar usando contramedidas. Considerando os riscos, uma grande quantidade de trabalho foi empregada para projetar os ETCs de forma a eliminar a possibilidade de falhas catastróficas, levando, por fim, a rigorosos padrões mantidos pela Associação dos Engenheiros Automotivos.

Os sistemas eletrônicos, de segurança e de testagem da Toyota

Para projetar um sistema ECM e ETC, a Toyota utiliza múltiplos sensores e módulos computadorizados redundantes a cada etapa do processo (ver Figura 3.1, um diagrama da eletrônica veicular da Toyota). Esses sensores não são redundantes – eles não são projetados para que o segundo deles assuma o processo caso o primeiro deles falhe. Ao contrário, os sistemas são projetados para delatarem um ao outro. Os dois sensores do pedal enviam um sinal simultâneo ao ECM. Se os sinais não concordaram entre si, o sistema entra em modo de segurança. Para se proteger ainda mais dos erros, os sinais dos dois sensores do pedal têm voltagens diferentes, desencontrados um do outro por um intervalo preciso. Novamente, se o intervalo nas voltagens mudar, o sistema entra em modo de segurança.

Checagens de sinais consistentes são feitos constantemente. No interior do ECM, há duas unidades de processamento computadorizado, uma que comanda o sistema e outra que confirma se o comportamento da primeira está seguindo os sinais recebidos. Esses dois computadores são independentes um do outro: nenhum controla o outro, mas ambos podem colocar o sistema em um dentre inúmeros modos de segurança para limitar a velocidade

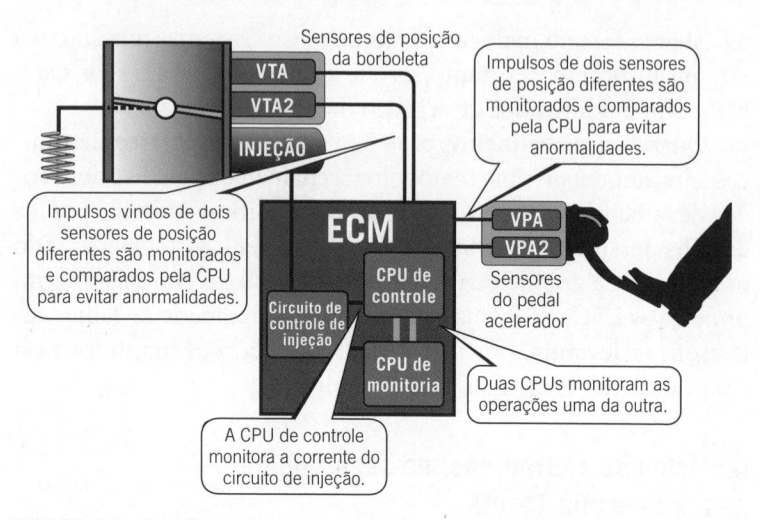

FIGURA 3.1 O sistema de segurança do controle eletrônico de aceleração da Toyota.

ou parar o veículo, caso perceba que o outro está agindo de maneira incorreta. Da mesma forma, a posição da válvula borboleta é monitorada por dois sensores separados que enviam sinais com voltagens diferentes, assim como ocorre com os pedais.

Se quaisquer dos sensores ou dos computadores falhar, ou se quaisquer das mensagens e das múltiplas interpretações das mensagens conflitarem umas com as outras (por exemplo, se um sensor disser que o acelerador está pressionado até o fundo e outro disser que está apenas meio pressionado), o sistema entra em modo de segurança. Dessa forma, os sinais múltiplos não protegem contra as falhas; eles protegem contra os erros. Além de entrar em modo de segurança, qualquer problema também fica registrado em outro sistema computadorizado adicional, e uma luz de alerta se acende. Ainda que os detalhes desse sistema redundante de segurança sejam exclusivos da Toyota, o projeto básico é padrão em toda a indústria.

Esses sistemas de segurança funcionaram exatamente como se esperava nos testes e nas estradas. Mas a vulnerabilidade dos sistemas eletrônicos não está limitada a erros e falhas de componentes; esses sistemas também são vulneráveis a interferência. Qualquer sinal pode ser corrompido ou alterado pela radiação eletromagnética, denominada interferência eletromagnética, IEM. Se você alguma vez já escutou aquele ruído intermitente de um celular que se aproxima demais de um telefone fixo ou de um alto-falante, então já experimentou os efeitos da radiação eletromagnética. Fabricantes de veículos obviamente precisam proteger da IEM seus ECMs e seus controles eletrônicos de aceleração. Kristen Tabar, gerente geral de sistemas eletrônicos no Toyota Technical Center, em Michigan, explica como todos os dispositivos eletrônicos veiculares das fabricantes são projetados para proteger os sistemas contra a IEM:

> Revestir o exterior do circuito é um método de proteção contra a IEM, mas nós também revestimos o próprio dispositivo utilizando um fio em forma de malha. Também é possível fazer isso nos fios amontoados em chicotes elétricos que correm pelo veículo, para impedir que essas ondas viagem pelo fio e cheguem até os [módulos] através do próprio fio. Existem modos de utilizar aterramento e capacitores para ajudar [o sistema] a se proteger por si mesmo. Manter a distância correta entre os dispositivos e usar determinados materiais para proteger contra a energia são outras possibilidades de projeto. Portanto, há mais coisas a serem levadas em consideração no projeto do que apenas os materiais em si. O projeto da placa de circuito é provavelmente o mais importante: o modo de aterrá-la, quantas camadas ela tem, como você dispõe os componentes na placa. Todas essas coisas são bastante padronizadas. Não há nada exclusivo em relação à Toyota nesse aspecto.

Mesmo com esse projeto à prova de falhas, a Toyota testa obsessivamente cada componente, cada subagrupamento, cada sistema completo e o veículo inteiro dentro de câmaras controladas de teste e no mundo externo em áreas sujeitas a alta IEM. Para mais informações sobre como a Toyota testa os sistemas eletrônicos para garantir que são imunes a IEM, veja o quadro Testes de Interferência Eletrônica da Toyota a seguir.

Novamente, enfatizamos que o sistema da Toyota para projetar e testar sua eletrônica é incrivelmente sofisticado, mas não exclusivo – todas as fabricantes, por razões óbvias, precisam que seus sistemas eletrônicos cumpram rigorosos padrões de projeto e testagem. É fundamental compreender essa questão tendo em vista a história da aceleração não intencional. A Toyota não é de forma alguma a primeira fabricante a ser acusada de ter um problema de aceleração repentina não intencional (SUA – *sudden unintended acceleration*).

TESTES DE INTERFERÊNCIA ELETRÔNICA DA TOYOTA

Uma câmara de teste de compatibilidade eletromagnética (CEM) é por si só uma maravilha da engenharia. A Toyota construiu oito câmaras na cidade de Toyota, no Japão, e todas elas estão em uso quase constante para testes de componentes, sistemas e veículos inteiros. Outra câmara era concluída em Ann Arbor, no Michigan, quando este livro era escrito. Embora todos os sistemas também sejam testados no mundo real, as câmaras de teste de CEM permitem que a Toyota teste as piores situações de interferência eletromagnética possíveis.

A maior dessas câmaras, na qual veículos inteiros são testados, é aproximadamente do tamanho de um pequeno ginásio esportivo. O recinto possui um equipamento sofisticado capaz de criar todos os tipos de IEM, incluindo aquela produzida por cabos de alta tensão, transmissores de rádio e televisão (transmissores de até 10 kW), repetidoras de radioamador, radares aeronáuticos e torres de celular. No centro da câmara há um enorme suporte onde fica o veículo sendo testado, no qual ele pode girado e exposto a IEM de todos os ângulos possíveis. Embutido no suporte há um dinamômetro – basicamente uma esteira rolante para carros capaz de medir velocidade, aceleração e outras características. Quando um veículo é levado para testes, um robô especializado não metálico (para evitar alteração da IEM) é colocado em seu interior. Controlado remotamente do lado de fora da câmara, o robô constantemente acelera e freia a taxas diferentes ao longo do teste. Câmeras posicionadas em todas as rodas e no painel monitoram o desempenho do veículo, procurando por qualquer hesitação, tranco, luzes de alerta ou códigos de problemas.

Além da IEM externa, também são feitos testes dos efeitos da interferência de dentro do carro, como com telefones celulares, tanto em separado quanto em conjunto com a IEM externa. Todos esses testes são projetados para exceder os padrões especificados pela Associação dos Engenheiros Automotivos, pela International Standards Organization (ISO) e pela União Europeia. Em geral, a Toyota procura expor uma IEM a níveis duas a quatro vezes superiores do que as regulações e padrões requeridos.

As câmaras são usadas para testar componentes individuais, subsistemas, sistemas inteiros e veículos inteiros.[6] Cada modelo que é desenvolvido acaba passando por mais de 1 milhão de horas de testes antes de ir para produção. Isso não inclui os testes conduzidos com componentes individuais pelos fornecedores; por exemplo, a Denso, que fabrica ETCs, também testa seus projetos independentemente da Toyota em suas próprias câmaras de testes.

Porém, os testes não se atêm à fase de projeto. A Toyota continua a testar veículos de modelos antigos à procura de qualquer combinação de fatores que possa ou causar uma falha de um componente – levando o sistema a cair em modo de proteção contra falha ou a estabelecer um código de problema – ou exibir um comportamento indesejado.

---

[6] Um vídeo que mostra uma câmara de teste em operação e que descreve os diversos testes conduzidos pode ser encontrado *online* em http://pressroom.toyota.com/pr/tms/electronic.aspx?fid=121565&id=E0C19173.

> Depois de todos esses testes em centenas de veículos durante mais de 20 anos, jamais houve um caso de interferência ou de falha de um componente ou sistema num projeto concluído que não tenha acionado o modo de segurança. Na verdade, em inúmeros veículos (como o Camry atual), quando eles chegam ao fase de produção, a Toyota não consegue fazer o sistema falhar, por mais alta que seja a indução de IEM. Embora a testagem da Toyota seja extensiva, ela não é exclusiva. Todas as grandes fabricantes automotivas possuem câmaras similares para conduzir testes em seus sistemas eletrônicos. Mesmo antes da investigação da Nasa, jamais houvera um caso documentado de falha de ETC induzida por IEM que tivesse escapado à detecção do mecanismo de segurança do veículo ou causado um comportamento indesejado. A Nasa utilizou uma câmara de teste similar para por à prova diversos veículos da Toyota cujos donos haviam relatado incidentes de SUA, mas foi incapaz de induzir aceleração em qualquer deles (ainda que muitos tenham entrado em modo de proteção contra falha e disparado um código de problema).

Alegações de SUA na indústria

O caso mais famoso antes do da Toyota foi o da Audi em meados dos anos 80. A alegação era de que os Audis eram propensos a darem trancos quando o motor era ligado (na época, a Audi não utilizava um sistema *drive-by-wire*). Muitas crianças foram mortas quando seus pais ou avós deram a partida em um Audi e o veículo pulou para frente. Surgiram reportagens na mídia, incluindo uma particularmente famosa feita pelo programa de televisão *60 Minutes*, que usou ar comprimido para manipular a transmissão de um Audi de modo fazer o pedal do acelerador operar independentemente e aparentar uma SUA.[7] Finalmente, após anos de investi-

---

[7] Ed Wallace, "The Real Scandal behind the Toyota Recall", *Bloomberg Businessweek*, February 11, 2010; http://www.businessweek.com/lifestyle/content/feb2010/bw20100211_986136/htm.

gação, ficou determinado que não havia nada de errado com os veículos da Audi. O que estava ocorrendo era que as pessoas estavam colocando o pé no acelerador e engatando a marcha, mas, em seguida, em vez de pisarem no freio para desacelerar, elas estavam erroneamente pressionando ainda mais forte o acelerador. O erro não estava no projeto, e sim no comportamento dos condutores ao se enganarem de pedal.

As conclusões não foram suficientes para evitar um enorme prejuízo à marca Audi. Levou mais de uma década para a companhia recuperar a sua posição no mercado norte-americano. A atribuição de culpa à Audi pelos erros dos condutores acabou, pelo menos, tendo um lado positivo: o desenvolvimento do sistema de câmbio automático com *shift interlock*. Com esse sistema, só é possível tirar o carro do ponto morto se o pedal de freio estiver sendo pressionado. Ele elimina o perigo de um tipo específico de confusão entre os pedais. A Audi desenvolveu o sistema como resposta às falsas acusações de que seus veículos eram perigosos; posteriormente, o *shift interlock* passou a ser obrigatório em todos os veículos novos para impedir que as crianças conseguissem dar a partida e tirar o carro do ponto morto.

Entretanto, as reclamações sobre carros agindo por conta própria continuaram. Elas afetaram todas as fabricantes em todas as eras, levando muitas vezes a processos judiciais. Por exemplo, o Jeep Grand Cherokee, da Chrysler, já foi alvo de centenas de queixas de SUA, e em 2006 o procurador geral do estado de Nova York convocou a NHTSA a fazer uma "investigação federal total e irrestrita". Mesmo em 2010, após diversos redesenhos da Gran Cherokee, ainda há queixas de SUA desse modelo associadas bizarramente a passar dirigindo por lavagens automáticas.[8] E, embora inúmeros defeitos de qualidade e segurança tenham sido identificados, levando a *recalls* de todas as fabricantes, incluindo a

---

[8] Ver, por exemplo, este artigo sobre Jeep Grand Cherokees e lavagens automáticas publicado pela Associação de Lavagem de Carros de Connecticut: http://www.wewashctcars.com/index.cfm?fuseaction=feature.display&feature_id=3271.

Toyota (o maior número de *recalls* por todas as fabricantes ocorreu em 2004, quando 30,8 milhões de veículos foram convocados nos Estados Unidos em centenas de *recalls* separados), segundo diversos especialistas da indústria automobilística que entrevistamos, incluindo Jeremy Anwyl; Edward Niedermeyer, editor-chefe da *Truth about Cars*, um famoso blogue do ramo automotivo; e David Champion, gerente sênior da *Consumer Reports*, jamais houve um caso comprovado de aceleração repentina não intencional causado por IEM ou por defeito de um *software* na eletrônica de um veículo. Vale repetir: *jamais houve um caso sequer documentado de aceleração repentina não intencional causado por IEM ou por defeito de um* software *na eletrônica de qualquer veículo de qualquer fabricante*. Isso significa 20 anos sem um único incidente confirmado. Em todas as ocorrências de defeitos de segurança afetando sistemas de segurança, a causa-raiz remetia a um defeito físico que poderia ser facilmente replicado: sensores defeituosos, problemas de fiação e coisas do tipo.

O fato de os sistemas eletrônicos continuarem recebendo a culpa, em lugar de causas mais prosaicas como erros de condutores ou pedais presos por tapetes, é um atestado de nossa desconfiança em relação a esses sistemas. É bastante irônico que a fonte daqueles que são provavelmente os maiores aprimoramentos na segurança dos veículos – os sistemas eletrônicos que permitem aos veículos corrigirem os erros dos condutores e compensarem problemas ambientais como estradas escorregadias – tenham sido novamente os bodes expiatórios dos problemas de segurança. O Insurance Institute of Highway Safety (Instituto de Seguros para Segurança nas Estradas) concluiu que o controle de estabilidade eletrônica (que requer o controle eletrônico de aceleração) teria impedido mais de 15 mil acidentes fatais em apenas seis anos caso tivesse sido implementado em todos os veículos em 2002. Enquanto isso, a estimativa mais elevada de acidentes fatais causados supostamente por SUA em veículos da Toyota ao longo de 10 anos foi de 100 mortes, mais de 80% das quais divulgadas após a crise dos *recalls* ganhar as manchetes.

As especulações se alastram

Os sistemas eletrônicos permaneceram como os bodes expiatórios por alguns motivos óbvios. Para começar, é sempre mais fácil culpar os veículos, especialmente os veículos eletrônicos, do que os condutores. O livro *Traffic*, de 2008, escrito por Tom Vanderbilt, detalha exaustivamente o quanto é difícil para os condutores ganhar uma percepção precisa de suas próprias limitações e erros. Micheline Maynard, repórter que cobriu por uma década a indústria automobilística para o *New York Times*, observa que nenhuma prova é capaz de convencer certas pessoas: "Sempre haverá gente que acha que a culpada é a eletrônica". De fato, logo após a divulgação do relatório da Nasa absolvendo os sistemas eletrônicos da Toyota, muitos dos indivíduos que vociferaram acusações de que a eletrônica da companhia era a culpada simplesmente fincaram pé e insistiram que sua percepção e seu discernimento eram superiores àqueles de todos os engenheiros da NHTSA, da Nasa, da Toyota e de todas as outras fabricantes que usavam ECT.

Por que as pessoas insistem em culpar a eletrônica? Bem, todos nós já tivemos alguma experiência cotidiana com uma peça eletrônica ou um computador defeituoso que não fez o que queríamos que fizessem. Aqueles que buscam criar caso sobre a vulnerabilidade da eletrônica veicular citam muitas vezes a estatística de que há mais linhas de código de *software* em um veículo atual do que havia na nave espacial Apolo 11, que levou homens à Lua. A estatística é verdadeira, mas, ao citá-la assim, esses acusadores revelam acima de tudo o quão pouco conhecem sobre computadores e projetos eletrônicos modernos – também há mais linhas de código num iPhone ou num Blackberry do que havia na nave espacial Apolo 11. Jeremy Anwyl ressalta também que culpar a eletrônica é um campo fértil para os advogados dos queixosos. "É muito difícil provar uma negativa. É impossível dizer que ela nunca poderia acontecer. Como se prova algo desse tipo? É impossível... Do ponto de vista de um advogado de acusação, não é uma má aposta. Muito embora não haja uma prova clara, é difícil provar que não aconteceu, e não é uma má aposta levar isso à justica e ver se consegue ganhar." Foi exatamente isso que aconteceu na esteira do *recall* de tapetes da Toyota – a mídia, instigada pelos advogados dos queixosos e por seus consultores trabalhando em processos contra a Toyota, começou a especular sobre uma causa mais profunda da aceleração repentina em Toyotas.

O primeiro artigo na imprensa que conseguimos identificar levantando rumor sobre a eletrônica veicular, escrito pelos repórteres do *Los Angeles Times* Ralph Vartabedian e Ken Bensinger, foi publicado em 18 de outubro de 2009. Mesmo depois que os repórteres tiveram acesso ao relatório oficial da polícia sobre o acidente da família Saylor, eles continuaram a minimizar as evidências da causa real. Em 6 de outubro de 2009, em uma nota intitulada "Relatório inconclusivo sobre o papel do tapete automotivo em acidente fatal com um Toyota", os repórteres decidiram que uma única linha no relatório, na qual o policial encarregado explicava que devido ao fogo que se seguiu ao acidente, era impossível descartar por completo qualquer outra causa, justificava que eles considerassem as evidências inconclusivas.

Enquanto isso, o *Los Angeles Times*, prontamente amparado por outros veículos da mídia, começou a publicar notícias baseadas nas especulações de diversas pessoas que estavam envolvidas em processos judiciais contra a Toyota. Embora os repórteres devam se manter céticos quanto a alegações por parte das empresas, é impressionante a falta de ceticismo com a qual eles aceitaram as declarações de advogados e seus consultores. Por exemplo, Vartabedian e Bensinger escreveram seis artigos sobre problemas potenciais da Toyota, citando Sean Kane, de uma empresa chamada Safety Research & Strategies, antes de informar que ela é contratada principalmente para fornecer material e provas em processos judiciais contra fabricantes automotivas. Quando da elaboração deste livro, o jornal continua a se referir ao escritório como "consultor de segurança automotiva", embora sem jamais mencionar que a empresa não possui qualquer conhecimento especializado em engenharia ou análise estatística. Em seu *site*, a organização lista apenas uma pessoa com um mero bacharelado em engenharia mecânica (que acabou se tornando advogado). Os únicos funcionários da firma com pós-graduações fora do campo legal são formados em "Ciências Humanas" e "Biblioteconomia e Ciência da Informação". A firma não fornece qualquer evidência de que possua conhecimento especializado em eletrônica veicular ou em qualquer outra área da engenharia ou de que ofereça qualquer serviço útil para alguém que não seja um advogado.

A base de dados de queixas à NHTSA

A principal justificativa para a especulação sobre problemas subjacentes aos defeitos da Toyota veio do exame da base de dados de queixas do consumidos à NHTSA. Como inúmeros relatos na imprensa desde o ano passado comprovam, essa base de dados pode ser mais bem descrita como uma bagunça. Trabalhos investigativos de diversos repórteres revelaram que a base de dados incluía queixas que eram impossíveis (um exemplo bastante citado é uma reclamação sobre um acidente com um Lexus que matou 99 pessoas em um único veículo), bem como muitos, muitos relatos que eram dúbios. Outro exemplo destacado é o de uma mulher que alegou que seu Lexus acelerou sozinho mesmo que ela estivesse pisando no freio. O relatório policial sobre esse incidente descobriu ela apresentava o dobro do limite legal de álcool em sua corrente sanguínea. Outras queixas, como uma relatando como um Toyota Matrix acabou derrapando ao dobrar uma esquina a mais de 60 km/h numa pista molhada enquanto estava nevando, parecem-se muito com acidentes nos quais os condutores não aceitam admitir o erro.

Os problemas de peneirar dados úteis da base de dados da NHTSA são muito maiores do que o fato dessa base de dados incluir montanhas de dados não verificados e falsas alegações.

Qualquer um pode apresentar uma queixa, e não é preciso incluir qualquer informação sobre si mesmo ou sobre o carro. A pessoa fazendo a queixa classifica o problema em uma dentre várias categorias, e somente no caso de uma investigação ser aberta é que um funcionário membro da NHTSA audita a queixa para saber se foi corretamente classificada. O resultado é que a base de dados abarca muitos tipos diferentes de problemas dentro da mesma categoria ampla. Nesse caso, a categoria que a NHTSA utiliza é denominada "Controle de Velocidade". Em outras palavras, qualquer queixa que tenha envolvido um veículo indo mais rápido *ou mais devagar* do que o condutor desejava é amontoado na mesma categoria.

Deixando de lado todas essas questões, considerando que a base de dados da NHTSA de fato incluía milhares de queixas sobre a Toyota e problemas de aceleração (2.290 entre os anos 2000 e 2009, segundo uma contagem da National Public Radio[9]), vale a pena examinar mais de perto para ver se há alguma evidência plausível para se suspeitar de um problema nos veículos da Toyota. As queixas em si compõem uma leitura pungente e assustadora, e certamente soam convincentes.

No terceiro trimestre de 2010, o Edmunds.com lançou um estudo aprofundado da base de dados de queixas à NHTSA. Ele descobriu que um a cada 10 registros era repetidos. Para conseguir um retrato mais preciso dos dados, o Edmunds.com dedicou parte do tempo de seu pessoal a pesquisar as queixas uma a uma. A empresa reclassificou cada queixa para uma categoria mais específica e eliminou as repetições e as queixas claramente despropositadas. O que o Edmunds.com descobriu foi que a Toyota tinha de fato mais queixas de aceleração repentina do que as outras fabricantes, mas que as cifras verdadeiras eram bem inferiores ao que um breve exame da base de dados poderia sugerir. De janeiro de 2009 até agosto de 2009, a Toyota teve, em média, pouco menos de 14 queixas de aceleração repentina por mês; em comparação, a Ford

---

[9] A base de dados sobre queixas de aceleração da National Public Radio está disponível em http://www.npr.org/templates/story/story.php?storyId=124235858.

teve uma média de sete queixas. Para colocar esses números em perspectiva, saiba que só a Toyota tinha 16 milhões de veículos utilizando ETC nas estradas norte-americanas durante esses meses. A taxa de queixas por mês é um pouco inferior a um em 1 milhão. O relatório da Nasa estima a taxa absoluta de acelerações repentinas em um a cada 2,6 bilhões de quilômetros dirigidos.

Esses níveis de queixas não eram novos – reclamações de aceleração repentina vêm seguindo esse patamar há décadas. A única variação é em qual fabricante lidera as queixas. Por exemplo, uma investigação posterior dos dados da NHTSA descobriu que durante o período entre 2002 e 2009, ajustando-se os valores proporcionalmente ao volume de veículos, era a Volvo, na verdade, que apresentava o maior índice de queixas de aceleração repentina por 100.000 veículos; a Toyota era a segunda e a Ford a terceira. Mas se analisarmos intervalos de tempo mais curtos, às vezes a Ford era a líder em queixas de aceleração repentina. Em termos anuais, a Volkswagen foi a que mais recebeu queixas de SUA por 100 mil veículos em sete dos 10 anos compreendidos entre 2000 e 2009.[10]

Há duas conclusões a que se pode chegar com esses números: primeiro, a base de dados de queixas não estabelece claramente a Toyota como um desvio dos índices gerais de SUA, e, segundo, queixas de SUA são feitas regularmente sobre todas as fabricantes, mas em todos os casos representa apenas uma pequena porcentagem dos veículos nas estradas.

Investigações sobre SUA

Além da base de dados de queixas, antes de decidir que havia bons motivos para se suspeitar de um problema subjacente aos veículos da Toyota, seria preciso levar também em consideração os resultados das investigações propriamente ditas de SUA. Considerando que diversas fabricantes recebem queixas de SUA há muitos anos, a NHTSA já conduziu inúmeras investigações. Uma das primeiras

---

[10] Baseado em dados da NHTSA e do Edmunds.com.

investigações é conhecida como o Livro Prateado (simplesmente porque a capa do relatório era prateada).[11] Esse abrangente estudo sobre aceleração não intencional foi deliberada após a derrocada da Audi. Depois de uma longa investigação, um painel de especialistas concluiu que a vasta maioria das queixas sobre aceleração repentina, especialmente aquelas que ocorreram a baixa velocidade inicial (como ao entrar ou sair de um estacionamento), eram atribuíveis a mau uso dos pedais. Um intensivo estudo conduzido pela NHTSA sobre queixas de controle de velocidade em Toyotas Camry, modelos de 2002 a 2006, realizado no terceiro trimestre de 2010, descobriu que 92% das queixas e 96% das batidas tinham ocorrido a velocidades inferiores a 25 km/h, típicas de acidentes causados por mau uso dos pedais, segundo o Livro Prateado.[12]

Além disso, pesquisas subsequentes ao Livro Prateado descobriram que os incidentes de mau uso dos pedais eram muito mais comuns do que se acreditava.[13] Richard Schmidt, professor de psicologia cognitiva da UCLA e um dos principais autores do Livro Prateado, conduziu uma pesquisa detalhada na base de dados dos relatórios de acidentes de trânsito da polícia da Carolina do Norte. A base de dados inclui o relatório policial completo de qualquer acidente no estado que tenha sido investigado. Schmidt e seus colegas começaram estudando a base de dados em meados da década de 1990, buscando indícios de acidentes causados por aceleração não intencional. Nessa análise, eles encontraram mais

---

[11] NHTSA, "An Examination of Sudden Acceleration", 1989, disponível em http://www.autosafety.org/nhtsa-study-examination-sudden-acceleration-jan-1989.

[12] NHTSA Informational Briefing for NASA, "Study of Electronic Vehicle Controls and Unintended Acceleration", June 30, 2010. Essas apresentações podem ser encontradas no *site* da Transportation Research Board of the National Academy of Sciences: http://www.trb.org/PolicyStudies/UnintendedAcceleration-Study.aspx.

[13] Richard Schmidt e Douglas Young, "Cars Gone Wild: The Major Contributor to Unintended Acceleration in Automobiles is Pedal Error", *Frontiers in Psychology*, November 25, 2010.

de 3.700 acidentes durante o período entre 1979 e 1995 nos quais os condutores admitiram que o mau uso dos pedais fora a causa. Isso representa uma média de mais de 19 acidentes por mês apenas no estado da Carolina do Norte. Agora compare esse número com a média de 14 queixas de aceleração repentina em Toyotas nos Estados Unidos como um todo. Schmidt ressalva, é claro, que o verdadeiro número de acidentes causados por mau uso dos pedais é certamente muito maior, já que ele contou apenas aqueles em que o condutor se dispunha a admitir a culpa.

Outro aspecto a se levar em consideração antes de se tirar conclusões sobre a solidez dos indícios de SUA em veículos da Toyota, ou em qualquer veículo, em 2009, é a plausibilidade das queixas baseadas no funcionamento real dos veículos. Todos eles foram projetados de modo que os freios são maios poderosos que o motor – os freios conseguem resistir a um torque maior do que o máximo produzido pelo motor. Essa é uma consideração básica de projeto para se garantir que os freios consigam parar um carro. O sistema de frenagem em veículos modernos é hidráulico – essencialmente um sistema mecânico que utiliza pressão de vácuo e de líquido para aumentar a força de frenagem. Esses sistemas são completamente independentes dos módulos de controle de aceleração e do motor. Portanto, para que um carro continue a acelerar, em lugar de começar a desacelerar, depois que um condutor pisa fundo no freio, é necessária a falha simultânea de dois sistemas completamente independentes, um mecânico e um eletrônico, sem deixar qualquer evidência. Por exemplo, em dezembro de 2009, a revista *Car and Driver* testou a capacidade dos freios de um Camry de parar o veículo se a válvula borboleta de aceleração estiver totalmente aberta, seja devido ao pedal do acelerador estar trancado ou por qualquer outra causa. O teste da *Car and Driver* descobriu que com o acelerador fincado no fundo e com a borboleta totalmente aberta a partir de uma velocidade de 110 km/h, a pressão completa no pedal de freio fazia o carro parar dentro de uma distância menor do que aquela que o Ford Taurus precisava sem estar com o acelerador preso ao fundo, e apenas cinco metros a mais do que a distância necessária para parar o Camry sem o acelerador preso.¹⁴

Em um relatório produzido em julho de 2009 pela NHTSA com diretrizes para equipes da Academy of Sciences e da Nasa conduzirem a investigação completa da eletrônica veicular, concluída em fevereiro de 2011, a agência divulgou que nos 25 anos precedentes ela havia conduzido 109 investigações de defeitos relacionados a aceleração não intencional, gerando 34 *recalls*, enquanto as fabricantes haviam convocado de maneira independente outros 174 *recalls* relacionados a aceleração não intencional. Em cada um dos casos, um defeito físico específico e replicável pôde ser encontrado. Não houve caso de problemas causados por IEM ou por *software*. Em todas essas investigações e *recalls*, "Não foi identificada qualquer condição defeituosa que tivesse resultado numa abertura completa da válvula de aceleração e na simultânea perda de eficácia dos freios".¹⁵ Testes posteriores da Nasa confirmaram essa descoberta, ressaltando que em todos os testes com veículos da Toyota "os sistemas de frenagem foram capazes de suplantar todos os níveis de aceleração, incluindo a abertura completa da válvula borboleta" e conseguiram desacelerar o carro.¹⁶

---

¹⁴ Dave Vanderwerp, "How to Deal with Unintended Acceleration", *Car and Driver*, December 2010; http://www.caranddriver.com/features/09q4/how_to_deal_with_unintended_acceleration-tech_dept.

¹⁵ NHTSA Informational Briefing, "Study of Electronic Vehicle Controls and Unintended Acceleration", June 30, 2010.

¹⁶ Os freios sempre irão desacelerar um veículo qualquer que seja a posição da válvula borboleta e quase sempre irão fazê-lo parar a uma distância razoável. A única exceção é no caso da borboleta se encontrar completamente aberta, observou a Nasa, como na situação do pedal estar trancado, e se o motorista pressionar repetidamente o pedal do freio, em vez de aplicar nele uma pressão contínua. Neste caso, o sistema de assistência de frenagem a vácuo falha, limitando o poder de parar o veículo. "Technical Assessment of Toyota Electronic Throttle Control Systems", February 2011 report; http://www.nhtsa.gov/UA.

É preciso questionar qualquer alegação de que os freios não conseguiram diminuir a velocidade de um veículo em aceleração. Edward Niedermeyer crê que há uma explicação muito mais provável para tais relatos do que uma falha múltipla e simultânea de sistemas: "Até onde sei, isso é prova cabal de que o condutor estava pisando no acelerador, e não nos freios". Muitos outros condutores que relataram aceleração não intencional também alegaram ter colocado o carro em ponto morto ou em marcha a ré e/ou puxado o freio de mão sem produzir com isso qualquer efeito. Esses relatos exigiriam que quatro sistemas separados, um deles inteiramente mecânico (o freio de mão), falhassem de modo simultâneo.

Assim, os indícios disponíveis no segundo semestre de 2009, 18 meses antes da investigação da Nasa ficar pronta, iam esmagadoramente contra a conclusão de que a eletrônica veicular fora a causa das acelerações repentinas. Isso, porém, não impediu que explicações esdrúxulas prevalecessem (ou que se acabasse gastando US$1,5 milhão do dinheiro dos contribuintes para provar que as especulações estavam incorretas).

Uma completa falta de evidências

Nenhuma dessas razões para se duvidar das alegações de veículos desgovernados com sistemas eletrônicos em parafuso – nem os problemas com a base de dados da NHTSA, nem a ausência de qualquer evidência forense de aceleração repentina por motivos eletrônicos, nem as exaustivas pesquisas da NHTSA sobre aceleração repentina no passado e nem a improbabilidade da maioria das queixas de SUA – foi divulgada pelos principais veículos de mídia (ainda que blogues e *sites* automotivos mais especializados tenham feito essas mesmas observações). As notícias mais visíveis na mídia sobre "aceleração repentina não intencional" concentravam-se apenas no número bruto de queixas provenientes da base de dados da NHTSA encontradas na categoria "controle de velocidade", incluindo as mortes por acidentes em que se culparam esses incidentes (não importando o que a polícia veio a descobrir sobre esses acidentes ou que se tratassem de casos nos quais os envolvidos estavam processando a Toyota). Com o público cético quanto à explicação que levava em conta o tapete e com sua constante disposição em suspeitar da eletrônica, a notícias na mídia convenceram mais e mais pessoas de que havia algo gravemente errado com os veículos da Toyota – algo que a Toyota estava escondendo, quer a companhia conhecesse a causa real ou não. A natureza dos relatos também elevou a pressão sobre a NHTSA, que foi acusada de ser branda em relação à Toyota. Por exemplo, um dos artigos do *Los Angeles Times* tinha como manchete "Casos de Toyotas descontrolados são ignorados". O que as notícias deixavam de averiguar eram as já citadas razões subjacentes para se ignorar a maioria das queixas arquivadas na NHTSA – o conteúdo da queixa é altamente suspeito, e não há indícios para embasar as alegações da pessoa que faz o relato.

A cobertura da imprensa forneceu um terreno fértil para que as histórias fugissem do controle. Existe um histórico bem-documentado de eventos de grande repercussão, como supostas aparições de UFOs, que acabaram por gerar uma onda similar de queixas, e esse fenômeno ficava bastante evidente no caso da Toyota.[17] Assim que a especulação sobre a eletrônica, ou qualquer outro problema de *recall* da Toyota, ganhou grande repercussão, queixas alegando defeitos desse tipo dispararam. Como resultado, a base de dados da NHTSA se tornou ainda menos útil. Por exemplo, a base de dados da NHTSA inclui, para o período entre 2000 e outubro de 2009, 11 relatos de acidentes fatais em Toyotas nos quais o condutor alegou aceleração não intencional. Depois dos *recalls* da Toyota e da intensa cobertura da mídia, de outubro de 2009 a junho de 2000, houve mais 64 casos relatados. No relatório da NHTSA de 30 de junho de 2009, constavam cerca de 1.300 queixas de aceleração não intencional em veículos da Toyota nos

---

[17] Ver, por exemplo, Allan J. Kimmel, *Rumors and Rumor Control* (New York: Routledge Press, 2003).

nove anos anteriores a outubro de 2009, pulando para quase 2.500 queixas apenas nos nove meses subsequentes.[18] Com a enxurrada de notícias diárias sobre aceleração repentina de Toyotas (raramente qualificadas como "alegadas"), não é de surpreender que as queixas tenham virado uma bola de neve. Por exemplo, em fevereiro de 2010, queixas sobre o controle de velocidade do modelo Prius tinha aumentado em 13 vezes em comparação com janeiro, de acordo com uma análise da base de dados da NHTSA conduzida pela Associated Press. Devido a esse efeito bola de neve, a NHTSA ressalta que os relatos posteriores a outubro de 2009 não são indicadores confiáveis de uma tendência.

Na psicologia cognitiva, sabe-se bem que as pessoas preenchem retrospectivamente as lacunas em suas lembranças, ou seja, que elas completam os detalhes para conferir lógica e acabamento a suas histórias, muitas vezes sem perceber. Já se comprovou que isso exerce um grande impacto sobre as testemunhas oculares, já que as informações recebidas após o evento são incorporadas à memória da testemunha, fazendo com que o indivíduo as perceba como sua própria memória. Uma das principais especialistas nesse processo, Elizabeth Loftus, explica o desenvolvimento de falsas certezas ao afirmar que "quanto mais as pessoas pensam sobre um evento do passado, mais confiantes se tornam em relação às suas memórias. O problema é que elas ganham confiança tanto em suas lembranças imprecisas quantos naquelas corretas".[19]

O severidade do efeito é melhor ilustrada graficamente (ver Figura 3.2). O gráfico se baseia na versão ajustada da base de dados da NHTSA gerada pelo Edmunds.com. Antes do acidente da família Saylor, ainda que as queixas mensais recebidas pela Toyota fossem maiores do que aquelas recebidas pelas outras fabricantes, a diferença não era tão gritante – geralmente abaixo de 20. Então, assim que as especulações da mídia ganharam ímpeto, o número

---

[18] NHTSA Infomational Briefing, ibid.

[19] Elizabeth Loftus, *Eyewitness Testimony* (Cambridge, Mass.: Harvard University Press, 1996).

de queixas cresceu drasticamente, atingindo um pico de mais de 1.300 queixas em fevereiro de 2010, após diversos *recalls* terem sido anunciados. Em setembro de 2010, o número voltou a ficar abaixo dos 20. (Observe que a Toyota não fez quaisquer mudanças em sua eletrônica veicular durante esse período.)

Portanto, embora as especulações injustificadas se alastrassem, resultantes em grande parte da confusão do grande público sobre o verdadeiro funcionamento de um veículo, os engenheiros e executivos da Toyota no Japão acreditavam que quaisquer problemas técnicos ou de projeto tinham sido solucionados pelo *recall* e pelo alerta de segurança sobre os tapetes automotivos. Houvera um problema com tapetes específicos do Camry e do Lexus ES sedãs, e esse problema fora resolvido pelo *recall* dos tapetes emborrachados conduzido em 2007.[20]

Depois que o acidente da família Saylor mostrou a possibilidade bastante real de os tapetes irem parar nos veículos errados, o *recall* anunciado e o alerta de segurança relacionado aos tapetes representaram, sob qualquer ponto de vista, uma decisão de assumir de forma total e irrestrita a culpabilidade legal para proteger os clientes.

Ao longo dos meses de novembro e dezembro, a mídia dava grande destaque a qualquer relato de um Toyota com problemas de aceleração. O *Los Angeles Times* explorou o tema com especial vigor, publicando inúmeros artigos acusando a Toyota de esconder dados e de ignorar as reclamações dos clientes, ainda sem se aprofundar em aspectos jurídicos de um acidente em particular e sem descobrir qualquer evidência de defeito na eletrônica da Toyota.

---

[20] Outra fonte de um grande número de reclamações estava relacionada ao modo como a transmissão automática nos Camrys trocava as marchas a velocidades entre 55 e 70 km/h, aproximadamente, o que, em situações de direção agressiva, causava um breve salto no giro do motor; isso levou a uma campanha das oficinas autorizadas para que qualquer motorista pudesse reprogramar a transmissão caso não gostasse desse comportamento.

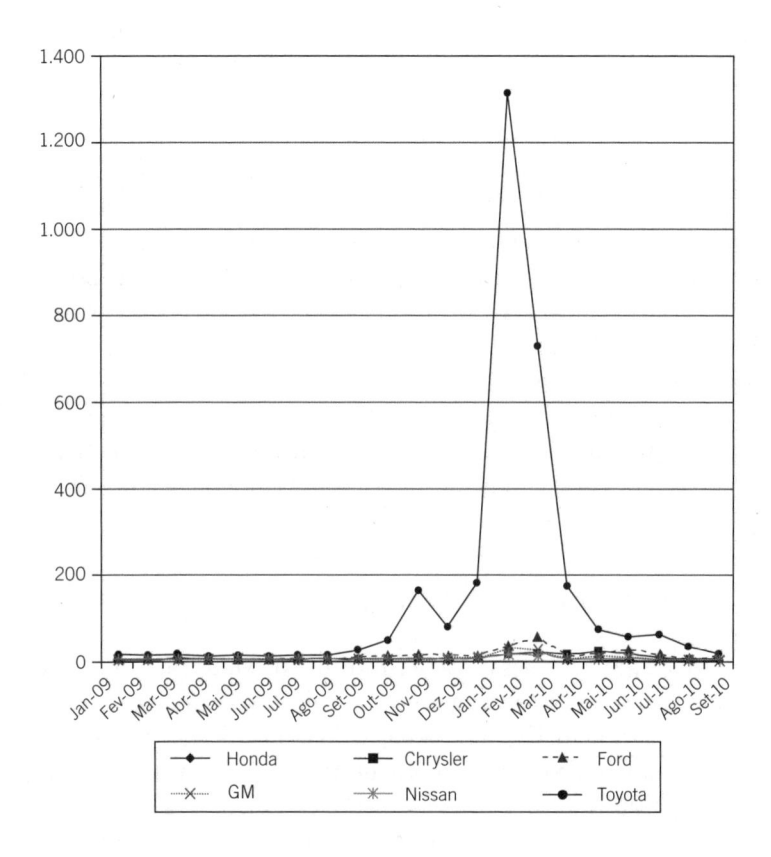

FIGURA 3.2 Queixas de aceleração repentina na base de dados da NHTSA, usando os dados ajustados pelo edmunds.com.

Todos esses fatores – as especulações injustificadas sobre a eletrônica veicular, o questionamento público sobre os *recalls* dos tapetes, a reprimenda feita pela NHTSA à Toyota e o isolamento de importantes tomadores de decisão no Japão das realidades do sentimento dos consumidores nos Estados Unidos – acabaram criando um barril de pólvora, sendo preciso apenas uma fagulha para explodir e devastar a arduamente conquistada reputação da

Toyota de qualidade e segurança. Essa fagulha veio na forma de pedais defeituosos.

A Toyota merece, sem dúvida, parte da culpa pelo que aconteceu em seguida. Embora houvesse algumas questões técnicas, que exploraremos em detalhe, os principais problemas não eram técnicos. Eles jaziam, acima de tudo, no modo como a Toyota se comunicava tanto internamente quanto com seus clientes, com o público em geral, com a mídia e com a NHTSA. A causa-raiz desses erros, como a Toyota viria a descobrir, era a sua histórica maneira de lidar com questões de qualidade e segurança, que se centralizava demais num departamento de qualidade no Japão e que se concentrava num ponto de vista da engenharia, enquanto a companhia havia perdido contato direto com as perspectivas e preocupações de seus clientes (mais sobre isso no Capítulo 4).

A saga dos pedais defeituosos

Dentre os diversos desafios de substituir sistemas mecânicos por sistemas eletrônicos está a necessidade de se recriar a sensação do sistema mecânico. Como boa parte do ato de dirigir se resume a comportamento habitual – conseguimos controlar nossos veículos sem um grande esforço de pensamento consciente e de atenção – é muito importante que a experiência de condução, incluindo a sensação que temos dos pedais, permaneça constante. Num sistema de aceleração mecânica, é preciso empregar força para empurrar o pedal para baixo para que ele, por sua vez, puxe o cabo que abre a válvula de aceleração – e há força puxando de volta o pedal para posição neutra quando o condutor retira seu pé. Um sistema eletrônico de aceleração precisa recriar essas sensações (ainda que elas não sejam tecnicamente imprescindíveis) para que a experiência de condução não mude em termos matérias.

Para fazer isso é preciso projetar pedais que exijam uma quantidade de força aproximadamente igual à necessária para pressionar pedais mecanicamente conectados ao acelerador e que retornem à posição inicial depois que se retira o pé; isso é feito com uma combinação de elásticos, eixos e amortecedores. O papel dos amortecedores é produzir a quantidade certa de fricção para que o pedal se mova suavemente, tanto quanto ao ser pressionado quanto ao retornar à posição original. Historicamente, a Denso, uma das fornecedores originais da Toyota no Japão, sempre foi a principal fornecedora de pedais para a companhia, mas com os anos a Toyota substituiu o fornecimento de muitas partes. Nos modelos do ano 2005, a Toyota começou a utilizar a CTS como sua fornecedora de pedais; os pedais da CTS acabaram se tornando o padrão na maioria dos veículos norte-americanos e em alguns europeus.

Ao longo de 2008, as operações europeias da Toyota haviam investigado quatro veículos cujos condutores relataram que o acelerador demorava a retornar ou aderia numa posição parcialmente aberta.[21] Engenheiros de campo recuperaram os pedais e os enviaram para serem analisados no Japão. Revelou-se difícil replicar o problema no laboratório, sendo necessários meses de testes. Somente em abril de 2009 os testes conseguiram recriar o problema em laboratório. O motivo pelo qual o problema foi tão difícil de replicar era que o pedal só se tornava defeituoso em condições de alta temperatura ou alta umidade. Em tais condições, o material sintético que a CTS usara como amortecedor no pedal se tornava defeituoso. Os primeiros relatos europeus vinham todos de veículos de mão inglesa, provenientes do Reino Unido e da Irlanda. Nesses veículos, o duto de aquecimento do motorista estava apontado para o pedal do acelerador – o que gerava, segundo os engenheiros de testes da TMC e da CTS, alta temperatura e condensação em condições de umidade.

---

[21] Os detalhes das investigações sobre os pedais defeituosos baseiam-se em relatórios que a Toyota enviou à NHTSA, bem como em entrevistas com funcionários da Toyota.

Com o problema agora aparentemente compreendido e documentado, os engenheiros da Toyota passaram a trabalhar na avaliação das consequências da aderência do pedal. A principal preocupação era determinar se os pedais defeituosos afetavam a capacidade dos condutores de pararem seus veículos. Essa questão é o fator oculto em torno do qual girou boa parte polêmica subsequente: se os pedais defeituosos impediam que os condutores parassem seu veículo ou aumentavam o tempo necessário para isso, então eles eram claramente um problema de segurança e precisavam de uma ação corretiva imediata. Se, por outro lado, o desempenho de frenagem não era afetado pelos pedais defeituosos, então, segundo os engenheiros, os pedais não representavam um defeito de segurança, e sim um problema de satisfação do cliente e de confiabilidade de componentes.

Como observado anteriormente, testes de analistas independentes mostraram que um Camry com uma válvula de aceleração totalmente aberta pode ser parado em menos distância do que veículos similares de outras fabricantes sem a válvula aberta. Foi a mesma conclusão a qual chegaram os engenheiros de qualidade da TMC no Japão. Os pedais defeituosos que eles estavam examinando não ficavam aderentes quando a válvula borboleta era toda aberta – e os freios levavam o mesmo tempo e a mesma distância para parar veículos com e sem pedais defeituosos. Com base nesses dados, eles concluíram que os pedais defeituosos não representavam problemas de segurança e que, portanto, não havia necessidade de convocar um *recall*.

Essa não é uma decisão incontestável. Pode-se muito bem argumentar que qualquer comportamento inesperado dos pedais do acelerador ou do freio representa um defeito de segurança e que deva ser tratado como tal. Um condutor que vê seu veículo continuar a acelerar ou a manter a velocidade após ter retirado seu pé do acelerador pode entrar em pânico e tomar más decisões, em vez de simplesmente pisar no freio para retomar o controle do veículo. Mas a posição dos engenheiros da Toyota – de que os pedais defeituosos não representavam um defeito de segurança –

também é bastante compreensível. Um condutor que quisesse fazer o seu caro parar poderia fazê-lo sem tomar qualquer medida diferente daquelas que tomaria normalmente.

Corroborando a perspectiva dos engenheiros da Toyota estava o fato de não ter havido qualquer relato de acidentes causados por pedais defeituosos (e tampouco o estudo da Nasa encontrou qualquer exemplo de acidente causado por pedais defeituosos[22]); os veículos em questão haviam sido todos levados para oficinas autorizadas da Toyota por clientes que estavam descontentes com a operação do pedal, e não para uma investigação depois de um acidente. Vale ressaltar também que essa perspectiva – de que os pedais defeituosos não representavam um defeito de segurança – partira da Europa, onde foram descobertos pela primeira vez. A Toyota só foi iniciar um *recall* dos pedais europeus após discussões com a NHTSA levarem ao *recall* norte-americano. A Toyota não foi multada nem recebeu repreensão de qualquer órgão regulador europeu.

É fácil criticar essa decisão com o que se sabe hoje do efeito da polêmica dos pedais defeituosos sobre a reputação da Toyota. Mas a decisão de que os pedais defeituosos não representavam um defeito de segurança foi tomada bem antes das alegações de Toyotas desgovernados dominarem as manchetes. Por isso, em vez de convocar um *recall*, os engenheiros começaram a projetar uma versão alternativa do pedal a ser colocada em produção. Em julho de 2009, ainda um mês antes do acidente da família Saylor, engenheiros da TMC e da CTS haviam modificado o projeto do pedal (substituindo o material sintético e alterando alguns dos componentes do pedal para que, mesmo que o material ficasse pegajoso, o pedal operasse normalmente). Além disso, havia um plano em ação para substituir progressivamente o projeto em todos os novos veículos, a começar pelos veículos europeus de mão inglesa,

---

[22] Matthew Wald, "Electronic Flaws Did Not Cause Toyota Problems, U. S. Says", *New York Times*, February 8, 2011; http://www.nytimes.com/2011/02/09/business/09auto.html.

mas expandindo, por fim, o plano a todos os veículos que usavam o pedal da CTS.

A Toyota Motor Europe lançou um boletim técnico para os distribuidores europeus, alertando-os a ficarem atentos ao problema e a substituírem qualquer pedal que parecesse defeituoso. Embora algumas informações sobre os pedais defeituosos tivessem sido compartilhadas entre engenheiros de qualidade ao cliente na Europa e nos Estados Unidos, a questão ainda era vista como exclusivamente europeia.

Foi somente no período entre agosto e outubro de 2009, quando foi encontrado em um modelo Matrix e em diversos Corollas nos Estados Unidos a mesma aderência na operação do pedal, que os engenheiros da Toyota no Japão começaram a suspeitar que o problema podia afetar qualquer veículo com pedais da CTS. Os veículos identificados nos Estados Unidos apresentavam os mesmos sintomas que os europeus, mas assim como na Europa, não havia relatos de acidentes. Engenheiros no Japão conseguiram reproduzir a aderência, e, em dezembro, após testes exaustivos, eles concluíram que a causa-raiz era a mesma; condições de alta umidade ou forte calor. Nessa época, os responsáveis por esses testes no Japão estavam alheios à atmosfera nos Estados Unidos, e eles ainda não consideravam os pedais defeituosos como um problema de segurança, mas simplesmente uma questão de satisfação dos clientes. Aquilo exigia atenção, mas não a resposta urgente que um defeito de segurança exigiria, especialmente considerando-se o baixíssimo número de veículos apresentados com o problema.

Assim, enquanto o questionamento público em torno da Toyota estava aquecendo nos Estados Unidos, assim como as especulações dando conta de sua parte eletrônica como a culpada, os responsáveis, no Japão, pelas convocações de *recalls* examinavam impassivelmente dados sobre pedais de aceleração que não estavam operando como o esperado, mas que não afetava a capacidade dos condutores de pararem seus veículos usando os freios. Os porta-vozes da TMS nos Estados Unidos estavam contestando os rumores e especulações o melhor que podiam, mas eles desconheciam o panorama global sobre os pedais defeituosos. Isso ficou especialmente aparente quando, ao final de dezembro de 2009, a atenção da mídia foi atraída para um cliente que levou o seu carro para uma oficina autorizada da Toyota para reclamar de um acelerador pegajoso. Nem o responsável pela oficina nem os funcionários de comunicações externas da Toyota estavam equipados para lidar com o problema, pois desconheciam o escopo total da questão dos pedais defeituosos.

Como surgiu tamanha desconexão entre funcionários de qualidade e segurança no Japão e funcionários de atendimento ao cliente nos Estados Unidos? Ela se baseava na história da evolução da Toyota desde uma pequena companhia japonesa até se tornar a líder global em fabricação automotiva.

Desde a fundação da NUMMI, a primeira tentativa da Toyota de produzir veículos na América do Norte, a empresa sempre teve a intenção de tornar suas operações regionais mais autônomas. Um motivo importante para projetar e fabricar carros na América do Norte para o seu próprio mercado interno remonta ao princípio *genchi genbutsu*, ou "vá e veja", do Modelo Toyota. Segundo ele, as decisões devem ser tomadas o mais próximo possível do *gemba*, ou local de trabalho. Portanto, a melhor maneira de servir a América do Norte é a partir da própria América do Norte.

Contudo, não basta ter operações em uma região específica. A meta não é simplesmente dispor de um responsável local, e sim ter uma organização que esteja profundamente treinada no Modelo Toyota e que seja capaz de tomar decisões e de operar segundo os princípios e planos da companhia. Uma operação desse tipo não pode depender de viagens constantes de engenheiros e executivos japoneses para "ir e ver". Isso não apenas tornaria o crescimento impossível de um ponto de vista da capacidade, como acabaria invalidando o princípio *genchi genbutsu*. Aquelas pessoas que possuem mais conhecimento sobre um problema são as mais indicadas para solucioná-lo. Isso não pode ser feito por visitantes; precisa ser feito por pessoas que convivem com o problema todos os dias.

Para uma companhia cujo sucesso se baseia numa sólida adesão a um modo bastante específico de operar e a uma cultura bastante específica, isso só é fácil da boca para fora. Para a Toyota, antes que uma região possa ser autônoma, ela precisa possuir uma liderança local tão voltada para o Modelo Toyota quanto aqueles líderes no Japão que literalmente cresceram dentro da companhia. Driblando a tendência que varreu a maioria das companhias mundiais, a Toyota nunca confiou em gente de fora ou em "sangue novo" para dirigir a companhia. Todos os presidentes em sua história passaram toda sua carreira trabalhando para a Toyota. O mesmo vale para todos os executivos seniores japoneses na história da companhia. As únicas exceções a essa regra são os norte-americanos, os europeus e funcionários de outras nacionalidades que foram contratados pela companhia durante a expansão de suas operações globais.

Esse desejo de alcançar a autossustentação, aliado ao comprometimento pétreo de garantir que a cultura da Toyota esteja entranhada em cada líder, talvez represente a principal tensão gerencial que a empresa enfrenta nos últimos 20 anos. O plano de ação norte-americano baseado no Global Vision 2010 fez da autossustentação uma de suas metas fundamentais. No entanto, em 2009, importantes decisões de engenharia, segurança e *recalls* ainda eram tomadas quase exclusivamente no Japão, e não nas regiões afetadas. Para piorar, as decisões sobre *recalls*, por estarem separadas da região, baseavam-se sobretudo nas informações de engenheiros que não tinham acesso direto aos clientes. A cultura da Toyota de tomar decisões com base em fatos, que tanto lhe ajudara, essencialmente excluía considerações sobre queixas ou sentimentos dos clientes, embasando-se quase inteiramente em julgamentos no âmbito da engenharia.

O *recall* dos pedais defeituosos

Foi somente em meados de janeiro de 2010 que os executivos responsáveis pela engenharia que lidam com a segurança e com os *re-*

calls no Japão informaram os executivos de assuntos externos que eram responsáveis pelas comunicações nos Estados Unidos sobre detalhes técnicos do problema dos pedais defeituosos e sobre as descobertas na Europa e sua relação com os casos relatados nos Estados Unidos. Os executivos norte-americanos – como expresso pelo gerente de comunicações Irv Miller, que escreveu que a companhia precisava "jogar limpo" em um *e-mail* de 16 de janeiro (ver As "provas do crime" que acabaram não se confirmando, na página seguinte) –, perceberam que o clima da mídia exigia uma declaração pública completa e detalhada o quanto antes, ao passo que os executivos japoneses, que não consideravam os pedais defeituosos um defeito de segurança, achavam que não havia urgência em convocar um *recall* ou em tornar público os detalhes técnicos. Embora ainda continuassem os debates internos sobre quando exatamente a declaração seria feita e sobre o nível de detalhe que seria revelado a respeito dos pedais defeituosos, o presidente da TMA, Yoshi Inaba, e o presidente da TMS, Jim Lentz, reuniram-se com a NHTSA em 19 de janeiro para compartilhar as últimas informações e para chegar a um acordo sobre um *recall*. Esse *recall*, anunciado em 21 de janeiro de 2010, cobria todos os 2,3 milhões de veículos nos Estados Unidos com os pedais da CTS.

O descompasso de percepção entre a Toyota do Japão e dos Estados Unidos

O pedal pegajoso representou o segundo maior *recall* da Toyota, afetando mais de 1 milhão de veículos em três meses. Para piorar ainda mais, para um público que estava confuso sobre aceleração não intencional – o que isso significava e quais suas causas possíveis – isso parecia mais uma admissão forçada por parte da Toyota de que havia defeitos subjacentes em seus veículos, defeitos que os executivos seniores da TMS haviam negado peremptoriamente nos anúncios dos *recalls* de novembro e recentemente, em 9 de dezembro, em uma carta ao editor do *Los Angeles Times*. Esses mesmos executivos da TMS não ficaram nem um pouco contentes em saber, em janeiro, que a TMC no Japão demorara demais para reconhecer a extensão do problema e o impacto que ele teria em desgastar ainda mais a confiança na Toyota. Como Irv Miller explicou: "Quando o incidente com o veículo modelo Avalon ocorreu em dezembro, virou domínio público. Meu sentimento na época e agora é de que precisávamos ter enfrentado a questão de peito aberto, aceitado o baque e começado o processo de cura".

O descompasso de percepção entre o Japão e os Estados Unidos era grande. No Japão, a percepção era de que o *recall* dos pedais defeituosos era um exemplo da Toyota colocando os clientes em primeiro lugar mediante a convocação de um *recall* para uma situação bastante rara que não havia causado qualquer acidente e que não era vista como um verdadeiro defeito de segurança. Nos Estados Unidos, porém, o último *recall* estava debilitando completamente a reputação da Toyota de qualidade e segurança e a confiança que tantos norte-americanos costumavam depositar nela. Todos os revendedores com quem conversamos relataram ter lidado com consumidores que, depois que o *recall* foi anunciado, estavam temerosos de dirigir

---

As "provas do crime" que acabaram não se confirmando

Durante o auge da crise, duas comunicações internas separadas da Toyota foram consideradas "provas do crime", supostamente deixando claro que a Toyota estava ciente dos problemas de segurança e que estava ativamente escondendo informações do público.

A mais famosa das duas era um *e-mail* enviado por Irv Miller, vice-presidente de grupo de comunicações da TMS antes de se aposentar da Toyota em fevereiro de 2010. Em 16 de janeiro de 2010, Miller se envolveu numa troca de *e-mails* com Katsuhiko Koganei, um colega japonês, a respeito dos detalhes de uma declaração sobre os pedais defeituosos. Koganei expressou hesitação quanto a fazer uma declaração pública e compartilhar detalhes técnicos da questão dos pedais defeituosos; Miller argumentou que a Toyota precisava "jogar limpo" sobre o assunto. Ele alertou: "Não estamos protegendo os nossos clientes com o nosso silêncio. O tempo de esconder esse assunto acabou". Isso certamente parece provar que a Toyota estava escondendo informações sobre aceleração não intencional.

A outra foi uma apresentação conduzida por funcionários do escritório de Washington da Toyota Motor of America (TMA), que tratava das reuniões da empresa com a NHTSA. Nessa apresentação, em julho de 2009, foi relatado que a companhia economizara US$100 milhões ao persuadir a NHTSA a aceitar um *recall* limitado em 2007, envolvendo apenas tapetes automotivos emborrachados, em lugar de convocar um *recall* mais amplo que afetaria mais veículos ou uma resolução do problema que envolvia mudanças nos próprios veículos, e não apenas a substituição dos tapetes. Após a trágica morte da família Saylor, essa apresentação parecia mostrar que a Toyota se gabava de colocar a economia de gastos acima da segurança dos clientes.

Em ambos os casos, é importante conhecer o contexto. Os documentos parecem diferentes quando se conhece alguns dos detalhes por trás deles.

O *e-mail* entre Koganei e Miller não tinha relação com o compartilhamento de informações sobre os pedais defeituosos com a NHTSA. Esse processo já começara em novembro de 2009 (quando a Toyota divulgou os pedais defeituosos encontrados nos Estados Unidos para a NHTSA por meio de relatórios técnicos de campo) e continuava em andamento. Miller e Koganei estavam discutindo os detalhes da declaração pública da Toyota sobre a questão.

Ainda que discussões entre a Toyota e a NHTSA estivessem em andamento, profissionais de comunicação da TMS, como Irv Miller, que já fora o porta-voz responsável por enfrentar as alegações de SUA, não receberam qualquer informação sobre o assunto até meados de janeiro. Quando ficaram sabendo da questão dos pedais defeituosos, os executivos de comunicações quiseram fazer uma declaração pública imediatamente, mas os profissionais de assuntos externos no Japão preferiram esperar até que houvesse uma análise completa do problema, uma solução fosse encontrada e um plano para consertar o problema estivesse estabelecido. Koganei se mudara para a Califórnia apenas quatro semanas antes em seu novo posto de funcionário de ligação entre a TMS e a Toyota Motor Corporation (TMC) no Japão (postos similares existem por todas as operações internacionais da Toyota). Na troca de *e-mails*, Koganei estava apresentando a visão japonesa da TMC de que era prematuro fazer uma declaração pública. Miller achava que Koganei estava tomando uma posição sem compreender completamente o contexto, ou sem respeitar a experiência dos executivos da TMS que se encontravam no *gemba*. Como Miller nos explicou: "Eu achava que o pessoal de relações públicas no Japão estava sendo conservador demais na abordagem dessa questão específica. Eles queriam esperar até que tivéssemos a cura para a coisa toda, em vez de afirmar para o público: 'Vejam, estamos com as atenções voltadas para esse problema e estamos trabalhando em conjunto com a NHTSA, e faremos todo o possível para resolver isso'".

A típica abordagem da Toyota em relação a comunicação é ser extremamente cautelosa, afirmando apenas o mínimo necessário que possa ser embasado com fatos. Mas esse não era um ambiente típico. Miller claramente compreendia o contexto político muito melhor e acreditava que qualquer falta de detalhe ou atraso na declaração causaria mais dano à Toyota do que ir a público e colocar todos os pingos nos "is". Em resumo, a troca de *e-mails* foi uma altercação interna sobre os detalhes de um comunicado à imprensa, não um memorando incriminatório sobre o acobertamento de um problema de segurança das vistas do governo.

A história sobre apresentação mencionando a economia de US$100 milhões também é bastante diferente daquilo que em geral se divulgou. A apresentação foi criada como um informativo a Yoshimi Inaba, quando ele assumiu o cargo de presidente da TMA no início de 2009, a respeito das atividades e da

Capítulo 3 A crise dos *recalls*

> importância do pessoal responsável pelos assuntos de regulamentação. Como já discutido anteriormente, todo *recall* é uma negociação, e a NHTSA pode forçar um *recall* sem um defeito definitivo ou sem uma causa ter sido estabelecida. A apresentação em questão se tratava simplesmente de uma ilustração desse fato – ao trabalhar junto com a NHTS, o departamento de assuntos de regulamentação havia demonstrado que o projeto de certos tapetes emborrachados específicos, e não um problema geral com os tapetes ou com outros itens que pudessem estar relacionados com SUA, tais como válvulas de aceleração defeituosas, era a causa mais provável de trancamento de pedais. Os membros da divisão estavam orgulhosos de terem feito seu trabalho e de terem economizado bastante dinheiro para a companhia ao evitar um *recall* das válvulas de aceleração ou de outros equipamentos que não apresentavam defeito e que não teria resolvido o problema.

seus próprios carros. Considerando-se as matérias veiculadas na mídia, os consumidores não se encontravam em posição de compreender a diferença entre carros disparando fora de controle a 160 km/h e carros com pedais defeituosos que paravam ao comando normal dos freios. Para muitos norte-americanos, a confiança de que a Toyota estava sendo completamente honesta havia praticamente evaporado.

Para piorar ainda mais a desarmonia e macular a imagem da Toyota nos Estados Unidos, a companhia não tinha identificado uma solução quando o *recall* foi anunciado. Até então, os engenheiros no Japão vinham se concentrando no projeto de um novo pedal para os futuros veículos, não em substituir os pedais que já se encontravam neles. Como resultado, a companhia não tinha como dizer aos clientes como e quando iria resolver o problema. A Toyota tampouco parou imediatamente de vender veículos que tinham sido fabricados com os pedais potencialmente defeituosos; esse anúncio só foi acontecer em 26 de janeiro.

A interpretação de mídia sobre o que agora representava uma crise de relações em grande escala era que, apesar de anos de negação, a Toyota estava finalmente, e meio que a contra gosto, admitindo que havia uma peça defeituosa que podia fazer os veículos acelerarem fora de controle, na pior das hipóteses causando mortes. Pouco importava que a peça em questão não fizesse carro algum disparar desgovernado (já que a aderência do pedal do acelerador não afetava o desempenho da frenagem), ou que não houvesse qualquer registro de acidente causado pelos pedais defeituosos. As reportagens publicadas na imprensa supunham que as queixas não verificadas que estavam agora surgindo aos borbotões eram todos casos reais, documentados e comprovados. Com o *recall* da Toyota, a história de que seus veículos eram perigosos e que estavam matando pessoas, enquanto a companhia se mostrava morosa e indiferente à segurança dos clientes, pareceu verdadeira.

O descompasso entre as percepções públicas e a visão da Toyota é ilustrado de modo patente nas notícias publicadas logo após o *recall*. Por exemplo, um artigo de 30 de janeiro no *Los Angeles Times* levou a manchete "Questionada a decisão da Toyota de culpar defeito no pedal do acelerador por aceleração repentina". No artigo, Vartabedian e Bensinger, os repórteres responsáveis pela maior parte da cobertura do jornal sobre a Toyota, começavam escrevendo:

> A decisão da Toyota Motor Corp. de culpar um defeito no pedal do acelerador por seu crescente problema de aceleração repentina foi atacada sexta-feira, com a fabricante do pedal negando frontalmente que seus produtos tivessem defeito. Registros federais de segurança veicular analisados pelo *Times* também lançaram dúvidas sobre as alegações da Toyota de que pedais defeituosos representavam um fator significativo nos crescentes relatos de veículos desgovernados.

A mais espantosa dentre as diversas imprecisões presentes já nas duas primeiras frases do artigo é a afirmação de que a Toyota estava culpando os pedais defeituosos pela aceleração repentina conforme alegado pelo *Los Angeles Times*. Na verdade, o anúncio de *recall* da Toyota fazia de tudo para esclarecer que os pedais *não podiam* resultar em um veículo desgovernado: "Essa condição é rara, mas pode ocorrer quando o mecanismo do pedal se torna desgastado e, em certas condições, o pedal do acelerador pode ficar mais resistente para baixar, mais lento para retornar ou, na pior das hipóteses, trancado numa posição intermediária". Isso não é nem sombra das alegações de válvulas de aceleração completamente abertas que o *Times* repetidamente destacou em suas reportagens. Em parte alguma do artigo os repórteres do *Times* reproduzem uma declaração de algum funcionário da Toyota atribuindo as queixas de aceleração repentina aos pedais defeituosos. O foco dos repórteres recai, porém, numa declaração da CTS em que ela negava que seus pedais pudessem causar aceleração repentina: "A CTS reconheceu que um número ínfimo de pedais apresentava uma rara condição que podia causar um retorno lento à posição neutra, mas negou que essa condição pudesse causar aceleração não intencional e ressaltou que não sabia de quaisquer acidentes ou ferimentos causados por esse problema". Essa declaração está completamente de acordo com a posição da Toyota – tratava-se de um problema raro que não estava associado com acidente algum e que não tinha relação com aceleração repentina. De algum modo, porém, os repórteres fizeram parecer que a declaração contradizia a Toyota, quando, na verdade, contradizia apenas a narrativa do *Times*.

Longe de culpar a CTS, a Toyota sempre seguiu uma política de jamais culpar os fornecedores por qualquer defeito de qualidade. O pedal em questão fora projetado pela CTS conforme especificações da Toyota. E como observa Robert Young, vice-presidente do grupo de compras da TEMA (que lida com os fornecedores): "Nós os colocamos em nossos veículos. É nossa responsabilidade. Ponto final". Em franco contraste com as acusações mútuas entre a BP, a Halliburton e outras companhias envolvidas no vazamento de óleo no Golfo do México, a Toyota sempre assumiu total responsabilidade pelos pedais defeituosos. Um defeito de segurança ou qualidade que acaba chegando à linha de produção é uma falha do sistema, não de alguma peça ou fornecedor em especial.

O descompasso entre o ponto de vista da Toyota e a narrativa popular também serviu para azedar ainda mais a relação da companhia com a NHTSA. Compreensivelmente, algumas pessoas dentro da NHTSA acharam que o anúncio abrupto de um defeito – embora sem qualquer relação com a eletrônica veicular – após meses de negação da Toyota de que havia outros problemas com os veículos além dos tapetes significava que a companhia vinha fazendo corpo mole para não compartilhar informações com a agência. Essa sensação se intensificou conforme surgiam detalhes sobre os meses que haviam se passado entre a reprodução do problema dos pedais defeituosos relatados na Europa e a divulgação de detalhes do fenômeno para as agências reguladoras norte-americanas.[23]

Encontrando uma solução para os pedais defeituosos

Quando o *recall* foi anunciado, a Toyota ainda não havia identificado uma boa forma de consertar os pedais defeituosos. Embora uma nova variante do pedal, não suscetível à aderência, tivesse entrado em produção limitada em meados de 2009, não havia novos pedais suficientes em produção para substituir os mais de 2,3 milhões em uso nos Estados Unidos, muito menos todos aqueles em uso no mundo inteiro. A Toyota decidiu interromper a montagem de todos os veículos que usavam o pedal da CTS para que o relativamente pequeno número de novos pedais pudesse ser alocado para o conserto dos veículos dos clientes. Com explicou Bob Carter, vice-presidente de grupo da TMS:

> Cessamos a produção de todas as 11 linhas de montagem e transportamos 27 mil pedais para as oficinas autorizadas. Sabíamos que 27 mil eram apenas uma gota d'água no oceano com-

---

[23] A percepção da NHTSA de que os pedais defeituosos na Europa representavam um defeito de segurança e que deviam ter sido divulgados muito antes acabou levando a agência a multar a Toyota em US$16 milhões, a máxima multa permitida pela lei e a maior multa já recebida por uma fabricante automotiva.

parados aos 2,3 milhões de que precisávamos. Mas queríamos fazer alguma coisa pelo cliente.

Usar outra fornecedora de pedais da Toyota, a Denso, também estava fora de questão, já que as peças não eram exatamente análogas; em geral, não é possível instalar um pedal da Denso em um carro projetado para usar um pedal da CTS. Uma solução para os pedais precisava ser encontrada.

O trabalho continuava em ritmo furioso nas equipes de engenharia pós-produção no Japão, conforme elas testavam diversas soluções possíveis em colaboração com a CTS. Na América do Norte, o departamento de compras da Toyota Engineering and Manufacturing North America (TEMA) estava telefonando para fornecedoras de peças automotivas e para fabricantes contratáveis em todo o mundo para encontrar fábricas que dispusessem de capacidade para produzir os remédios propostos.

Em 28 de janeiro, depois de testes incansáveis, uma solução para os pedais defeituosos foi escolhida. Um pequeno pedaço retangular de metal, denominado de barra de reforço, foi inserido para aumentar o vão entre os mecanismos internos do pedal do acelerador. O vão aumentado reduzia a fricção causada pelo desgaste e pelas condições ambientais e permitia que o pedal operasse suavemente durante toda a vida útil do veículo. Mas agora milhões dessas peças de mental com tamanho preciso (ligeiramente diferentes para cada tipo de veículo) precisavam se fabricadas o mais rápido possível. Mesmo para uma peça de metal relativamente simples, é uma tarefa e tanto. O fabricante precisava dispor das máquinas certas e da capacidade ociosa para iniciar a produção em massa das barras de reforço imediatamente. Nenhuma das principais fornecedores da Toyota era capaz de fazer isso dentro do prazo necessário.

A Grand Rapids Spring, no Michigan, veio em socorro. Por sorte, a empresa possuía dependências com as ferramentas certas operando abaixo da capacidade. Ainda assim, começar a fabricar as peças em grande volume e de imediato representava um esforço hercúleo. A linha de produção foi aberta em 3 de fevereiro, e a produção começou logo em seguida, 24 horas por dia. Ao final do fim de semana, mais de 1 milhão de barras de reforço tinham sido fabricadas. A segunda melhor alternativa em relação à Grand Rapids Spring que a Toyota poderia encontrar teria precisado de mais duas semanas de preparação, uma eternidade inimaginável considerando-se a histeria em massa gerada pelo *recall*.

Mas as barras de reforço ainda precisavam chegar até as oficinas autorizadas. A TEMA providenciou um galpão especial de armazenagem naquele domingo para começar a embalar caixas para entregas noturnas para as oficinas na segunda-feira de manhã. Enquanto isso, os funcionários da TMS estavam ocupados criando módulos de treinamento para ensinar o pessoal das oficinas autorizadas a instalar corretamente as barras de reforço. Além disso, era preciso enviar cartas a todos os proprietários atuais dos modelos envolvidos no *recall* para dar início ao processo de agendamento de consertos.

Enquanto toda essa atividade frenética ocorria nos bastidores para resolver o problema dos pedais defeituosos, a Toyota recebeu mais uma série de golpes. A companhia havia anunciado a solução com a barra de reforço em 1º de fevereiro, informando os clientes que as oficinas autorizadas começariam a receber as peças ao final da semana e que os consertos seriam agendados para logo em seguida. Em 3 de fevereiro, porém, Ray LaHood, Secretário de Transportes dos Estados Unidos, que acabara de ser posto contra a parede perante um comitê do congresso norte-americano sobre supostos equívocos da NHTSA, respondeu a pergunta de um repórter, sobre o que os proprietários de Toyotas deveriam fazer agora que a solução fora anunciada, dizendo: "Meu conselho para todos aqueles que possuem um desses veículos é: parem de dirigi-los e os levem até uma revendedora da Toyota". Boa parte do cuidadoso trabalho empreendido pela Toyota, e aprovado pela NHTSA, para preparar a logística para um conserto bem-ordenado de veículos de todos os clientes o mais rápido possível foi quase desfeito por essa desastrada declaração. O professor Paul Fischbeck, da Universidade Carnegie Mellon, destacou a insensatez dessa recomendação ao calcular o risco relativo de caminhar comparado ao de dirigir um Toyota, assumindo que todas as 19 mortes à época do *recall* (essa cifra aumentaria mais tarde à medida que mais e mais acidentes passados eram atribuídos a SUA, qualquer que fosse a causa real) que alegadamente tinham sido causadas por aceleração repentina estivessem corretas e se devessem a pedais defeituosos. "Caminhar um quilômetro é 19 vezes, ou 1.900%, mais perigoso do que dirigir um quilômetro num Toyota convocado para *recall*".[24] Até mesmo Sean Kane, do Safety Research and Strategies, gozou da ideia de que pedais defeituosos representavam uma fonte significativa de perigo para condutores de Toyotas. LaHood posteriormente precisou se retratar e se desculpar pela declaração, solicitando que os proprietários de veículos convocados pelo *recall* seguissem os planos criados pela Toyota e pelas revendas locais.

A sensação dos freios do Prius jogam lenha na fogueira

O comentário de LaHood, porém, não foi a única má notícia para a Toyota em 3 de fevereiro. Naquele mesmo dia, a NHTSA anunciou que havia recebido mais de 100 queixas sobre o desempenho de frenagem em veículos Toyota Prius 2010. Com o rebuliço dos pedais defeituosos em seu auge, o anúncio serviu apenas para jogar lenha na fogueira. Ao que parecia, ali estava ainda outro defeito potencialmente letal em Toyotas. Não apenas os aceleradores ficavam presos no fundo como os freios falhavam também.

---

[24] Baseado num artigo de 25 de fevereiro de 2010 no The Auto Channel; http://www.theautochannel.com/news/2010/02/25/467144.html.

Mais uma vez, a confusão rapidamente sobrepujou qualquer fato. O fundamento das queixas era que os freios não pareciam responder de imediato quando se pisava no pedal a baixas velocidades sobre um piso acidentado e escorregadio (como uma estrada molhada ou congelada com buracos). É compreensível que isso parecesse assustador para os condutores, especialmente para aqueles bombardeados por notícias na mídia sobre Toyotas desgovernados e pedais defeituosos. Mas o fato mais importante a respeito das queixas sobre a frenagem em Prius é a palavra *pareciam*. O problema subjacente não era um retardo propriamente dito na frenagem, e sim um retardo na sensação que se tinha do pedal. Nessas situações, o controle sobre o sistema de frenagem passava do sistema de frenagem regenerativo, que transfere a energia da frenagem para o motor elétrico do veículo, para o sistema antitravamento dos freios (ABS). A transposição para os freios ABS levava cerca de três centésimos de segundo. Mas a transição também alterava a sensação que se tinha do pedal de freio: ele ficava momentaneamente "macio", como se os freios não estivessem funcionando. Não havia efeito algum na capacidade ou distância de frenagem, apenas na sensação passada pelo pedal.

Após o lançamento do modelo 2010 em outubro de 2009, a Toyota havia ficado mais ciente de que os clientes não gostavam da sensação que isso conferia aos freios e acabou mudando o *software* do ABS no Prius na linha de produção em janeiro. Considerando-se que não havia efeito algum sobre a capacidade de frenagem (similar à decisão inicial sobre os pedais defeituosos), a companhia não convocou um *recall* ou mesmo um boletim de serviço técnico para corrigir o problema em Prius que já se encontravam nas estradas – outro equívoco dos executivos da Toyota que estavam longe demais do *gemba*.

O fato de que a companhia havia modificado o *software* na fabricação sem fazer nada pelas pessoas que já possuíam seus carros foi interpretado como mais um exemplo de uma companhia que escondia informações cruciais que podiam afetar a segurança dos clientes. Por exemplo, em um artigo de 4 de fevereiro de 2010, cuja manchete era "Software recebe culpa por problemas nos freios do Prius", a CNN relatou: "Dirigentes da Toyota descreveram o problema como uma 'desconexão' no complexo sistema antitravamento dos freios (ABS) que causa um retardo de menos de um segundo. Com esse atraso, um veículo andando a 100 km/h terá percorrido mais 30 metros, aproximadamente, antes que os freios comecem a funcionar". A CNN, assim como a maioria dos veículos de mídia, foi incapaz de perceber que (1) o problema ocorria apenas a velocidades abaixo de 55 km/h e que (2) não havia qualquer retardo material na frenagem, somente na sensação que se tinha do pedal de freio.

Com as questões sobre os freios do Prius ganhando as capas dos jornais, em meio a todo o rebuliço na mídia, a Toyota anunciou um novo *recall* em 9 de fevereiro para alterar o *software* em 473 mil veículos híbridos que já estavam nas estradas por todo o mundo. Vale ressaltar que nessa mesma época a Ford divulgou um problema de hesitação de frenagem em seu Ford Fusion híbrido, quando o carro passava da frenagem regenerativa para a convencional, mas ela não convocou um *recall*, argumentando que a hesitação não impunha um risco à segurança e escolhendo tratar a questão como um "programa de satisfação dos clientes".[25]

A essa altura, a Toyota se encontrava entre a cruz e a espada. Qualquer questão envolvendo a dirigibilidade de um carro podia ser usada como um exemplo da indiferença da companhia em relação a seus clientes, mas caso ela convocasse um *recall* preventivo para resolver essas questões, isso pareceria justificar as alegações de que a companhia enfrentava por uma crise de qualidade. A Toyota decidiu que era melhor sofrer o baque a curto prazo por lapsos de qualidade percebidos para começar a restabelecer a confiança dos clientes de que a Toyota faria a coisa certa. Como Steve St. Angelo, que na esteira da crise foi nomeado diretor geral de qualidade nos Estados Unidos, explicou: "Estou catando cada migalha, e se ela parece estranha, estabeleço uma profunda investiga-

---

[25] "Ford to Fix Brake Problems on Two Hybrid Models", Associated Press, February 4, 2010; http://www.msnbc.msn.com/id/35242362/ns/business-autos.

ção. E se eu achar que isso pode ter eventualmente qualquer tipo de impacto sobre a segurança do cliente, convocarei um *recall*. Se for para fracassarmos, fracassaremos por ter superprotegido nossos clientes".

Essa nova filosofia começou a preponderar imediatamente. Pouco depois do *recall* dos freios do Prius, a Toyota convocou um *recall* separado de 8 mil camionetes Tacomas 4 X 4 pela possibilidade de uma falha na parte frontal do eixo cardã do veículo. Mesmo que a maioria dos veículos afetados ainda não tivesse sido vendida quando da convocação do *recall*, aquele era o terceiro *recall* que a Toyota anunciava em apenas três semanas.

Toyota e Toyoda são convocados pelo congresso norte-americano

Exatamente quando parecia que as coisas não podiam ficar piores, elas ficaram. Com a confiança na Toyota atingindo seu nível mais baixo até então, com as alegações de que a lendária qualidade da companhia havia desmoronado e com perguntas vindas de todos os lados questionando se a companhia estava colocando em risco os seus clientes, um certo teatro político era inevitável. Diversos comitês no congresso norte-americano agendaram sabatinas para questionar os executivos da Toyota quanto a *recalls*, questões de segurança, sigilo de informações e aceleração não intencional. Esse é um *mise-en-scène* já bem ensaiado no Capitólio quando grandes empresas recebem o tipo de atenção negativa que a Toyota estava recebendo. Diretores executivos são chamados a Washington para serem publicamente linchados por membros do congresso para que os políticos pareçam estar "fazendo alguma coisa". Em geral, esses executivos rejeitam acusações de ações mal executadas (vide Lloyd Blankfein, da Goldman Sachs), tentam passar a culpa adiante (vide Tony Hayward, da BP) ou alegam que não sabiam o que estava acontecendo (vide Kenneth Lay, da Enron).

O público e inúmeros membros do congresso norte-americano esperavam que a Toyota acompanhasse o *mise-en-scène*. Mas os convites para testemunhar foram para os diretores da Toyota nos Estados Unidos e para o presidente da TMA, Yoshi Inaba. Em vez de aproveitar a oportunidade para que o presidente da TMC, Akio Toyoda, começasse a reconstruir a confiança dos clientes, a empresa ficou satisfeita que Inaba fosse depor ao comitê. Dadas as expectativas, muitos na imprensa interpretaram isso como indiferença da parte do mais graduado executivo da empresa. O deputado Darrell Issa sugeriu que iria intimar Akio Toyoda caso ele não comparecesse às sabatinas.

Esse era outro exemplo do descompasso entre o clima político nos Estados Unidos e no Japão. O departamento de relações públicas da TMC ainda enxergava a crise como um problema norte-americano que poderia ser bem resolvido por executivos locais. Assim que o departamento de relações públicas compreendeu que membros do comitê do congresso esperavam que Akio Toyoda comparecesse às sabatinas pessoalmente, e um convite formal foi enviado, eles aceitaram. Pareceu ser esse flerte direto com as acaloradas políticas da situação nos Estados Unidos que fez os executivos da Toyota no Japão finalmente se darem conta da verdadeira profundidade daquela crise.

Houve diversas sabatinas perante diferentes comitês e subcomitês do congresso norte-americano. A sabatina em 23 de fevereiro perante o subcomitê do Comitê de Energia e Comércio começou com o testemunho de Rhonda Smith, que descreveu como, em outubro de 2006, seu Lexus havia acelerado a toda a velocidade sem responder a suas tentativas de desacelerar o veículo: pisando com força no freio, colocando o motor em ponto morto e em marcha à ré e puxando o freio de mão. Nada funcionou, segundo Smith, até que o carro "decidiu" diminuir a velocidade por conta própria, e de repente os freios voltaram a funcionar e conseguiram parar o carro.

David Gilbert, professor de tecnologia automotiva da Southern Illinois University, em Carbondale, testemunhou em seguida e descreveu experimentos que ele havia conduzido, nos quais fizera veículos da Toyota acelerarem repentinamente sem o acelerador estar pressionado e sem que isso disparasse o modo de segurança ou gerasse um código de erro. Ele sugeriu que a radiação eletromagnética em uma situação do mundo real poderia, de modo similar, fazer um Toyota acelerar sem que o sistema de segurança percebesse. Além disso, ele alegou que esse problema era exclusivo da Toyota, uma acusação devastadora caso fosse verdadeira.[26] Examinaremos os testes de Gilbert e o que eles de fato revelavam no Capítulo 4.

Por fim, Sean Kane resumiu um relatório que sua empresa havia escrito sobre os incidentes da Toyota constantes na base de dados de queixas recebidas pela NHTSDA, a qual, conforme já ressaltamos, não é uma fonte confiável de informação. O relatório em si assinalava mais de 2 mil alegações de incidentes de SUA em veículos da Toyota, resultando em 815 acidentes, 341 feridos e 19 mortos desde 1999.

Ao longo de todos esses testemunhos, as perguntas feitas pelos representantes do congresso pareciam compartilhar a suposição implícita de que aquelas eram testemunhas com credibilidade fornecendo informações factuais. Por exemplo, apenas um membro do comitê fez perguntas técnicas básicas sobre o testemunho de Smith, tal como a ausência de indícios físicos de algumas de suas alegações. Edward Niedermeyer, editor-chefe da *Truth about Cars*, descreveu com propriedade a fragilidade das sabatinas:[27]

---

[26] David W. Gilbert, Ph.D., professor de tecnologia automotiva, Southern Illinois University, Carbondale, a partir de Testemunho Preparado para o Comitê de Energia e Comércio, Subcomitê de Supervisão de Investigações, Aceleração Repentina e Não Intencional da Toyota, 23 de fevereiro de 2010; energyandcommerce.house.gov/Press_111/20100223/Gilbert.Testimony.pdf.

[27] Edward Niedermeyer, "The Toyota Testimony Day One", *The Truth about Cars*, February 24, 2010; http://www.thetruthaboutcars.com/2010/02/the-toyota-testimony-day-one-a-comedy-in-three-parts-act-one-the-expert-evidence/.

Não apenas a maioria [dos deputados] não tem qualificação para compreender as complexidades de sistemas automotivos... como a possibilidade de que mesmo uma pequena porcentagem dos casos de aceleração não intencional tenha sido causada por (ou, pelo menos, não evitada devido a) erros humanos foi, no máximo, tangenciada pela simples razão de que as sabatinas no congresso sempre exigem um bode expiatório.

Bastaram umas poucas perguntas para lançar dúvidas sobre as declarações dessas testemunhas. O deputado Steve Buyer, de Indiana, perguntou a Sean Kane se a empresa dele era financiada por advogados, e ele reconheceu que cinco escritórios, todos os quais estavam processando a Toyota em nome de clientes, haviam "patrocinado" o relatório de sua empresa.[28] Buyer questionou então o professor David Gilbert, que admitiu que Kane lhe pagara US$1.800 por honorários, fornecera US$4.000 por equipamentos e lhe prometera que receberia US$150 por hora por qualquer consultoria futura.

Uma breve investigação sobre Rhonda Smith antes da sabatina talvez também tivesse posto em dúvida a legitimidade de seu testemunho. O incidente ocorrera quando ela estava dirigindo um ES 350 relativamente novo (um dos veículos sujeitos ao *recall* dos tapetes emborrachados de 2007) em 12 de outubro de 2006. Quando ela levou o carro à oficina autorizada depois de experiência assustadora, os técnicos o examinaram e não conseguiram encontrar nada de errado, mas perceberam que os tapetes emborrachados não estavam afixados direito e que estavam por cima dos tapetes originais. Um representante da NHTSA também investigou o veículo e tampouco encontrou algo de errado com ele, sugerindo em seu relatório de 2007 que a causa provável era trancamento do pedal no tapete. Smith havia trocado de veículo depois do incidente (por outro Toyota, um Tundra). Após a sabatina, a NHTSA conseguiu encontrar a família que havia comprado o Lexus de Smith; Os proprietários não relataram qualquer

---

[28] Detalhes das sabatinas podem ser encontrados no U. S. Congressional Record.

problema com o veículo. Ainda assim, a NHTSA comprou o carro para efetuar mais testes com ele e repassou-o a engenheiros da Nasa como parte da exaustiva investigação da eletrônica veicular da Toyota. Os engenheiros da Nasa determinaram que não havia qualquer problema eletrônico com o veículo de Smith, e a NHTSA ainda mantém seu diagnóstico original de trancamento do pedal no tapete.

Quando chegou a vez de Akio Toyoda testemunhar perante o Comitê de Reforma Governamental e Supervisão, em 24 de fevereiro, ele enfrentou uma série de questionamentos hostis. Seu testemunho incluiu um pedido de desculpas a quem quer que houvesse se ferido em um acidente envolvendo um Toyota e uma promessa de dar mais ouvidos aos clientes e aprimorar ainda mais a qualidade dos veículos da Toyota:

> Como vocês bem sabem, sou o neto do fundador, e todos os veículos da Toyota carregam meu nome. Para mim, quando os carros são danificados, é como se eu também o fosse. Eu, mais do que qualquer um, desejo que os carros da Toyota sejam seguros, e que nossos clientes se sintam a salvo ao usar nossos veículos... Pretendo aprimorar ainda mais a qualidade dos veículos da Toyota e cumprir com nosso princípio de colocar o cliente em primeiro lugar. Dou-lhes minha palavra de que a Toyota trabalhará vigorosa e incessantemente para restaurar a confiança de nossos clientes.

Akio Toyoda estava sem saída. Ele sabia perfeitamente bem o quanto os veículos da Toyota são testados e que nenhuma evidência de falha eletrônica jamais havia sido detectada no mundo real. Mas o que quer que ele dissesse em defesa da engenharia da companhia seria tomado como desculpa; aqueles que assumiam que a Toyota estava tentando esconder grandes problemas dificilmente acreditaria em qualquer declaração feita pela presidente da companhia. Ele também sabia que a companhia estava enfrentando uma enxurrada de processos e que tudo que ele dissesse poderia ser usado contra a companhia mais tarde.

Em seu testemunho, ele não apresentou as evidências em contrário às alegações contra a Toyota que discorremos neste capítulo. Ele não forneceu qualquer detalhe sobre como a Toyota testa rigorosamente seus veículos contra IEM e projeta-os para evitá-la. Ele tampouco apontou algumas óbvias inconsistências no testemunho de Rhonda Smith ou o fato de que Kane e Gilbert constavam ambos na folha de pagamentos de advogados que estavam processando a Toyota.

Embora sua estratégia de se desculpar, não culpar os outros e assumir a responsabilidade tenha funcionado a longo prazo, ela não ajudou muito a mudar as manchetes hostis de então. Muitas pessoas na mídia e no congresso norte-americano continuavam a acreditar que a Toyota tinha graves problemas de qualidade, que ela estava escondendo informações materiais e que não estava levando a sérios os defeitos eletrônicos. Por exemplo, depois das sabatinas, o deputado Bruce Braley afirmou:

> Se você vai tratar do problema, você precisa primeiro admitir que tem um problema. O foco da Toyota durante esse *recall* recai sempre na solução mecânica envolvendo tapetes automotivos e pedais de aceleração defeituosos, mas o testemunho que ouvimos da família Smith, do Tennessee, e de diversas outras pessoas que tiveram problemas de aceleração repentina em seus veículos da Toyota levaram muita gente... a se perguntar se a Toyota estava dedicando o tempo e os recursos necessários para analisar e afastar um potencial problema eletrônico.

Uma análise das matérias relacionadas à Toyota veiculadas no *Los Angeles Times*, no *New York Times* e no *Detroit News*, conduzida por um colega, encontrou um total de 205 artigos apenas no mês de fevereiro, das quais 196 eram negativas.[29] Um

---

[29] Agradecemos a James Franz por sua pesquisa. Franz qualificou como negativas apenas as matérias que não incluíam qualquer perspectiva positiva em relação à Toyota ou que qualificavam julgamentos negativos, e que usavam linguagem depreciativa como "a irresponsabilidade leviana da Toyota".

conjunto de mitos sobre lapsos de qualidade e segurança da Toyota (os quais resumimos na Tabela 3.1, juntamente com os fatos implícitos) havia se estabelecido. Os testemunhos dos executivos claramente não foram suficientes para inverter a maré.

Como essa maré se inverteu, e como a Toyota conseguiu transformar a crise dos *recalls* em oportunidade para aprimorar a companhia, é o assunto do próximo capítulo.

TABELA 3.1 Erros de engenharia que levaram a *recalls*: mitos e realidade

O que levou ao *recall*	Mito	Realidade	Causa
♦ 1. Trancamento do pedal por tapete automotivo mal fixado ou incompatível	Projeto do carpete causa trancamento do pedal, levando a acidentes e mortes.	Não existe qualquer defeito com tapetes corretamente instalados. Tapetes mal fixados, empilhados ou incompatíveis têm o potencial de prender o pedal do acelerador. O mesmo vale para outras fabricantes automotivas.	Uso incorreto dos tapetes.
♦ 2. Pedal do acelerador defeituoso	O pedal fica frequentemente trancado, levando a aceleração incontrolável e causando muitos acidentes.	Em raros casos, o pedal fica defeituoso e retorna lentamente para posição neutra ou fica colado numa posição de aceleração parcial. Não houve casos de trancamento no fundo ou aceleração incontrolável. Em todos os casos, os freios conseguem parar o carro dentro da distância normal.	Como resultado do calor, da umidade ou da condensação, o material sintético do pedal pode ficar defeituoso. O desempenho de frenagem não é afetado.

Capítulo 3 A crise dos *recalls* **121**

TABELA 3.1 Erros de engenharia que levaram a *recalls*:
mitos e realidade (*continuação*)

O que levou ao *recall*	Mito	Realidade	Causa
♦ 3. Falha do controle eletrônico de aceleração	Interferência eletromagnética ou tilte no *software* fazem os carros ficarem desgovernados, não parando conforme o projetado pela Toyota. Tem levado a acidentes e até mesmo a mortes.	Essa acusação já foi feita contra todas as fabricantes automotivas, e jamais houve indícios de qualquer desses casos. Milhões de horas de testes da Toyota em câmaras que geram IEM e testes no mundo real em áreas de alta IEM jamais revelaram caso algum.	Problema não confirmado.
♦ 4. Problema no ABS do Prius 2010	Em estradas escorregadias, os freios podem parar de funcionar, afetando gravemente o desempenho de frenagem.	A velocidades abaixo de 55 km/h em superfícies escorregadias ou acidentadas, uma transposição do sistema de frenagem regenerativo para o ABS faz com que o pedal momentaneamente aparente estar macio. Não há qualquer influência no desempenho de frenagem.	O *software* governando o sistema de freios não fornece a sensação adequada ao pedal de freio.

Resumo dos acontecimentos de agosto de 2009 a fevereiro de 2010

28 de agosto de 2009: Acidente com a família Saylor em San Diego.

29 de setembro de 2009: Anunciados *recall* e alerta de segurança dos tapetes automotivos envolvendo 4,2 milhões de veículos Toyota e Lexus. A companhia aconselha os proprietários a remover imediatamente seus tapetes e colocá-los no porta-malas.

2 de outubro de 2009: O presidente da Toyota, Akio Toyoda, pede desculpas públicas à família Saylor e a todos os clientes afetados pelo *recall* dos tapetes.

18 de outubro de 2009: O *Los Angeles Times* publica a primeira dentre mais de 100 matérias negativas envolvendo alegações de aceleração não intencional e problemas de segurança em veículos da Toyota.

30 de outubro de 2009: A Toyota começa a enviar cartas a proprietários notificando-os de um futuro *recall* não especificado relacionado com aceleração não intencional e com tapetes. Nas cartas, a Toyota afirma que "não existe defeito em veículos nos quais o tapete do lado do motorista é compatível com o veículo e encontra-se corretamente afixado".

2 de novembro de 2009: A NHTSA toma a medida bastante incomum de censurar publicamente a Toyota, qualificando as declarações públicas da companhia com "imprecisas" e "enganadoras", e ressaltando que o *recall* dos tapetes era uma medida "paliativa" e que "não corrige o defeito subjacente". A Toyota divulga um pedido público de desculpas.

25 de novembro de 2009: A Toyota anuncia os detalhes específicos do *recall* para encurtar os pedais do acelerador ou aumentar a distância entre o assoalho e o pedal em milhões de veículos.

28 de dezembro de 2009: Um homem residente em Nova Jersey leva seu Avalon apresentando sinais de um pedal defeituoso até uma oficina autorizada, onde o carro permanece com giro alto mesmo quando em ponto morto.

19 de janeiro de 2010: Numa reunião em Washington, D. C., incluindo o presidente da TEMA, Yoshi Inaba, e o diretor de vendas nos Estados Unidos, Jim Lentz, a Toyota e a NHTSA discutem sobre os pedais defeituosos. A Toyota se compromete a iniciar um *recall* para os pedais.
21 de janeiro de 2010: Anunciado o *recall* dos pedais defeituosos, afetando 2,3 milhões de veículos.
26 de janeiro de 2010: As vendas de todos os modelos afetados pelo *recall* de 21 de janeiro são interrompidas, e as linhas de produção desses modelos em cinco plantas norte-americanas são paradas por uma semana, começando em 1º de fevereiro.
27 de janeiro de 2010: O *recall* de tapetes e de ajuste de tamanho dos pedais anunciado no quarto trimestre de 2009 é expandido para cobrir 1,1 milhão de veículos adicionais. O *recall* agora inclui o Toyota Venza e mais anos de modelos do Toyota Highlander, bem como do Pontiac Vibe.
29 de janeiro de 2010: A Toyota anuncia um *recall* de milhões de veículos com pedais CTS na Europa.
1º de fevereiro de 2010: A Toyota afirma que tem um plano preparado para consertar os pedais do acelerador e que as peças estão sendo enviadas às revendas.
2 de fevereiro de 2010: O secretário de transportes norte-americano, Ray LaHood, critica com veemência a reação da Toyota aos problemas com os pedais, afirmando à Associated Press que a Toyota talvez seja "um pouco surda em relação à segurança" e que "embora a Toyota esteja tomando medidas responsáveis agora, foi preciso, infelizmente, um esforço enorme para chegar a esse ponto".
3 de fevereiro de 2010: LaHood aconselha os norte-americanos a não dirigirem carros envolvidos no *recall*, mas mais tarde afirma que cometeu um deslize.
A NHTSA afirma que recebeu mais de 100 queixas de proprietários de Prius sobre problemas de frenagem.
9 de fevereiro de 2010: *Recall* de 437 mil Prius e outros veículos híbridos em todo o mundo para atender às queixas sobre frena-

gem. O anúncio eleva o número de veículos convocados para *recall* pela Toyota em mais de 8,5 milhões.

12 de fevereiro de 2010: A Toyota anuncia o *recall* de cerca de oito mil camionetes Tacoma, modelo 2010, para consertar um problema a parte frontais do eixo cardã, que podia levar o veículo a perder o controle.

22 de fevereiro de 2010: Na véspera das sabatinas no congresso norte-americano, a rede ABC News veicula uma matéria que busca alega mostrar evidências da possibilidade de defeitos eletrônicos em Toyotas, baseando-se em dispositivo do professor Gilbert.

23 e 24 de fevereiro de 2010: Sabatinas de diversos comitês na câmara dos deputados norte-americana, com presença de Akio Toyoda, o qual se desculpa publicamente e promete renovar o comprometimento da Toyota com qualidade e segurança.

Capítulo 4

A reação e o caminho para a recuperação

Enxergamos os erros como oportunidades. Em vez de culpar indivíduos, a organização toma medidas corretivas e distribui conhecimento adquirido em cada experiência.
— *The Toyota Way 2001*

Para a Toyota nunca é suficiente restaurar o *statu quo ante* ou retornar ao estado de equilíbrio que existia antes de surgimento de um problema. Em lugar disso, a meta é sempre resolver o problema de forma que a companhia saia dele melhor para enfrentar o futuro. A estratégia da Toyota durante a recessão (ver Capítulo 2), quando a companhia gastou uma grande soma de dinheiro para construir uma plataforma para a lucratividade futura, em vez de cortar os investimentos para atender à receita, é um bom exemplo desse ímpeto. Essa busca por fazer a empresa melhor diz respeito ao *kaizen* de aprimoramento.

Mas muitos problemas não permitem que a empresa dê atenção imediata, ou mesmo atenção a curto prazo, ao *kaizen* de aprimoramento. São crises que pedem ação imediata para apagar um incêndio, estancar um sangramento e conter problemas. Esse era certamente o caso na crise dos *recalls*. Durante os primeiros meses de 2010, a companhia estava totalmente voltada à reação e não poderia dar início ao processo de *kaizen* de aprimoramento, que envolveria a identificação e a resolução das causas-raiz da crise, não apenas o tratamento dos sintomas.

Parte dos motivos para que a empresa continuasse em modo reativo durante tanto tempo, é claro, reside no fato de que muitas partes da organização, incluindo as lideranças mais graduadas no Japão, simplesmente não se deram conta da profundidade da crise que a Toyota enfrentava nos Estados Unidos. Em entrevista a nós, Akio Toyoda identificou a lacuna na compreensão do que estava acontecendo nos EUA como a grande culpada pela evolução da crise.

> Houve um hiato entre o momento em que nossos colegas norte-americanos perceberam que aquela era uma situação urgente e o momento em que percebemos aqui no Japão que havia uma situação urgente ocorrendo nos Estados Unidos. Levou três meses para que percebêssemos que aquilo se transformara numa crise. No Japão, infelizmente, até meados de janeiro nós não acreditávamos que aquilo fosse realmente uma crise.

Enquanto isso, as diversas partes da Toyota na América do Norte estavam operando em modo reativo frenético. Talvez "em choque" seja uma descrição mais adequada. Durante décadas, a Toyota trabalhou duro para criar a reputação de fabricante automotiva da mais alta qualidade e de melhor custo/benefício em todo o mundo – desde que o Global Vision 2010 foi anunciado, a meta de ser a fabricante automotiva mais admirada ficou explícita. Em 2008, pode-se afirmar que a empresa alcançou essa meta. A Toyota aparecia em quinto na lista das companhias mais admiradas dos Estados Unidos publicada pela *Fortune*, a melhor posição de uma fabricante automotiva. Agora as manchetes diariamente acusavam a empresa de ter abandonado seus princípios fundamentais e de ter colocado os clientes em perigo. O simples fato de responder aos clientes, aos fornecedores e à mídia sobre a Toyota e sobre o que estava acontecendo era algo extenuante. Como Jim Wiseman, vice-presidente do departamento de comunicações da Toyota Motor of America (TMA), observou: "Quando você está recebendo trezentas ou quatrocentas consultas [da imprensa] por dia, o melhor a fazer é dar conta delas. Acho que nenhum de nós estava realmente preparado para a dimensão que o massacre podia tomar".

Essencialmente, a Toyota viera crescendo tão depressa nos Estados Unidos, saindo de uma concorrente de nicho para se tornar a dona da maior fatia do mercado, que acabou baixando a guarda, e ela não evoluiu em termos de organização tão depressa quanto em termos de visibilidade. Bob Carter, vice-presidente de grupo e gerente geral da Toyota Motor Sales USA (TMS), descreveu o choque cultural que isso representou: "Três anos atrás, quando a Toyota se tornou a marca número 1 no mundo, e no ano passado, [quando] a Toyota se tornou a marca número 1 nos Estados Unidos, acho que [todo mundo] começou a esperar mais de nós. E talvez não tenhamos correspondido a isso".

Fase I: reagir

As reações mais importantes tomadas pela Toyota não foram declarações de relações públicas, e sim ações voltadas às preocupações dos clientes. A combinação entre especulações desvairadas sobre a eletrônica veicular e a realidade dos pedais defeituosos significava que muitos clientes estavam temerosos que seus veículos pudessem, a qualquer momento, sair do controle. Responder a essas preocupações com ações, não com palavras, era a maior prioridade. Os dois pontos-chave de contato com os clientes eram as oficinas autorizadas e os chamados ao centro de serviços ao cliente da Toyota Motor Sales.

Os revendedores intervêm

Um aspecto fundamental do *recall* dos pedais defeituosos que é muitas vezes desprezado é o esforço hercúleo das oficinas autorizadas da Toyota para estimular que os clientes levassem seus veículos e os consertassem assim que as barras de reforço ficaram disponíveis. As oficinas autorizadas da Toyota na América do Norte cumpriram um importante papel em gerenciar a complexa logística e em ajudar a fazer os clientes sentirem que a empresa ainda se importava com eles. Na posição de linha de frente para a maioria dos clientes, as oficinas autorizadas estavam bastante conscientes do quanto os clientes estavam assustados. Não era incomum que alguns deles se recusassem a dirigir seus veículos (os comentários de LaHood certamente não ajudaram nesse aspecto) até as oficinas para que fosse efetuado o conserto – ilustrando o quanto fora toda aquela história havia fugido ao controle. Nesses casos, muitas oficinas enviavam reboques para transportar os veículos, um serviço que a Toyota acabou oferecendo a todos os clientes que o desejassem. Conta-se que uma oficina autorizada do estado da Virgínia enviou um caminhão reboque até a Flórida para buscar o Camry de um cliente. Diversos revendedores nos contaram, em casos isolados, eles compraram de volta os carros de clientes que estavam simplesmente assustados demais para continuar a dirigi-los, mesmo com os pedais já consertados – um relembrou ter comprado de volta um carro de um casal de idosos, cuja esposa estava doente pelo estresse de temer que o carro fosse disparar por conta própria. É significativo, porém, que muitos desses clientes tenham comprado um modelo diferente da Toyota. Embora estivessem preocupados, eles não desistiriam da Toyota por completo. Quase todas as oficinas estenderam seus horários de atendimento, com muitas delas se mantendo abertas 24 horas por dia durante a primeira semana do *recall*. Bob Carter celebrou a reação das revendas: "Contamos com 1.223 revendedores. Se eu pudesse, abraçaria cada um deles. Eles fizeram um trabalho magnífico em geral e pensaram em nossos clientes em primeiro lugar".

Uma medida da eficiência das oficinas autorizadas foi o percentual de veículos consertados. Ainda que a atenção de mídia tenha tido certa influência, os esforços de alcance e de logística das revendas merecem grande parte do crédito. Passados seis meses do anúncio do *recall* dos pedais com defeito, 85% dos veículos envolvidos já haviam sido consertados – uma taxa bastante alta pelos padrões da indústria.[1] A estratégia da Toyota de desenvolver uma rede de revendas ao longo de décadas preparara o terreno para essa capacidade de resposta. Diferentemente das Três Grandes de Detroit, a Toyota mantém deliberadamente limites estritos no número de revendas que possui, preferindo grandes revendas que disponham dos recursos financeiros para investir e sobreviver aos altos e baixos da economia. Conforme Carter explicou a estratégia: "Rejeitamos a noção de que se há uma agência dos correios na cidade, deve haver uma revenda nossa também. Queremos que nossas revendas sejam financeiramente poderosas. Estamos em um negócio cíclico, e ainda que essa estratégia possa fazer com que percamos um pouquinho de mercado na ponta, é ela que nos permite atravessar períodos como esse".

Essa estratégia de evitar a saturação significa que, em média, uma revenda Toyota vende muito mais carros, e é mais rentável, do que as revendas que vendem outras marcas. Por exemplo, em 2009, a Toyota (com a maior fatia de vendas no varejo) possuía 1.400 revendas, menos da metade do que possuía a Chrysler e a Ford, enquanto a GM possuía mais de 6 mil. Cada revenda da Toyota vende, em média, 1.600 veículos por ano, comparados a uma média de 500 da Ford.[2] Volumes mais altos e maior lucratividade significam que os revendedores podem

---

[1] Por exemplo, a Ford convocou mais de 17,5 milhões de veículos em oito *recalls* separados devido a um sistema de controle de velocidade que podia pegar fogo, o maior *recall* da história. Ele teve início em 1999 e continuou com mais 4,5 milhões de veículos convocados no segundo trimestre de 2009. A NHTSA divulgou em outubro de 2010 que apenas 40% dos veículos convocados haviam sido consertados. David Schepp, "Feds Warn: Millions of Ford Recalls Still Aren't Fixed", *Daily Finance*, October 22, 2010; http://www.dailyfinance.com/story/ford/feds-warn-about-recalled-fords-not-fixed/19685055/.

[2] Dan Reed and Chris Woodward, "Detroit Wants to Thin the Herd of Dealers", *USA Today*, February 10, 2009.

investir mais facilmente no relacionamento com o cliente, em vez de tentar manter os custos no patamar mínimo possível. A estratégia de lucratividade das revendas, que as Três de Detroit tentaram copiar durante a recessão ao fecharem pequenas revendas em diversas partes dos Estados Unidos, significava que todas as revendas Toyota eram capazes de suportar a tempestade da crise dos *recalls* e manter um relacionamento positivo com os clientes. A TMS também tomou medidas para limitar o impacto financeiro sobre as revendas.

Steve Gates, revendedor da Toyota há 18 anos, relembra que durante um encontro de revendedores no auge da crise, "Jim Lentz [presidente da TMS] e Bob Carter nos disseram que fariam tudo que pudessem para nos mantermos na ativa e para permitir que satisfizéssemos a todos os clientes que entrassem na loja". Em termos de apoio financeiro direto, a TMS estabeleceu um fundo para auxiliar nos custos dos revendedores. Em vez de prescrever maneiras específicas de gastar o dinheiro, a Toyota disponibilizou os fundos e confiou nos revendedores para que os gastassem com medidas que mais fizessem a diferença para os clientes. Carter afirma: "Foi preciso US$30 milhões e eu dividi a soma em 1.223 [o número de revendas Toyota], enviei um cheque para os revendedores e disse 'Vocês sabem o que seus clientes desejam'. Não sou eu quem deve decidir se um cliente deseja um cartão pré-pago de US$50 do Starbucks". A Toyota também bancou os gastos com juros sobre os carros que as revendas tinham em estoque durante a interrupção das vendas. Gates afirma também que a Toyota pagou um preço de reembolso mais do que razoável pelos consertos do *recall*, o que fez uma grande diferença, já que os consertos são os maiores geradores de lucro para muitas revendas autorizadas. Embora se trate de um dado isolado, Gates ressalta que cada uma de suas revendas Toyota apresentaram lucro em todos os meses de 2010, mesmo durante o pior da crise, como resultado dessas medidas tomadas pela Toyota.

A ajuda do *call center* da Toyota

Os revendedores não eram os únicos a enfrentar uma enxurrada de telefonemas e reclamações dos clientes. No *call center* da TMS, em Torrance, na Califórnia – onde são recebidas as ligações para o número 0800 da Toyota de atendimento ao cliente – o volume ligações pulou do dia para a noite de 3 mil para 96 mil telefonemas ao dia depois que o *recall* dos pedais pegajosos foi anunciado, e permaneceram nesse nível durante uma semana. Na semana seguinte, ainda chegavam 50 mil ligações por dia. Conforme descreve Nancy Fein, vice-presidente de relações com o cliente, descrever isso como uma situação difícil de ser gerida é uma clara subestimação:

> A relação com nossos clientes foi muito difícil nessa época, pois houve momentos em que eles não confiavam em nós, ou achavam que estávamos mentindo para eles, ou ainda que não estávamos seguindo nosso padrão de comportamento. Quando se está no setor de relacionamento com o cliente, é preciso cumprir o difícil papel de não apenas tratar de um problema individual de um cliente com seu veículo, como também de reconstruir sua confiança em nós. Precisávamos solucionar os problemas de nossos clientes, e precisávamos fazer com que eles acreditassem e depositassem confiança na Toyota, do mesmo modo que nós confiamos nela.

O *call center* da TMS talvez tenha sido o primeiro lugar onde o Modelo Toyota começou a exercer uma grande influência para inverter a maré. Como é que um *call center* dá conta de um aumento de 30 vezes no volume de chamadas em 24 horas? A primeira medida tomada por Fein foi reintegrar todos os funcionários nos escritórios da TMS na Califórnia que já haviam trabalhado no *call center*. O *call center* é um dos lugares onde muitos funcionários têm seu primeiro emprego na TMS. Todas aquelas pessoas foram imediatamente chamadas de volta ao *call center* para atenderem os telefonemas dos clientes, não importando onde se encontrassem no momento ou o quanto tivessem subido na organização. Até mesmo alguns executivos da TMS se revezaram ao telefone atendendo às chamadas dos clientes. Com os anos, Fein estabelecera relacionamentos de longo prazo com três agências de formação de pessoal para *call centers* que dispunham de material humano qualificado. Ao final da primeira semana, todas as três agências estavam fornecendo pessoal suplementar para o *call center*. Esses indivíduos já haviam sido treinados para o posto de representante de serviços ao cliente, mas ainda passaram por dois ou três dias de treinamento para se prepararem para lidar com as ligações de acordo com os padrões da Toyota.

Por sorte, a Toyota havia investido em um novo sistema computadorizado para o *call center* durante a recessão, menos de 12 meses antes da crise, para aprimorar a qualidade das interações com os clientes ao disponibilizar mais facilmente as informações aos representantes de serviços ao cliente (CSRs – *customer service representatives*). Esse sistema se revelou crucial para permitir que o *call center* atendesse a um volume de ligações de 10 a 30 vezes maior com um número apenas três vezes maior de funcionários ao telefone, todos sem seguirem roteiros. Fein explicou:

> Nunca fornecemos roteiros ao nosso pessoal do *call center*. Eles atendem cada ligação numa abordagem caso a caso, e precisam desenvolver uma relação com seu cliente. Por meio do sistema de informações, fornecemos a eles repostas e perguntas para todos os tipos de questões. Fornecemos detalhes sobre quaisquer que sejam os *recalls*. Oferecemos informações de divulgação à imprensa. Fornecemos todos os dados de que eles possam precisar em tempo real.
>
> Cada CSR dispõe de duas grandes telas de computador repletas de informações sobre os clientes, sobre o histórico dos veículos, todas as ligações envolvendo aquele veículo, informações técnicas sobre *recalls* e muito mais. O sistema permite que os CSRs naveguem rapidamente por uma profusão de informações enquanto conversa com os clientes. O sistema de informações também estava conectado diretamente com os centros de serviço das revendas.

Isso permitia que os CSRs confirmassem agendamentos para os clientes com uma revenda específica por telefone, e, se necessário, que requisitassem no ato serviços especiais, como transporte, aluguel de veículos ou carros-reserva, um fator que fez uma enorme diferença no atendimento de clientes às vezes em pânico.

A seleção e o treinamento dos CSRs também fez grande diferença. Ao contrário da maioria das companhias, a Toyota decidiu não terceirizar o *call center* de atendimento aos clientes para países com baixos salários. Os funcionários do *call center* na TMS que estão utilizando o sistema foram selecionados conforme suas habilidades de estabelecer relacionamentos com os clientes pelo telefone. Ainda que se trate de um primeiro emprego na companhia, não é um serviço de fácil contratação. Aqueles que possuem o conjunto básico de habilidades passam por um curso de quatro semanas de treinamento, seguido por seis a 18 meses de atenta supervisão antes de "se formarem" como CSRs propriamente ditos.

Embora seu treinamento não fosse tão rigoroso, as agências externas com as quais a TMS vinha trabalhando havia algum tempo também tinham recebido bastante treinamento sobre a abordagem da Toyota para o atendimento das ligações dos clientes. Por isso, quando elas foram chamadas a ajudar com o volume crescente de telefonemas, só precisaram de um breve treinamento de reforço. Ainda assim, os CSRs vindos das agências externas tratavam principalmente dos pedidos de informação, tais como clientes ligando para saber se seu número do chassi estava incluído ou não no *recall*, e contavam com supervisores da Toyota no local para monitorá-los. Caso um cliente tivesse perguntas mais sérias ou acreditasse ter experimentado aceleração repentina ou um pedal defeituoso, as agências externas podiam transferir a ligação para o *call center* da TMS imediatamente, para que um CSR mais experiente da Toyota pudesse ajudá-lo.

Cada um dos CSRs da Toyota também tem poder para tomar decisões no ato a fim de ajudar a solucionar problemas dos clientes. Além de diretamente conectado com os centros de serviço das revendas, um CSR também podia aprovar imediatamente gastos com reboques de carros até as revendas, reembolso de clientes por aluguéis de carros ou empréstimos de carros-reserva e extensões de garantia para cobrir outros problemas que os clientes pudessem estar enfrentando. Se um cliente já conversou com um determinado CSR, busca-se conectar esse cliente ao mesmo CSR em quaisquer telefonemas subsequentes. Para cada cinco CSRs, existe um supervisor que monitora ligações selecionadas, aconselha os CSRs e que pode autorizar soluções mais dispendiosas.

Outra característica praticamente exclusiva do *call center* da TMS foi o uso de círculos de qualidade, mesmo durante o auge da crise. Cada supervisor do *call center* liderava um círculo de qualidade com oito a 10 CSRs, com encontros semanais para conversar sobre problemas, soluções e melhores práticas. Os círculos de qualidade foram até mesmo estendidos para o pessoal dos *call centers* das agências. Esses círculos de qualidade eram liderados por CSRs seniores como forma de conferir-lhes experiência na liderança de círculos de qualidade e de continuar a agregar habilidades e treinamento ao pessoal externo.

O sucesso das ágeis reações dos revendedores e do *call center* da TMS foram possíveis apenas pela cultura do Modelo Toyota. A rede de revendas Toyota fora treinada durante anos dentro da filosofia de colocar o cliente em primeiro lugar, e foi exatamente isso que os revendedores fizeram. O *call center* da TMS tinha, em diversos sentidos, implementado o Sistema Toyota de Produção (STP) em um ambiente não fabril, o que permitiu a ele ganhar em escala para atender rapidamente à demanda enquanto mantinha a qualidade. Os investimentos que a companhia fizera no treinamento dos CSRs e na delegação de autoridade para que eles solucionassem os problemas e as preocupações dos clientes acabaram se revelando compensadores com o tempo. Os esforços dos revendedores e do pessoal do *call center* da TMS serviram para relembrar muitos clientes dos motivos pelos quais eles haviam confiado na Toyota em primeiro lugar.

É claro, todas essas respostas aos clientes custam dinheiro – dinheiro esse que a Toyota podia se dar ao luxo de gastar, mesmo no momento em que o mundo estava recém emergindo de uma recessão, devido a suas políticas de pensar a longo prazo e de manter grandes reservas financeiras. Jim Lentz, presidente da TMS, descreveu a filosofia:

> É óbvio que estamos de olho em todos os gastos. Mas estamos fazendo tudo que for necessário para consertar quaisquer deficiências que tenhamos percebido em nossos processos atuais, para nos certificarmos de que dispomos dos processos adequados e para garantirmos que estamos tomando conta dos clientes... Para que sejamos capazes de reconstruir a força de nossa marca, não estou preocupado com os dólares que estamos investindo hoje para nos mantermos fortes... É importante que mantenhamos a força das operações de nossos revendedores para que eles continuem a investir em suas operações, conforme restabelecemos a força da nossa marca num mercado ainda mais forte.

Fase II: conter

À essa altura, consciente da seriedade da crise, a Toyota como um todo começou a se movimentar não apenas para reagir, mas também para contê-la. A meta da contenção não é lidar com a fonte primária do problema, e sim garantir que nenhum dano adicional esteja sendo infligido enquanto os esforços de mais longo prazo de *kaizen* de aprimoramento começam a deslanchar. Talvez a medida mais importante para a contenção de uma crise seja certificar-se de que não se está tomando decisões que atravancarão os esforços futuros do *kaizen* de aprimoramento.

As reações dos revendedores e do *call center* da TMS ao lidarem com os *recalls* foram essencialmente sustentados pelos esforços da Toyota ao longo dos anos na seleção e treinamento de revendedores e CSRs, o que refletia uma filosofia mais geral por toda a companhia. Essa filosofia pode ser melhor resumida em três proposições: (1) aceite a responsabilidade, (2) não culpe os clientes, os fornecedores, os revendedores ou os demais e, acima de tudo, (3) coloque os clientes em primeiro lugar.

Não aponte o dedo, responda às preocupações dos clientes

Mike Michels, vice-presidente de comunicações externas da TMS, colocou da seguinte forma: "É muito fácil na indústria automobilística dizer que [um condutor] não está usando o produto conforme o previsto. Nós fazemos malabarismos, se for preciso, para não culpar o condutor. Durante o estágio inicial disso, houve muitas e muitas reuniões [perguntando] 'Como é que podemos fazer essa experiência ser indolor, ou até mesmo positiva, para o nosso cliente?'. Isso colocou todo mundo na mesma sintonia".

Akio Toyoda descreveu sua filosofia pessoal de comunicação durante a crise da seguinte maneira. "Eu queria fazer as pessoas compreenderem que a Toyota não é perfeita, admitir que às vezes cometemos erros, que temos defeitos. Mas quando sabemos que há defeitos ou problemas, paramos e todos juntam forças e tentam corrigir o problema. E... decidi que jamais apontaria o dedo para os outros... Estamos comprometidos com a segurança e com a qualidade e nos responsabilizaríamos pela correção de qualquer problema".

As comunicações da Toyota durante esse período foram entremeadas por pedidos públicos de desculpas aos clientes. Numa coluna paga publicada no *Washington Post*, Toyoda escreveu: "Não temos feito jus aos altos padrões que vocês se acostumaram a esperar de nós. Estou profundamente desapontado por isso e peço desculpas. Como presidente da Toyota, assumo responsabilidade pessoal por isso. É por isso que estou liderando pessoalmente o esforço para restaurar a confiança em nossa palavra e em nossos produtos".[3] Declarações similares foram feitas por outros executi-

---

[3] Akio Toyoda, "Toyota's Plan to Repair Its Public Image", *Washington Post*, February 9, 2010, p. A17.

vos da Toyota em conferências de imprensa e em seus testemunhos no congresso norte-americano. Não houve um anúncio explícito ou um memorando distribuído estabelecendo essa abordagem do tipo "não culpe os outros". Jim Wiseman explicou aquilo era apenas um subproduto da cultura já existente da Toyota:

> Em todos os aspectos de nossas operações, desde os fornecedores, passando por nossas linhas de produção, até nossas revendas, sempre buscamos viver segundo o preceito do cliente em primeiro lugar. Lembro de ter ouvido essa expressão – "o cliente em primeiro lugar" – logo que entrei para a empresa, 21 anos atrás. Quando você vive segundo essa crença, é verdadeiramente impossível colocar alguma vez a culpa no cliente. Assim, todas as partes da nossa organização chegaram a esse ponto comum – não culpar o cliente – de uma forma natural.

Reconhecendo que o modo como a companhia tratou dos problemas e preocupações com a qualidade e a segurança havia intensificado a crise, a Toyota criou rapidamente também um novo cargo, diretor regional de qualidade. Um executivo de cada região (América do Norte, Ásia e Oceania, Oriente Médio, África e América Latina) foi indicado para assumir a posição. Quando o cargo foi criado, ele não foi completamente definido, mas a primeira prioridade dos diretores regionais de qualidade era assumir a responsabilidade por quaisquer problemas de qualidade e segurança e certificar-se de que fossem rapidamente abordados e que recebessem a atenção necessária de todas as partes da companhia. Os ocupantes do novo cargo também recebiam total autoridade do escritório do presidente da companhia para fazer o que fosse necessário.

Outro sinal bastante claro de contenção foi o aumento no número e no ritmo dos *recalls* a partir de fevereiro de 2010. Aceitar a responsabilidade e colocar os clientes em primeiro lugar significou modificar a abordagem dos *recalls*, abandonando o antigo "quando em dúvida, estude mais a fundo o problema" em favor de "quando em dúvida, convoque um *recall* imediatamente".

Um dos exemplos de maior repercussão dessa nova abordagem e do papel do diretor regional de qualidade foi a decisão de interromper imediatamente as vendas do recém-lançado Lexus GX 460 2010 em 13 abril, no mesmo dia em que a *Consumer Reports* anunciou que o veículo fracassara em um dos testes da revista envolvendo controle de estabilidade, sendo, portanto, colocado na temida lista de "Não Comprar" – algo que jamais acontecera a um veículo Toyota ou Lexus antes, ou com qualquer outro veículo em anos. Segundo o diretor sênior da *Consumer Reports*, David Champion, o teste em questão simula um condutor numa autoestrada entrando numa bifurcação com curva acentuada a 60 km/h, sem tirar o pé do acelerador até o último segundo e sem pisar no freio. O teste é projetado para examinar se o controle eletrônico de estabilidade (ESC – *electronic stability control*) é capaz de compensar a falta de frenagem e fazer os ajustes adequados. Nesse cenário, o ESC do modelo GX 460 entrou em ação, mas reagiu tarde demais, depois que o veículo já tinha começado a derrapar. Na opinião da *Consumer Reports*, isso poderia levar a uma situação perigosa – é bastante comum hoje um condutor entrar em curvas a altas velocidades. Ainda que o controle de estabilidade tenha evitado que o veículo capotasse, ele talvez não evitasse que o veículo batesse no meio-fio ou derrapasse para fira da pista, causando um grave acidente.

O teste em si era exclusivo da *Consumer Reports*; outras organizações de testagem de veículos não têm um teste similar. Tampouco a Toyota conduziu testes para esse cenário específico (embora todos os outros modelos de SUV da Toyota e da Lexus, incluindo o Toyota 4Runner, que é fabricado no mesmo chassi do GX 460, tenham passado no teste). No passado, os resultados do teste da *Consumer Reports* teria levado a semanas, se não meses, de debate interno e testes na Toyota. Mas essa já não era a abordagem da Toyota, e tomou-se a decisão de tomar medidas drásticas, mesmo antes de uma investigação detalhada. Como observa Steve St. Angelo, que acabara de ser nomeado diretor regional de qualidade para a América do Norte: "A *Consumer Reports* não considerou o veículo seguro para os seus leitores, e não era eu que iria discutir com eles. Decidi tomar medidas o mais rápido possível".

A Toyota interrompeu as vendas e, em seguida, lançou um *recall* voluntário para fazer uma atualização no *software* do ESC para dar conta de cenários similares àquele usado no teste da *Consumer Reports*, entregando o novo *software* para as revendas depois de uma semana. Com o *software* atualizado, o veículo passou no teste e foi removido da lista de "Não Comprar".

O *recall* do GX ajudou a construir um novo espírito de ação e de trabalho em equipe ao longo de diversas partes da companhia. St. Angelo explicou:

> Acho que foi realmente um ótimo exemplo de trabalho em equipe. Era todo mundo no Japão, e também na América do Norte, trabalhando junto, comunicando-se com grande eficiência e esforçando-se para fazer as mudanças na programação. Nós ligamos para o engenheiro-chefe, tirando-o da cama. E ele convocou sua equipe ao trabalho, e eles trabalharam praticamente sem parar para fazer as mudanças na programação. E dentro de uma semana, estávamos com essas mudanças prontas para serem usadas.

As rápidas ações alcançaram sua meta: restaurar a confiança do público ao reagir com presteza e urgência às preocupações dos clientes. Muitos veículos de mídia, incluindo o *New York Times* e o *Los Angeles Times*, publicaram matérias positivas sobre o esforço, e até mesmo David Strickland, diretor da NHTSA, elogiou publicamente a Toyota por essa reação rápida.[4] St. Angelo explicou a nova filosofia de *recalls* em termos de restaurar a confiança dos clientes: "Precisamos fazer isso para nos certificar de que inspecionamos cada detalhe, cada ninharia, e que podemos nos olhar no espelho e dizer 'Fizemos aquilo que nossos clientes esperavam em termos de segurança'".

---

[4] Hiroko Tabuchi and Micheline Maynard, "U.S. Sees a Change of Attitude at Toyota", May 10, 2010; http://www.nytimes.com/2010/05/11/business/global/11toyota.html.

Em outra medida bastante visível, mas mais global, a Toyota e o conselho decidiram criar um comitê especial para qualidade global. O comitê foi constituído pelos novos diretores regionais de qualidade e por um grupo de executivos liderando operações de negócios, e foi presidido por Akio Toyoda. Em seu primeiro encontro, em 30 de março de 2010, o comitê anunciou um plano de seis pontos:

1. Melhorar o processo de inspeção de qualidade.
2. Aprofundar as pesquisas junto ao cliente estabelecendo escritórios de coleta de informações em cada região para acelerar o processo.
3. Estabelecer um "centro de excelência de qualidade automotiva" em regiões-chave para desenvolver ainda mais os profissionais responsáveis pela qualidade.
4. Buscar apoio de especialistas externos com a criação de um painel externo de avaliação da qualidade.
5. Aumentar a comunicação com autoridades regionais.
6. Aumentar a autonomia regional, escutar com atenção todo e cada cliente e aprimorar a qualidade com base nisso.

Além desse comitê interno, estabeleceu-se também um painel externo composto por renomados especialistas em qualidade de fora da Toyota. Sua tarefa era avaliar todos os processos de qualidade da Toyota e apontar quaisquer brechas ou áreas em que a qualidade pudesse ser melhorada. Rodney Slater, ex-secretário de transportes do governo de Bill Clinton, foi indicado para presidir esse comitê.

A Toyota também precisava, é claro, preocupar-se com as vendas de seus veículos e com a saúde financeira de suas revendas. Além do socorro financeiro que ela ofereceu a seus revendedores para ajudar com os *recalls* e com a semana de interrupção das vendas, a Toyota lançou o maior programa de incentivo de vendas de sua história em março e abril, segundo o Edmunds.com. O incentivo médio incidindo sobre cada veículo pulou de US$1.700 para US$2.400, um aumento de 40% (ainda cerca de 40% abaixo da média do setor). As maiores diferenças eram um juro de zero por cento no financiamento e dois anos de revisões programadas gratuitas, cobrindo itens que normalmente não são cobertos (tal como trocas de óleo). Esses incentivos ajudaram a trazer as pessoas de volta às revendas. Jeremy Anwyl, do Edmunds.com, observa: "As pessoas compraram a ideia de que os toyotas estavam em promoção, e isso não acontece com muita frequência. Isso ajudou a chamar muita gente – gente que não acreditava na existência de um problema grave. Obviamente, se você acha que um carro não é seguro, pouco importa o abatimento que lhe é oferecido. Você simplesmente não irá comprá-lo".

Pulando à frente das repercussões

A receita para conter uma crise, segundo o chavão, é "pular à frente das repercussões". Certamente, a Toyota estava mais reagindo à crise do que tentando ultrapassá-la ao final de janeiro e início de fevereiro. Contudo, diversos eventos ao final de fevereiro e início de março que pareciam, a princípio, agravar as repercussões negativas em torno da Toyota na verdade ajudaram a inverter a maré em favor da companhia. Primeiro, ao final de fevereiro, a ABC News veiculou uma matéria na véspera das sabatinas no congresso norte-americano falando sobre David Gilbert, uma das testemunhas das sabatinas. Durante o programa, Gilbert demonstrou como ele conseguia criar aceleração repentina num Toyota modelo Avalon sem que o veículo entrasse em modo de segurança ou disparasse um código de erro. Gilbert alegava que a aceleração repentina que ele criara poderia acontecer em condições do mundo real e que apenas os veículos da Toyota eram suscetíveis ao seu método.

As alegações de Gilbert eram tão impactantes que inúmeros outros veículos de mídia, bem como a própria Toyota, se dedicaram a estudá-las. Com o passar de algumas semanas, surgiram muitos detalhes que lançaram sérias dúvidas sobre a matéria. Primeiro, quase imediatamente após a sua divulgação, vários blogues observaram que partes da matéria haviam sido alteradas para criar um efeito mais dramático. John Cook, do popular blogue Gawker, postou um texto ilustrando como uma cena do ponteiro do conta-giros do veículo pulando para a zona vermelha, que supostamente acontecera enquanto o correspondente Brian Ross, da ABC News, estava dirigindo, fora filmada, na verdade, enquanto o veículo se encontrava estacionado com as portas abertas. Durante outra parte da matéria, Ross exclama "Os freios não funcionam, os freios cederam!", enquanto o vídeo mostra ele fazendo o carro parar. Nem mesmo Gilbert chegou a alegar que os freios do veículo seriam incapazes de fazê-lo parar.

Mais importante, comprovou-se que as alegações básicas de Gilbert – de que o veículo deveria ter disparado um código de erro e que o problema era exclusivo da Toyota – não se sustentavam. Uma investigação da Toyota, da Exponent [uma empresa de engenharia contratada pela Toyota para estudar quaisquer problemas relacionados com aceleração repentina não intencional (SUA] e de um professor da Stanford University mostrou que Gilbert havia arrancado três fios diferentes que conectam o acelerador ao módulo de controle do motor e juntado outros componentes elétricos ao circuito.[5] Talvez a melhor forma de explicar a engenharia de Gilbert seja considerar que ele adicionou um segundo pedal virtual de aceleração ao sistema, o qual simulava o verdadeiro acelerador do veículo.

De acordo com Bertel Schmitt, especialista industrial que passou toda a sua carreira dentro do setor automobilístico, tem um blogue em *The Truth about Cars* e que já escreveu muito sobre alegações de aceleração repentina, o veículo "não tinha motivo algum para disparar um código de erro. Gilbert simulou completamente o comportamento do verdadeiro pedal". Schmitt chegara mesmo a prever qual método Gilbert usara apenas com

---

[5] "Evaluation of the Gilbert Demonstration", Exponent, disponível em http://a.abcnews.go.com/images/Blotter/ht_exponentgilbert_100305.pdf.

base no breve vídeo veiculado pela ABC; ele crê que qualquer um razoavelmente familiarizado com a eletrônica veicular saberia que a abordagem de Gilbert iria funcionar. Só foi preciso de um pouco de engenho para acertar as voltagens exatas para os dois sensores do pedal. De fato, a Exponent conseguiu replicar a abordagem de Gilbert e causar uma aceleração repentina sem um código de erro em veículos da Mercedes, da BMW, da Honda, da Subaru e da Chrysler (todos os quais utilizam um projeto de controle eletrônico de aceleração [ETC] similar ao da Toyota). Ainda que fosse tecnicamente verdadeira a alegação de Gilbert de que seu dispositivo não funcionaria em outras marcas de veículos, ela é quase risível. Para fazê-lo funcionar seria preciso apenas acertar as voltagens correspondentes que cada marca específica usava em seu ETC. De acordo com o CEO do Edmunds.com, Jeremy Anwyl, tudo que a demonstração de Gilbert de fato mostrou foi que o "[ETC] é um sistema eletrônico. Se você modificar sua fiação, ele pode fazer quase qualquer coisa".

No mesmo dia em que a Toyota estava divulgando seu relatório sobre o experimento de reprogramação de Gilbert, foi mostrada uma cobertura ao vivo de um Prius supostamente desgovernado por uma estrada de San Diego. Cenas transmitidas ao vivo de helicópteros mostravam James Sikes dirigindo seu Prius entre 130 e 145 km/h enquanto um policial dirigia uma viatura ao seu lado, berrando instruções por um megafone, até convencê-lo a usar o freio de mão para desacelerar o carro e desligar a ignição. Passadas 24 horas, porém, blogueiros conseguiram mostrar que a história do condutor era gritantemente implausível. Por exemplo, apesar de ter sido repetidamente aconselhado por um atendente da central telefônica de emergência policial e colocar a marcha em ponto morto, ele se recusou a fazê-lo pelos 20 minutos seguintes até o fim da provação. Perguntado mais tarde sobre por que ignorara o conselho, ele alegou que estava assustado demais para tirar a mão do volante, embora segurasse um telefone celular em uma das mãos. Ele também alegou que se abaixara até o acelerador para liberá-lo caso estivesse trancado, o que o teria obrigado a soltar completamente o volante e a tirar os olhos da estrada (sem falar que ele precisaria ter braços bem mais compridos que o normal). Uma estação local da rede Fox na Califórnia recriou o evento num Prius, apenas para descobrir que absolutamente tudo que tentaram (pisar no freio, apertar o botão do freio de emergência, colocar a marcha em ponto morto e desligar o motor do carro) foi capaz de fazer o veículo para rapidamente.

Alguns dias depois, o próprio carro foi testado pela Toyota e pela NHTSA, com os resultados mostrando que todos esses sistemas funcionavam perfeitamente. Talvez Sikes não soubesse, mas o Prius foi um dos primeiros veículos da Toyota a ter instalado uma forma de "*brake override*", que corta a energia do motor se o pedal de freio for pressionado com um pouco mais de força, independentemente da posição do acelerador; uma versão desse *brake override* se tornaria mais tarde padrão em todos os veículos.[6] Os investigadores também examinaram os dados no gravador eletrônicos de dados (EDR – *electronic data recorder*) do carro. Eles mostravam que Sikes havia pressionado o freio levemente mais de 200 vezes durante o tempo em que o carro estava supostamente disparando fora de controle, aparentemente para acender as luzes de freio e dar a impressão de que estava tentando parar o carro. Isso fez com que os freios superaquecessem e se exaurissem. Investigações posteriores, conduzidas mais por blogueiros do que pela imprensa tradicional, revelaram que o condutor apresentava problemas financeiros e legais significativos em seu passado recente, sugerindo a possibilidade de um motivo ulterior de sua parte. A Toyota não fez qualquer declaração pública sobre os motivos do condutor, atendo-se a sua política de não apontar o dedo, mas os fatos lhe permitiriam fazê-lo.

---

[6] Tecnicamente, o sistema do Prius não é tão sofisticado quanto o sistema de *brake override* que se tornou o padrão em todos os veículos da Toyota como resultado da crise dos *recalls*. Ele inclui uma função de autoproteção que corta a energia do motor se uma pressão moderada for aplicada ao freio e o acelerador estiver pressionado mais de 50%, aproximadamente, fornecendo, de fato, uma forma de "*brake override*".

Capítulo 4 A reação e o caminho para a recuperação

Poucos dias depois, outro acidente badalado foi apontado como um caso de SUA pela mídia e por investigadores, mas acabou sendo igualmente refutado. No rescaldo do acidente em Harrison, estado de Nova York, a polícia imediatamente culpou um "acelerador emperrado", muito embora o acidente tenha ocorrido quando a condutora estava saindo de sua garagem.[7] Passada uma semana, uma análise do gravador eletrônico de dados do veículo mostrou que o freio não tinha sido pressionado e que a válvula de aceleração estava totalmente aberta, indicando, conforme a NHTSA, "erro do condutor". O então delegado do departamento de polícia local, ainda que a princípio tenha negado a descoberta da NHTSA, observou que havia dirigido um Prius e tinha tentado pisar no acelerador e no freio ao mesmo tempo, descobrindo que "não tinha como o carro não parar".[8]

Esses eventos criaram algo que a Toyota jamais teria conseguido: um questionamento público sobre a confiabilidade das alegações de carros desgovernados. Isso deu à Toyota a oportunidade de começar a falar mais agressivamente, não apenas sobre os *recalls*, mas ao responder a desinformações na esfera pública. Durante o mês de março, a Toyota divulgou pelo menos seis declarações dedicadas especificamente a rebater desinformações que estavam sendo veiculadas na mídia. Por exemplo, ao final de março, a CNN apresentou uma matéria afirmando que havia descoberto um documento interno secreto de 2002 que mostrava que a Toyota estava ciente de defeitos eletrônicos que poderiam causar aceleração repentina em seus veículos. O documento "secreto" era na verdade um documento público denominado boletim de serviço técnico (TSB – *technical service bulletin*) que estava disponível no *site* da Toyota e em diversas outras bases de dados man-

---

[7] Lisa Flam, "Police: Accelerator Suspected in NY Prius Crash", March 10, 2010; http://www.aolnews.com/2010/03/10/police-accelerator-suspected-in-toyota-prius-crash-in-ny/.

[8] James R. Healy, "NHTSA Cites Driver Error in New York Prius Incident", March 19, 2010; http://www.usatoday.com/money/autos/2010-03-19-toyota19_ST_N.htm.

tidas pela NHTSA e por mecânicas automotivas independentes. Ademais, tratava-se de um boletim relacionado a uma função da transmissão, e não a aceleração repentina.⁹

As fontes mais importantes de informação para mudar a opinião pública foram a imprensa e a NHTSA – as alegações de inocência de parte da Toyota jamais teriam sido suficientes para mudar opinião pública, não importando quantos dados a companhia fosse capaz de apresentar. Infelizmente para a Toyota, a NHTSA havia adotado uma atitude bastante cautelosa em relação à divulgação dos resultados de qualquer investigação ou de seus trabalhos sobre aceleração repentina em geral, presumivelmente por causa das acusações anteriores de que ela havia sido indulgente para com a companhia. No fim das contas, devido à pressão sobre a NHTSA e aos questionamentos sobre sua competência para conduzir investigações irrestritas sobre a eletrônica veicular, a agência começou a trabalhar em conjunto com a Nasa e a National Academy of Sciences em esforços separados para estudar as evidências a respeito da possibilidade de SUA em geral e nos veículos da Toyota em particular. A NHTSA decidiu não divulgar os resultados de quaisquer investigações sobre incidentes específicos até que o estudo da Nasa fosse concluído. Esse estudo fora originalmente programado para ser concluído até o final de agosto de 2010, mas só ficou completo em 9 de fevereiro de 2011, quando os resultados, isentando a Toyota de defeitos eletrônicos, foram divulgados.

Essa decisão aparentemente não foi bem digerida por todos na NHTSA. Em junho, George Person, alto funcionário recém-aposentado, forneceu ao *Wall Street Journal* os detalhes sobre

---

⁹ Quando há num veículo um problema que não é considerado uma ameaça à segurança, mas que afeta a satisfação do cliente, é padrão na indústria divulgar um boletim de serviço técnico a todas as oficinas autorizadas. Ele delineia o problema e oferece instruções sobre como consertá-lo. Os clientes não são amplamente notificados sobre um TBS, mas os casos são tratados um a um quando os clientes levam seus veículos para revisão. Esse TBS cobria uma atualização do software de transmissão do Camry, que, para alguns condutores, causava uma aceleração irregular a velocidades entre 55 e 70 km/h.

a investigação das acusações de SUA em veículos da Toyota até então. Person passou os dados sob condição de anonimato, e o *Journal* inicialmente não informou como obtivera as informações. Isso levou a suposições de que a Toyota havia violado o sigilo e vazado os relatórios. Person veio a público alguns dias depois para se identificar como a fonte. Ele contou ao *Journal* que a decisão de não divulgar o relatório fora tomada pelo mais alto escalão da agência sob objeções de alguns diretores da NHTSA. O relatório se baseou num estudo com mais de 50 veículos envolvidos em acidentes em que se suspeitava ou se apontava SUA. Em alguns casos, era impossível recuperar os dados. Para os 51 casos em que os dados estavam disponíveis, 50 se revelaram resultado de mau uso dos pedais (na maioria dos casos, os condutores não chegaram a pisar no freio, mas em alguns casos eles ou pisaram no freio no meio do ciclo do acidente e tiraram o pé em seguida ou pisaram no freio tarde demais no ciclo do acidente), enquanto um era um caso de trancamento do pedal por excesso de tapetes no veículo.

Ao mesmo tempo, mais e mais analistas e colunistas começaram a examinar com maior profundidade os dados e o histórico de SUA e a desafiar as percepções públicas. Jerry Anwyl, do Edmunds. com, escreveu uma carta aberta ao secretário norte-americano dos transportes, Ray LaHood, dizendo: "Todas as montadoras apresentam um nível de volume de queixas de clientes relacionadas a veículos que sofreram aceleração não intencional. Por pior que tenha sido sua reação, a Toyota é na verdade a única que me recordo de ter feito alguma coisa em relação a essas queixas".[10] A *Businessweek*, a *Forbes* e o *Wall Street Journal* todos publicaram várias matérias rebatendo muitos dos mitos que haviam se disseminado.[11]

---

[10] http://www.edmunds.com/car-news/distracted-driving-summit-letter.html.

[11] Ver, por exemplo, http://blogs.wsj.com/drivers-seat/2010/05/14/why-do-so-many-cars-crash-into-beauty-salons/;

http://blogs.forbes.com/michaelfumento/2010/11/16/inblack-and-white-the-toyota-hysteria-exemplified/;

http://www.businessweek.com/lifestyle/content/feb2010/bw20100225_403524.htm.

As notícias e as análises rebatendo as alegações de aceleração repentina detiveram a maré de repercussão negativa. Com base em nossa análise, os relatos de incidentes ficaram mais cautelosos. Por exemplo, a maior parte da cobertura de um acidente com um Camry em novembro de 2010 ressaltou que nenhuma das alegações de SUA, afora o acidente da família Saylor, se comprovara. O número de matérias negativas publicadas sobre a Toyota em seis importantes veículos de imprensa caiu de 235 no mês de fevereiro para apenas sete em agosto.

Outra decisão-chave na contenção do dano foi a não contestação das multas estipuladas pela NHTSA devido à série de *recalls*. Como observado no Capítulo 3, a frustração da NHTSA com o modo como as informações foram compartilhadas a respeito dos pedais defeituosos, em particular, é compreensível. Considerando a comoção pública em relação aos *recalls* e as insinuações de que a NHTSA fora branda demais com a Toyota, o fato de a NHTSA ter estipulado as maiores multas possíveis não chega a surpreender. Entretanto, a validade dessas multas pode ser posta em dúvida: as regulamentações que a Toyota violou, de acordo com a NHTSA, são bastante vagas e imprecisas. A Toyota entendeu, porém, que, embora pudesse ser capaz de vencer uma disputa em torno das multas, o custo de fazê-lo seria muito maior do que as multas em si. Em primeiro lugar, questionar as multas iria introduzir outra área de conflito entre a Toyota e a NHTSA, em vez de construir um melhor relacionamento para o futuro. Em segundo, independentemente da validade de sua defesa, contestar as multas iria alimentar ainda mais as matérias negativas da mídia sobre como a empresa se esquivava de sua responsabilidade com a segurança dos clientes. A Toyota preferiu negociou um acordo com a NHTSA para aceitar as multas, mas, ao mesmo tempo, discordando das bases da NHTSA para estipulá-las. Essa abordagem permitiu que a companhia se concentrasse no que realmente importava: melhorar para o futuro.

Palco pronto para a melhoria contínua

A parte mais importante da filosofia de contenção da Toyota foi sua decisão de se desculpar e de assumir a responsabilidade. Conforme surgiram dados mostrando que as bases da maior parte das especulações sobre a eletrônica veicular e sobre carros desgovernados eram infundadas, essa posição ajudou a restabelecer a reputação da Toyota de colocar os clientes em primeiro lugar. Mas o verdadeiro valor dessa posição foi que ela direcionou para dentro a energia dos funcionários da Toyota no mundo inteiro, rumo à melhoria contínua.

Uma parte crucial do Modelo Toyota é o foco no Norte Verdadeiro, ou perfeição, como a meta de tudo que a companhia faz. Considerando o histórico de excelência da Toyota, muita gente de fora supõe que a essa altura, a Toyota já deve ser praticamente perfeita em tudo que faz, e qualquer erro se torna uma evidência de que há alguma grande falha na companhia ou no Modelo Toyota. Na verdade, mesmo depois de mais de 50 anos de melhoria contínua, o foco recai sempre sobre o aprimoramento, dando um passo a mais rumo ao Norte Verdadeiro.

Todo mundo na Toyota sabe que o Norte Verdadeiro, um ideal, por definição, não é realmente atingível. Não importa quantas vezes um processo é aprimorado ou quantos problemas são solucionados, sempre haverá oportunidade para ainda mais aprimoramento. O papel dos líderes por toda a companhia é manter o foco das pessoas voltado permanentemente à melhoria contínua, ao invés de ficarem satisfeitas e complacentes com conquistas passadas.

Durante a crise, os mais de 140 mil funcionários da Toyota e das revendas Toyota nos Estados Unidos sentiram que estavam sendo injustamente atacados. Em tais situações, é natural que as pessoas fiquem na defensiva e comecem a direcionar sua energia para fora, atacando e defendendo. Essa reação instintiva é nociva aos esforços tanto do Modelo Toyota quanto de melhoria contínua. Caso se permitisse que esse direcionamento externo da energia se estabelecesse, ele teria minado a filosofia da companhia de usar os problemas para desafiar todo mundo a melhorar. Por exemplo, a abordagem *just-in-time* para entrega de partes não se resume a cortar custos de inventário; ela também busca tornar os problemas imediatamente aparentes para que possam ser enfrentados.

Os repetidos pedidos públicos de desculpas de Akio Toyoda, suas admissões de que a companhia não fez jus a seus próprios padrões (ela jamais fez jus a padrão do Norte Verdadeiro, e fazê-lo seria impossível) e seu compromisso de olhar para dentro e encontrar maneiras de melhorar a qualidade estimularam a empresa inteira a abraçar o princípio de melhoria contínua do Modelo Toyota. Nesse aspecto, a verdade ou falsidade de qualquer uma das alegações era irrelevante. A Toyota podia melhorar sua qualidade e suas operações. Ela precisava melhorar seus serviços ao cliente. Ela precisava se tornar mais prestativa e adaptável. De fato, no ambiente hipercompetitivo da indústria automobilística, era e é – crucial para o futuro da companhia que ela se aprimorasse em todas essas áreas todos os anos no futuro. E, é claro, a queda no nível de confiança na Toyota era real e precisava ser enfrentada, quer se baseasse em verdade, confusão ou ficção.

Fase III: transformando a crise em oportunidade

Mesmo nos melhores períodos, ninguém teria considerado a Toyota como um baluarte das comunicações públicas. Na verdade, pode-se dizer que a crítica mais comum feita à Toyota antes de 2009 era de que a companhia era muito lacônica e enfadonha.

O que a Toyota possui, em compensação, é uma maneira poderosa de reagir aos problemas. A primeira pergunta sempre é a mesma: "Qual é o problema?". Durante o pior da crise dos *recalls*, o que não faltava eram opiniões sobre qual era o problema com a Toyota. Advogados de acusação sugeriam que o problema eram uma eletrônica defeituosa e um descaso com a segurança do clien-

TABELA 4.1 Problemas alegados, sintomas e causas-raiz presumidas

Problemas possíveis	Sintomas	Causas-raiz presumidas
Descaso com a segurança do cliente	• Uma queda nos indicadores de qualidade dos veículos • Aumento no número de acidentes em veículos da Toyota • Carência de testes sérios para toda e qualquer causa de SUA, incluindo eletrônicos	• Foco no lucro e no crescimento em detrimento da segurança do condutor • Fracasso em ensinar o Modelo Toyota para todos os funcionários
Perda de foco na qualidade	• Um aumento significativo em problemas de qualidade em todo o mundo • Aumento nos custos com garantia • Um aumento significativo em *recalls*	• Cortes grandes demais nos orçamentos de engenharia e de projetos • Rápido crescimento, com novos funcionários não treinados em procedimentos de qualidade
Passividade frente aos clientes e ao clima de relações públicas	• Má compreensão de como os clientes utilizam os veículos • Falta de atenção às preocupações dos clientes quanto a SUA e potenciais problemas eletrônicos • Executivos não levando a crise a sério	• Quebras de comunicação • Tomadas de decisão excessivamente burocráticas • Fracasso em "ir e ver" com os clientes • Centralização demasiada impedindo reações rápidas a contextos regionais

te; muitos colunistas opinavam que a companhia tinha crescido rápido demais ou que havia perdido seu foco na qualidade. A Tabela 4.1 exibe alguns dos problemas que foram sugeridos por analistas e gente do meio e os sintomas que teriam aparecido caso os problemas alegados fossem reais.

O *kaizen* de aprimoramento e a transformação da crise em oportunidade de crescimento para a companhia dependem da identificação correta dos verdadeiros problemas, e não apenas dos problemas presumidos por observadores externos. Somente então as causas-raiz subjacentes desses problemas podem ser diagnosticadas, um passo necessário antes de gerar soluções. Os esforços de Akio Toyoda em garantir que todos na companhia assumissem a responsabilidade e voltassem sua energia em direção à melhoria contínua teria sido inútil caso fosse direcionado aos problemas errados. Se o problema fosse de fato uma falha fundamental na cultura de qualidade e segurança da Toyota, isso implicaria numa determinada série de medidas. Por outro lado, se o problema fosse a perda de contato com os clientes e o fracasso em construir e defender a confiança na companhia, isso iria exigir um conjunto inteiramente diferente de medidas. Examinemos as evidências.

Um colapso da qualidade e da segurança?

Um exame cuidadoso dos dados revela que a crença amplamente estabelecida de que a qualidade da Toyota despencou repentinamente durante a primeira década do novo milênio como resultado de fabricação e engenharia deficientes simplesmente não é verdadeira.

Na Figura 4.1, mostramos o número de *recalls* e o número de veículos convocados para *recall* pelas seis maiores montadoras (em vendas nos Estados Unidos) ao longo dos últimos cinco anos. Perceba que há um efeito retardado, de modo que um *recall* feito em 2005 foi provavelmente resultado de uma decisão de projeto ou um erro de fabricação cometido muitos anos antes. Os únicos padrões claros para a Toyota são que houve um gigantesco número de veículos convocados para *recall* em 2009 e 2010 e que de longe o maior número de *recalls* individuais foi anunciado em 2010, quando a Toyota começou a tomar uma atitude muito mais agressiva em relação a *recalls*. Retirando-se 2010, certamente não

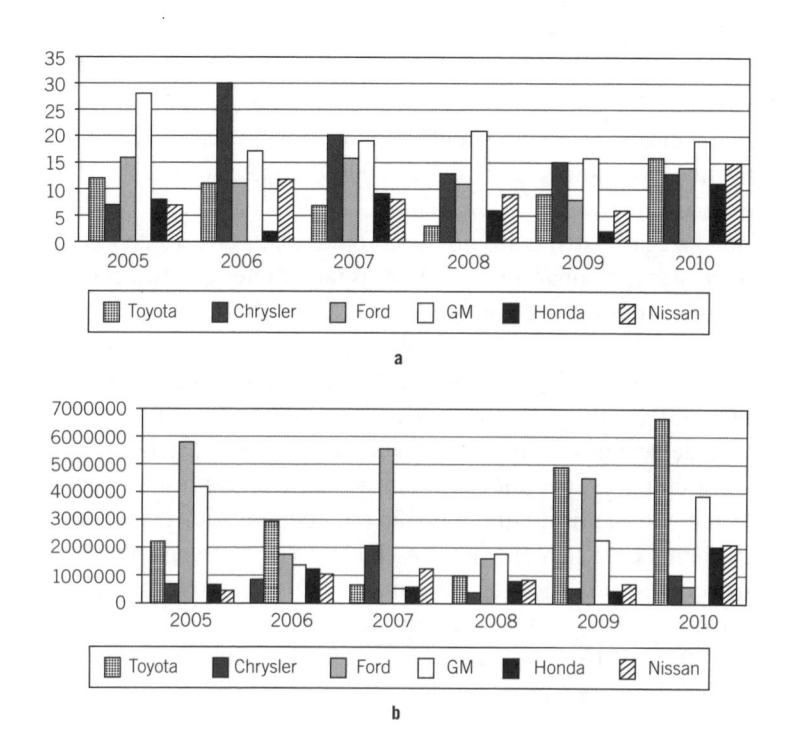

FIGURA 4.1 Número de *recalls* e número de veículos convocados para *recall* nos Estados Unidos, 2005-2010.

há evidência de uma tendência geral em direção a um número maior de *recalls* entre 2005 e 2009.

O número de veículos convocados para *recall* não é um indicador do número de erros cometidos no projeto ou na engenharia; ele é simplesmente uma medida do tamanho da fabricante. Isso porque, cada vez mais, o projeto, a engenharia e as peças são compartilhados por muitos veículos – até mesmo por veículos de diferentes fabricantes. Diversos *recalls* da Toyota em 2010 diziam respeito a peças que eram essencialmente idênticas em projeto às peças usadas por outras fabricantes.

Uma medida muito melhor de erros de projeto ou engenharia é o número de eventos separados de *recall*. Em 2005 e 2006, a Toyota teve 12 e 11 *recalls*, respectivamente, e em 2009, apenas nove. Foi o número de veículos envolvidos que causou tamanho rebuliço nas manchetes. Antes de 2009, a Toyota apresentava índices relativamente baixos (mas nunca os mais baixo de todos, tampouco alegava isso) tanto no número de *recalls* quanto de veículos convocados, comparando-se a outras fabricantes quando consideradas as proporções de tamanho das companhias.

Para a Toyota, tanto o número de *recalls* quanto o número de veículos convocados subiram de forma bastante acentuada entre 2009 e 2010 – de nove para 17 *recalls* e de 4,9 milhões para 6,7 milhões de veículos. Entretanto, havia uma tendência geral no setor de crescimento de *recalls*, com outras fabricantes automotivas evidentemente sentindo uma pressão para convocá-los por qualquer problema, para não enfrentar a NHTSA e a imprensa. Dentre as cinco maiores fabricantes automotivas dos Estados Unidos (fora a Toyota), vemos que o número de *recalls* pulou de 47 em 2009 para 80 em 2010 e que o número de veículos convocados subiu de 8,4 milhões para quase 11 milhões. Essas estatísticas não corroboram a noção de um declínio geral da qualidade da Toyota ao longo da década; pelo contrário, 2009 e 2010 foram uma anomalia, para a qual fatores sociopolíticos foram pelo menos tão importantes quanto problemas de projeto e engenharia.

O motivo pelo qual os pedais defeituosos acabaram incluindo tantos veículos para *recall* foi que o mesmo projeto de pedal foi usado em muitos tipos diferentes de veículos, da Toyota e da outras marcas. Independentemente de quantos veículos usavam o pedal, ele é um único defeito, um único erro de projeto. O outro *recall* que afetou mais de 5 milhões de veículos, relacionado ao trancamento do pedal por tapetes automotivos empilhados ou por falha ao afixá-los adequadamente, dificilmente pode ser atribuído apenas à Toyota. Como Anwyl, do Edmunds.com, afirma: "Não se trata exatamente de um defeito no veículo. Você pode argumentar que é um problema de projeto..., mas não há nada de obviamente errado com

Capítulo 4 A reação e o caminho para a recuperação   **155**

o carro; e acontece com outras fabricantes também". Por exemplo, em junho de 2010, a NHTSA abriu uma investigação sobre problemas de trancamento de pedais por tapetes no Ford Fusion 2010 e no Mercury Milan, baseada em parte no responsável por um teste do Edmunds.com que passou pelo problema.[12] A resposta oficial da Ford foi que as instruções de uso dos tapetes emborrachados deixam claro que os donos não devem colocá-los por sobre outros tapetes já existentes.[13] Até fevereiro de 2011, não houvera um *recall* de veículos da Ford relacionado aos tapetes automotivos.

Muitos dos outros *recalls* anunciados em 2010 envolviam problemas que não representavam defeitos, e sim questões de satisfação dos clientes, questões que teriam sido resolvidas com um boletim de serviço técnico no passado (tal como o problema de frenagem do Prius), ou com medidas de precaução extra (o *recall* dos cilindros mestres de freios com vazamento resultante do uso de fluido incorreto).[14]

Não queremos com isso insinuar que os erros eram algo aceitável. Equívocos foram cometidos, e a meta da Toyota é clara: zero defeitos. Estamos dizendo que a conclusão a que muitos chegaram, segundo a qual houve graves declínios de qualidade e segurança nos veículos da Toyota com o passar da década, sim-

---

[12] Philip Reed, "Unintended Acceleration Reported in Edmunds.com Vehicle", May 25, 2010; http://www.edmunds.com/car-safety/unintended-acceleration-reported-in-edmundscom-vehicle.html. É interessante notar que, quando da escrita desta nota, em fevereiro de 2010, a investigação ainda não foi concluída, mostrando que não parecia haver um sentido de urgência.

[13] Cammy Corrigan, "NHTSA Goes to the Mat with Ford", *The Truth about Cars*, June 2, 2010; http://www.thetruthaboutcars.com/2010/06/nhtsa-goes-to-the-mat-with-ford.

[14] O *recall*, anunciado em outubro de 2010, cobria sistemas de frenagem que podiam desenvolver vazamentos caso o condutor utilizasse o fluido de freio inadequado. Mesmo nessa situação, a luz de alerta dos freios se acenderia, e o desempenho de frenagem seria afetado materialmente apenas se o condutor ignorasse a luz de alerta e não reabastecesse o reservatório de fluido de freio. Mais detalhes disponíveis em: http://www.toyota.com/recall/avalon-highlander.html.

plesmente não encontra comprovação nos dados. O número de defeitos e de erros não cresceu materialmente em 2009 e 2010. Ao examinar parâmetros mais abrangentes de qualidade e confiabilidade da J. D. Power e da *Consumer Reports* em 2009 (logo antes da crise dos *recalls* e da repercussão negativa), é possível ver que o *ranking* de desempenho da Toyota no setor igualava ou ultrapassava aquele dos primeiros anos do milênio. Embora seja verdade que os concorrentes da Toyota conseguiram diminuir a diferença de qualidade que existia na década de 90, a posição de liderança da Toyota em termos de qualidade não fora comprometida, exceto na imprensa. Veja apenas alguns exemplos de avaliações independentes sobre a confiabilidade dos veículos da Toyota imediatamente antes da crise dos *recalls* e ao final da década, quando os alegados declínios de qualidade e segurança ocorreram:

- No Estudo Inicial de Qualidade de 2009 da J. D. Power, a Toyota tirou primeiro lugar em 10 dentre 19 categorias, mais do que qualquer outra fabricante automotiva. O Lexus LX apresentou o menor número de problemas dentre todos os veículos de estrada. A planta de montagem em Higashi-Fuji, no Japão, recebeu o Platinum Plant Quality Award por produzir os veículos que apresentaram o menor número de defeitos e mau-funcionamentos, com uma média de 29 problemas a cada 100 veículos, ao passo que a média do setor é de 108 problemas a cada 100 veículos.[15]

---

[15] O Estudo Inicial de Qualidade de 2010 da J. D. Power, conduzido no início de 2010, na pior parte da crise dos *recalls*, não foi tão lisonjeiro com a Toyota. A marca Toyota caiu para a posição 21 do *ranking*. O diretor da J. D. Power explicou que o estudo se baseia em enquetes com clientes e que os quesitos em que a Toyota caiu foram aqueles envolvidos nos *recalls*, tal como a quantidade incomum de queixas sobre problemas de frenagem no Prius. A bem da verdade, os veículos que não participaram de programas de *recall* apresentaram uma subida nos *rankings* de qualidade (o Tundra, por exemplo, foi a camionete mais bem cotada pelo quinto ano consecutivo, e a Toyota ainda venceu em um número maior de segmentos do que qualquer outra fabricante automotiva). Ele esperava uma recuperação nas posições para as próximas enquetes, conforme as memórias da repercussão negativa continuam a se esvanecer.

- No estudo de 2009 da J. D. Power sobre a confiabilidade dos veículos ao longo de três anos, a Toyota tirou primeiro em oito de 19 categorias, novamente mais do que qualquer outra fabricante automotiva.
- No levantamento de confiabilidade da *Consumer Reports* de 2009, a marca Toyota ficou com três das cinco primeiras posições.
- O Automotive Leasing Group, que faz o acompanhamento de vários parâmetros do valor residual dos veículos, também acompanha a visão dos consumidores sobre a qualidade de uma marca (o que influi no valor de revenda de um carro usado). A Toyota ficou em primeiro lugar entre as marcas "populares" em todos os trimestres desde o início de 2006 até o quarto trimestre de 2009. A Lexus ficou disparada em primeiro lugar entre as marcas de luxo, à frente da BMW e da Mercedes até o quarto trimestre de 2009.

Nenhum desses *rankings* indica uma tendência descendente da qualidade e da confiabilidade dos veículos da Toyota durante a década que culminou na crise. O pequeno número de defeitos identificados que levou à crise dos *recalls* não surgiu repentinamente durante o rápido crescimento da Toyota. Eles foram cometidos ao longo de um grande período de tempo, não apenas nos últimos anos, e em partes diferentes da organização. A Toyota Motor Sales fizera em 2004 o projeto dos tapetes emborrachados que foram convocados para *recall* em 2007. É difícil afirmar que um defeito subjacente como o problema técnico que causou o pedal defeituoso poderia ter sido descoberto por testes convencionais, já que para descobri-lo seriam precisos testes exaustivos de ciclo de vida sob condições de alta umidade – e a Toyota certamente não foi a única fabricante a deixá-lo passar e a usar os pedais da CTS. Por exemplo, a Chrysler fez *recall* dos pedais CTS para sua Dodge Caliber em julho de 2010, após relatos de problemas de aderência. A Ford parou de fabricar (enquanto fazia uma mudança nos pedais) a *van* modelo Transit, vendida apenas na China, porque ela usava um pedal da CTS com projeto similar.[16] Erros distintos em diferentes partes da organização em anos diferentes ao longo da década não refletem um declínio geral em qualidade e segurança. Julgar a qualidade pelo número de *recalls* ou pelo número de veículos convocados para *recall* também é problemático, pois há outros fatores envolvidos. Ao fim e ao cabo, a decisão de se anunciar um *recall* é uma questão de se bater o martelo, o que às vezes é feito pela fabricante e em outras é feito pela fabricante em conjunto com a NHTSA após discussões extensivas. Isso fica bastante claro nos casos em que uma fabricante anuncia um *recall* por causa de uma peça defeituosa enquanto outra fabricante que utiliza a mesma peça não o faz. Já assinalamos vários casos em que a Toyota, após janeiro de 2010, anunciou *recalls* enquanto outras fabricantes usando peças similares ou idênticas não o fizeram. A decisão final por ambas as partes também é influenciada pelo clima político e midiático. Todas as agências reguladoras, não apenas a NHTSA, ficaram mais rígidas sob o governo Obama. O ambiente da mídia em torno da crise dos *recalls* da Toyota influenciou outras fabricantes automotivas – daí o aumento de mais de 50% em *recalls* entre 2009 e 2010 para todas as fabricantes. Seria tolice acreditar que o aumento se deu por um colapso repentino da qualidade de todas as fabricantes automotivas simultaneamente.

Também é importante ter em mente que mesmo com o crescimento vertiginoso dos *recalls*, o número total de problemas e de veículos convocados representa uma pequena porcentagem do número de veículos nas estradas. Além disso, o número de vezes que um problema de fato se manifesta é tipicamente uma pequena porcentagem dos veículos convocados para *recall*. Na época do *recall* dos pedais defeituosos nos Estados Unidos, apenas 12 veículos tinham sido encontrados apresentando o problema – nenhum dos

---

[16] "Accelerator Pedal Supplier in Toyota's Recall Has Many Customers", Wheels Blog, *New York Times*, January 28, 2010; http://wheels.blogs.nytimes.com/2010/01/28/accelerator-pedal-supplier-in-toyotas-recall-has-many-costumers/.

quais resultou em acidentes –, mas o *recall* cobriu mais de 2 milhões de veículos. O *recall* dos pedais pegajosos da Chrysler ocorreu devido a cinco queixas. De modo similar, a investigação sobre o trancamento do pedal no tapete nos Ford Fusions, que teoricamente pode redundar no *recall* de 250.000 veículos, baseia-se em três queixas.[17]

Insistimos nesse ponto simplesmente porque para se compreender como a Toyota transformou a crise dos *recalls* em uma oportunidade de reforçar a companhia para o futuro e se aproximar do Norte Verdadeiro é preciso conhecer quais eram e quais não eram os verdadeiros problemas subjacentes à crise. Em primeiro lugar, nenhum dos *recalls* teve relação com erros cometidos em fábricas da Toyota – por isso, revisar o STP e as plantas não resolveria o problema. Em segundo lugar, não se tratava de problemas fundamentais de engenharia ou de testagem – o que quer dizer que não havia uma falha específica no processo técnico básico de engenharia e de aprovação de veículos que tivesse causado todos os defeitos que redundaram em *recalls*. Em terceiro lugar, o comprometimento da companhia para com a segurança e a qualidade não esmoreceu – ela não ficou repentinamente "surda em relação à segurança", como Ray LaHood sugeriu.

Mas não é de todo errado afirmar que a companhia ficou surda. Ela ficou surda aos usos dos clientes no mundo real, às preocupações e aos interesses dos clientes, à contribuição dos não engenheiros, ao clima político e midiático em geral no qual estava operando e, em alguns casos bastante importantes, a comunicações internas. Em certas ocasiões, a organização ficou surda às pessoas no *gemba* – o que representa um grave problema na Toyota, já que esse é um dos pilares do sucesso histórico da companhia.

Uma avaliação factual dos sintomas que a Toyota estava experimentando leva à conclusão de que os problemas na compa-

---

[17] Stephen Manning, "U.S. Investigates Reports of Dangerous Ford Floor Mats", *Huffington Post*, June 1, 2010; http://www.huffingtonpost.com/2010/06/01/us-investigates-reports-o_n_596625.html.

nhia estavam relacionados às comunicações, internas e externas, enviadas e recebidas pelos clientes e por outros grupos de interesse, parcialmente como consequência de um fracasso em alcançar suas metas de "autossustentação" regional. A meta não é que cada região atue como uma ilha, e sim que cada uma disponha dos recursos e da liderança para gerir seus próprios assuntos cotidianos e tenha um maior grau de influência sobre decisões abrangentes que envolvem várias delas.

Diagnosticando as causas-raiz

Há uma antiga expressão na área da governança corporativa que enfatiza a importância de papéis e de responsabilidades claras: "Quando todos são responsáveis, ninguém pode ser cobrado". Em outras palavras, a difusão da responsabilidade significa que não se pode cobrar ninguém por uma falha, pois todos têm uma parcela de culpa. Tornar todo mundo responsável oferece a possibilidade de que cada pessoa tire o corpo fora.

Para evitar essa tendência, "aceitar a responsabilidade" na Toyota significa algo bastante pessoal. Quando alguém na Toyota aceita uma responsabilidade, ela não entra como parte de uma vaga responsabilidade coletiva; trata-se de uma responsabilidade pessoal e de equipe. Portanto, não havia apenas uma força-tarefa para resolução de problemas abrangendo toda a corporação. Cada parte da companhia lançou seu próprio processo de resolução de problemas baseado nas Práticas de Negócio Toyota (TBP – Toyota Business Practices) para examinar quais eram os problemas, qual papel aquela equipe ou organização havia cumprido para causá-lo ou para deixá-lo passar e o que aquela equipe ou organização poderia fazer para contribuir com uma solução para o problema que levasse a companhia à frente. Cada parte da companhia perguntou a si mesma: "O que podemos aprender com essa crise, e onde podemos melhorar?".

Esses esforços foram surpreendentemente similares na determinação das causas-raiz. Uma das causas-raiz identificadas foi que a empresa não estava dando ouvidos aos clientes o suficiente, às suas preocupações e perspectivas, e que carecia até mesmo de uma certa compreensão de como seus veículos eram usados. Uma segunda causa-raiz identificada foi que as tentativas da empresa de manter uma eficiência e um controle rigorosos tiveram o efeito colateral de gerar atrasos excessivos em suas respostas aos grupos de interesse, incluindo os clientes e as agências regulatórias. Como observa Jim Lentz, da TMS:

> Acho que o maior problema era que todos estavam tão preocupados perseguindo tantas coisas ao mesmo tempo que ficamos um pouco cegos aos sinais dos clientes. Quer tivéssemos verdadeiros questionários de avaliação em mãos ou apenas em nossas cabeças, quando saíamos e conversávamos com os clientes, escutávamos apenas as respostas àquelas questões. E, como resultado, não percebíamos, em muitos casos, o que os clientes estavam de fato nos dizendo.

Para compreender a fundo as medidas que a Toyota deixou de tomar e que acabaram ajudando a crise virar uma bola de neve, e os passos que ela agora deu para aprimorar e criar uma oportunidade futura, precisamos explicar, em primeiro lugar, como a Toyota está organizada e como as decisões sobre questões tais como segurança, qualidade e engenharia foram tomadas antes da crise.

Estrutura organizacional

O quartel-general da Toyota fica na cidade de Toyota. Não se trata de um nome bacana para a sua sede mundial, e sim de uma verdadeira cidade onde as operações da Toyota cresceram à medida que a companhia se tornou um *player* global. O quartel-general da Toyota, sua operação de pesquisa e desenvolvimento, suas plantas japonesas de fabricação e até seus principais fornecedores estão todos na cidade de Toyota ou perto dela. Uma exceção à estrutura corporativa altamente integrada e centralizada da Toyota foi a Toyota Motor Sales original. Após a quase falência da companhia em 1950, o governo japonês forçou a Toyota a se reestruturar em duas companhias separadas, ambas lideradas por alguém de fora da família. A Toyota Motor Sales só foi reabsorvida pela Toyota Motor Corporation em 1982. Quando a Toyota entrou no mercado norte-americano, a exemplo de outras empresas multinacionais em expansão, seu primeiro ato foi estabelecer uma presença de vendas: a Toyota Motor Sales USA, Inc., foi fundada em Torrance, Califórnia, em 1957. Naquela época, a companhia estava simplesmente importando os veículos fabricados no Japão e vendendo-os por meio de revendas. Como a estrutura dupla ainda existia no Japão naquele período, a Toyota Motor Sales USA foi criada pela Toyota Motor Sales (Japão).

Conforme a companhia começou a crescer rapidamente nos Estados Unidos na esteira da crise do petróleo da década de 1970, ela precisou de mais do que apenas uma presença de vendas no país. Em 1977, a Toyota Technical Center, Inc. (TTC), foi inaugurada em Ann Arbor, Michigan, sobretudo para efetuar testes que eram exclusivos do mercado norte-americano e para testar peças de fornecedores, conforme a Toyota começou a se abastecer dentro dos Estados Unidos. Mas mantendo-se o modelo original das vendas serem separadas das outras operações, a TTC foi fundada como uma corporação separada, de propriedade da Toyota Motor Corporation do Japão. A primeira incursão verdadeira da Toyota na fabricação dentro da América do Norte foi a NUMMI, a *joint venture* com a GM, e tratava-se novamente de uma companhia separada. À medida que a Toyota construiu suas próprias plantas e se expandiu para o mercado da América do Norte, uma fábrica subsidiária foi criada, a Toyota Motor Manufacturing, North America (TMMNA). Para unir essas diversas corporações, a Toyota criou uma *holding* sediada na cidade de Nova York, chamada Toyota Motor America, Inc. (TMA). A TMA também possui um escritório em Washington, D. C., para tratar de questões legislativas e de regulamentação.

Desde os anos 80, a Toyota tinha pretendia se tornar uma companhia global, com seu centro no Japão e com fortes unidades regionais que fossem capazes de projetar, fabricar e vender carros.

Capítulo 4 A reação e o caminho para a recuperação   163

Com o tempo, a TTC começou a assumir a responsabilidade de projetar os carros que eram exclusividade da América do Norte, como a *minivan* Sienna e o Avalon. Em 2006, a TTC se fundiu com a TMMNA para criar a Toyota Motor Engineering and Manufacturing North America (TEMA), integrando ainda mais a engenharia de desenvolvimento de produtos e a fabricação, mas mantendo razoavelmente separadas a TMS e a TMA.

Nenhuma das organizações da América do Norte, é claro, é verdadeiramente independente: elas todas funcionam em coordenação e são supervisionadas pela companhia-mãe japonesa. Por exemplo, historicamente a maior parte dos projetos e da engenharia de veículos era feita no Japão. O departamento de engenharia de cada região era responsável apenas por adaptações específicas em cima do projeto geral para aquela região em particular. O exemplo mais simples é provavelmente o pendor dos norte-americanos por porta-copos, o que levou anos para pegar entre os engenheiros japoneses, que não estavam familiarizados com a ideia de sair para longas viagens e ter bebidas ao seu lado. De forma similar, os tapetes feitos com borracha dura que levaram ao *recall* original de 2007 foram projetados nos Estados Unidos, em um departamento da Toyota Motor Sales USA que possui seus próprios engenheiros para acessórios localmente instalados. O projeto do acessório foi feito completamente em separado da engenharia do veículo propriamente dita.

Apesar do intenso crescimento da Toyota em todo o mundo, o trabalho básico de engenharia e desenvolvimento de projetos, a engenharia de pós-produção (lidando com mudanças de engenharia no veículo depois que ele já está no mercado) e a qualidade e a segurança continuaram centralizados no Japão por diversos motivos. Em primeiro lugar, os engenheiros com mais experiência no Modelo Toyota, em TBP e em STP encontravam-se no Japão. Segundo, a economia automotiva moderna necessita de grande escala; em outras palavras, a maior parte do projeto e da engenharia não podem ser exclusivos de um único veículo ou de um único país ou região. Camry, Prius, Tacoma, Corolla e outros veículos são vendidos no mundo inteiro. Até mesmo aqueles veículos vendidos majoritariamente nos Estados Unidos, tais como o Tundra, o Sequoia, o Sienna, o Avalon e o Venza, usam muitas vezes aspectos de projeto e engenharia comuns a outros veículos. É claro que tecnologias básicas como motores, sistemas de propulsão híbrida e eletrônica de controle veicular também são desenvolvidas na sede japonesa e compartilhadas em todo o mundo. Em terceiro lugar, os custos de capital para testagem de equipamentos e a capacitação para a fabricação de tecnologias de produção grandes e complexas – como sistemas robóticos de soldagem de carrocerias ou os sistemas atuais de pintura automatizada – são altos, e a tecnologia requer um alto nível de conhecimento especializado que se encontra localizado, sobretudo, no Japão.

Sendo assim, faz sentido que essas atividades fiquem centralizadas. Na prática, essa centralização impossibilitou qualquer região – até mesmo a América do Norte, que era de longe a maior da Toyota – de tomar decisões finais sobre *recalls*. Essas decisões eram tomadas no Japão, com base nas informações recebidas de várias regiões.

Takeshi Uchiyamada explicou que havia outra boa razão para a Toyota ter decidido manter os engenheiros responsáveis pelas decisões envolvendo *recalls* em separado das partes da organização que estavam em contato com os clientes: para que as decisões sobre *recalls* pudessem ser tomadas por pessoas que não precisavam se preocupar com o custo do *recall* ou com potenciais danos à marca. O processo foi estabelecido para garantir que o departamento de qualidade pudesse colocar a segurança e a qualidade acima dos negócios e não se deixasse levar demais pelas unidades regionais ou de venda, que estavam interessadas em rendimento e lucratividade. Mas essa separação intencional para criar freios e contrapesos gerou um problema diferente. Ao tentar proteger as decisões sobre qualidade e segurança das preocupações com as vendas, a companhia inadvertidamente represou muito do *feedback* dos clientes ao departamento de qualidade. Sem o *feedback* dos clientes, o departamento de qualidade se viu obrigado a tomar decisões sobre *recalls* baseando-se exclusivamente em detalhes técnicos. Isso obviamente cumpriu um grande papel no modo como a Toyota encarou questões como pedais defeituosos, que, do ponto de vista estrito da engenharia, não eram consideradas como problemas de segurança.

Enquanto isso, as interações com a NHTSA nos Estados Unidos eram tratadas pela TMA, já que agentes regulatórios são específicos de cada país, e a TMS centralizava os dados dos clientes, que ela colhia a partir das interações com clientes e revendedores. Os relatórios propriamente ditos à NHTSA eram desenvolvidos por engenheiros no Japão, que compilavam dados provenientes dos Estados Unidos. No fim das contas, como já observamos, isso deu a várias partes da Toyota perspectivas diferentes sobre a crise iminente nos Estados Unidos e sobre qual reação era necessária. Dá para imaginar os infindáveis caminhos nessa complexa teia de organizações pelos quais as informações precisavam viajar quando havia uma preocupação de um cliente ou uma exigência da NHTSA.

Antes da crise, essa arrevesada organização nunca representara um grande problema, pois raramente havia pressão por uma reação imediata e definitiva quanto a questões de segurança e qualidade. Como Bob Carter explicou: "Estando dentro da companhia há 29 anos, se eu tivesse uma lista de coisas a serem modificadas, a descentralização da pós-produção não constaria nas primeiras cinco páginas. Isso nunca representou um problema. Em retrospecto, nunca tive qualquer problema com as decisões que tomamos".

Um dos princípios fundadores do Sistema Toyota de Produção é manter todos os processos sob pressão mediante a eliminação do estoque. Quando não há pressão, segundo Taiichi Ohno, os problemas ficam escondidos, permitindo-se que eles persistam e até cresçam, e foi isso que ocorreu nesse caso. Em seguida, porém, a crise dos *recalls* exerceu uma pressão tremenda dentro de um curto período de tempo, sobrecarregando o sistema e levando a um novo sentido de urgência quanto à necessidade de mudança.

Processos de tomada de decisão

Além do desafio da coordenação complexa, a devoção da Toyota ao STP contribuiu, em importantes sentidos, para causar a crise. Isso não se deu por uma falha inerente à abordagem de resolução de problemas, e sim pelo descompasso entre o núcleo metódico e factual do STP e o turbulento e ininterrupto ciclo de notícias abastecido por rumores e especulações que tem definido o cenário da mídia norte-americana desde o advento dos canais de notícias 24 horas e da Internet. Para um público que está esperando a cada dia, ou mesmo a cada hora, novas notícias, a Toyota pareceu estar fazendo corpo mole, ou pior, se escondendo. Mesmo quando a Toyota estava tomando medidas, ela o fazia com base em estudos detalhados sobre questões de engenharia e de qualidade, ignorando as alegações sensacionalistas de carros em disparada controlando a si mesmos, considerados falsos por engenheiros e executivos no Japão. Mas eram essas as alegações que os clientes queriam e precisavam ver investigadas para que pudessem se sentir seguros em seus veículos.

Há vários aspectos na cultura da Toyota que levam a um processo lento e deliberado. O primeiro é o *genchi genbutsu*, que abordamos no Capítulo 1. Uma implicação-chave desse princípio é que as decisões são tomadas após uma cuidadosa investigação dos fatos, incluindo ir ver por si mesmo a questão em primeira mão, como, por exemplo, recuperar e investigar de perto os pedais em si. Relacionado a esse está o conceito de *nemawashi*, ou seja, quem quer que esteja liderando um projeto deve "preparar o terreno" por meio de discussões profundas com todos os grupos de interesse. Assim que uma decisão tiver sido tomada, os fatos encontram-se todos bem visíveis, e todos os grupos de interesse encontram-se a bordo e cientes dos fatos, da decisão e da sua lógica.

Essa filosofia de tomar decisões de forma lenta, deliberada e por consenso tem servido bem à Toyota. Foi ela que levou a companhia até o topo com um impressionante histórico de lucratividade ao longo de 50 anos. De fato, muitas organizações já estudaram a abordagem da Toyota frente à tomada de decisões e ao estabelecimento de metas, a fim de se inspirar nela. Em geral, trata-se de um ótimo conjunto de práticas, mas em meio a uma crise em rápida evolução que pouco tinha a ver com análises de engenharia ou com especificações técnicas, aquilo se tornou um fardo. Ainda que a companhia estivesse se movimentando lenta e metodicamente, aos olhos do mundo parecia que ela não sabia o que fazer. Em meio à crise, começaram a pipocar matérias na mídia buscando diagnosticar como a Toyota havia despencado de tal maneira do topo das avaliações de qualidade e segurança. Por exemplo, a capa da *The Economist* de 10 de dezembro de 2009, trazia a manchete "O tombo da Toyota", acompanhada da imagem de uma banana com rodas.

Problemas de comunicação

Até fevereiro de 2010, conforme cada novo problema de *recall* ia surgindo, fossem factuais ou especulativos, a Toyota, com suas decisões sendo tomadas sobretudo no Japão, reagia como se eles representassem incidentes menores e desvinculados. Os gerentes da Toyota nos Estados Unidos, tanto na TMS quanto na TMA, e, sobretudo, as divisões de assuntos externos estavam sentindo a pressão aumentar a um nível insuportável à medida que respondiam a milhares de comunicações todos os dias. Contudo, no Japão, havia uma pressão limitada para se conter ativamente a crise e a queda livre na imagem de qualidade da Toyota nos Estados Unidos durante boa parte de janeiro.

Um exemplo é a escalada de especulações na mídia sobre problemas com a eletrônica da Toyota que começou no último trimestre de 2009. Assistindo à mídia abraçar alegações não comprovadas de problemas eletrônicos, Paul Williamsen, gerente do Lexus College, foi convidado pelo grupo de comunicações da TMS para começar a elaborar uma resposta que incluísse uma explicação detalhada dos sistemas empregados pela Toyota em seu controle eletrônico de aceleração e em seu módulo de controle do motor a fim de rebater as alegações que estavam sendo feitas. Williamsen, que anteriormente já trabalhara consertando carros, supervisionava o treinamento técnico da Lexus, incluindo o treinamento de mecânicos em oficinas autorizadas. Durante o feriado da Ação de Graças daquele ano, ele desenvolveu uma apresentação sobre o ECT da Toyota, ilustrando seus diversos mecanismos de segurança. Porém, os altos executivos no Japão, que se encontravam isolados de iminente tempestade, não estabeleceram a avaliação e aprovação da apresentação como uma prioridade. Somente durante as sabatinas no congresso norte-americano foi dada carta branca para a divulgação de uma série de comunicados públicos sobre a eletrônica veicular da Toyota.

Foi uma época de provação para os executivos e gerentes seniores na América do Norte, que estavam lidando com os clientes, com a mídia e com a NHTSA, e que tinham um conjunto de pressuposições sobre a situação corrente, e para os executivos no Japão, que tinham um conjunto inteiramente diferente de pressuposições. A situação era igualmente frustrante e confusa para os clientes, para a mídia e para a NHTSA. Por que a Toyota estava demorando tanto a reagir? Quando pressionados a responder de forma imediata às perguntas, os funcionários da Toyota nos Estados Unidos muitas vezes tinham que encaminhar esses questionamentos ao Japão e esperar ou por informações ou pela aprovação de sua pretensa mensagem. Essa desconexão talvez tenha sido captada mais de forma mais gritante pelo acalorado *e-mail* de Irv Miller discutido no Capítulo 3, quando a TMC estava hesitando em lançar um comunicado público detalhado. Conforme Miller explicou com maior profundidade: "Nós [da TMS] estávamos no comando havia algum tempo em algumas questões-chave e tínhamos investido tempo preparando o rascunho de um comunicado público. E basicamente eu estava tentando fazer [Koganei, e indiretamente a TMC]... compreender que a nossa experiência e o fato da TMS se encontrar no local deveriam ser os fatores cruciais aqui".

O descompasso entre as percepções na América do Norte e no Japão quanto à situação corrente poderia ser atribuído a uma falha em seguir o princípio *genchi genbutsu* do Modelo Toyota. Os funcionários que tinham uma compreensão detalhada do contexto e do ambiente encontravam-se nos Estados Unidos, ao passo que as decisões estavam sendo tomadas por engenheiros e gerentes relativamente desinformados no Japão. A Toyota vinha trabalhando há décadas para desenvolver uma autossustentação regional, e esse era o centro do Global Vision 2010 na América do Norte. Entretanto, uma década mais tarde, a crise dos *recalls* mostrou o quanto a companhia ainda precisava avançar. Essa era uma questão não apenas da capacitação das regiões para a autossustentação, mas também do quartel-general confiar nas regiões para que agissem em conformidade com o Modelo Toyota.

Finalmente, o despertar para a profundidade do problema colocou a Toyota no caminho para transformar a crise em oportunidade. Isso significava deixar de apenas reagir ao problema e passar a escavar atrás de sua fonte e arrancar a causa-raiz de modo a fazer a companhia avançar em direção ao Norte Verdadeiro. O *The Toyota Way 2001* define o Norte Verdadeiro da companhia como respeito pelas pessoas e a melhoria contínua. Portanto, a resolução dos problemas subjacentes precisava demonstrar respeito pelos clientes, pelo governo, pelas comunidades, pelos parceiros e pelos membros das equipes, em especial por aqueles fora do Japão; e sua resolução precisava ser mais do que apenas mitigação, mas também um passo positivo levando a companhia a um novo nível de desempenho.

Fraqueza em dar ouvido aos clientes

Por todos os motivos discutidos, a Toyota não estava fazendo jus à sua reputação de dar ouvidos aos clientes – um pecado capital no Modelo Toyota. Era preciso muito trabalho para retornar aos fundamentos do foco no cliente conforme exigido pelo Modelo Toyota. Isso começava por mecanismos melhores para escutar os clientes. Shinichi Sasaki, vice-presidente executivo de qualidade global, explica:

Como você sabe, a Toyota fez bastantes esforços para alcançar a definição clássica de controle de qualidade... coisas como confiabilidade e durabilidade de seus veículos. Porém, se existe uma [lição] nos *recalls* recentes, é que aquelas coisas que nós engenheiros não consideramos como sérias podem às vezes gerar muita preocupação por parte dos clientes... Devemos não apenas conversar com os clientes a partir de um ponto de vista estrito da engenharia, mas também nos interessarmos mais por seus sentimentos.

Takeshi Uchiyamada concorda: "Quando finalmente tivemos a oportunidade de fazer uma exaustiva análise das causas-raiz e de perguntar cinco vezes "por que", havia dois itens principais do ponto de vista da P&D. O primeiro item era que estava levando tempo demais entre o surgimento de um problema no mercado e a reação por parte do departamento de engenharia. O segundo item dizia respeito a dar ouvidos ao cliente. Temos nossos próprios padrões Toyota de qualidade e segurança, que são por vezes mais rigorosos que os de outras companhias, e temos a intenção de proteger esse padrão de qualidade... Mas nós nem sempre compreendemos tanto quanto deveríamos a visão que o cliente tem do produto".

Akio Toyoda reafirma a questão de modo ligeiramente diferente: "Uma das lições que nós aprendemos é que segurança e sensação de segurança são duas coisas diferentes. Eu afirmaria categoricamente que os veículos da Toyota são seguros, mas poderíamos ter feito melhor em termos de explicar [tudo sobre nossos veículos] para que as pessoas pudessem ter maior sensação de segurança".

A criação do cargo de diretor regional de qualidade em cada região foi uma das inovações de Akio Toyoda que estimularam o respeito pela autoridade regional, um dos passos mais importantes para reformular os processos de *recall* para que as contribuições provenientes das regiões e dos clientes fluíssem mais diretamente para eles. Esses executivos supervisionam todas as questões relacionadas a qualidade antes e depois da produção, compõe uma parte de um comitê global de qualidade e são participantes-chave nos processos de decisões envolvendo *recalls*. Eles garantem que quaisquer problemas que sejam descobertos em qualquer região sejam repassados para outras regiões – lembre-se que uma das principais falhas na situação dos pedais defeituosos fora a não comunicação das descobertas na Europa aos líderes na América do Norte. Steve St. Angelo descreveu uma das conclusões-chave de um encontro de todos os gerentes executivos do comitê de qualidade: "Mesmo com a Toyota crescendo globalmente, ainda estávamos tentando dirigir a companhia a partir do Japão. E acredito que uma coisa que aprendemos aqui é que as diferentes regiões compreendem o cliente, compreendem as regulamentações, compreendem as regiões muito melhor do que seria possível ao dirigi-la a partir do Japão. Precisamos de maior autonomia, maior autossustentação nas diferentes regiões".

Todos os diretores regionais de qualidade participam de conferências regulares uns com os outros e com o departamento central de engenharia no Japão que é responsável pela qualidade e segurança. Eles também ganharam acesso a uma base de dados global de problemas de segurança e qualidade, para que não haja informações regionais represadas sobre tais questões. Para assegurar que as informações continuem a ser compartilhadas amplamente na América do Norte, Steve St. Angelo convocou uma Força-Tarefa da América do Norte para a Qualidade que mantém videoconferências semanais e reuniões pessoais periodicamente. A força-tarefa inclui todos os gerentes executivos da Toyota Motor Sales, da Toyota Motor America, da TEMA e do Canadá.

Escutando melhor os clientes

Estava claro que os processos de coleta de informações de mecânicos de oficinas autorizadas, de telefonemas de clientes proativos e da base de dados da NHTSA não eram suficientes. Para começar a colher essas informações em primeira mão e interagir com as queixas e preocupações dos clientes, a Força-Tarefa da América do Norte para a Qualidade, de Steve St. Angelo, criou o SMART (Swift Market Analysis Response Teams, ou Equipes Rápidas de Resposta a Análises de Mercado). Esses grupos de engenheiros e técnicos especialmente treinados foram distribuídos por todos os Estados Unidos para ir a campo, com uma meta de fazê-lo em 24 horas, para inspecionar qualquer veículo cujo proprietário tivesse relatado um incidente de aceleração não intencional. Até agosto de 2010, mais de 4 mil veículos haviam sido inspecionados mediante o processo SMART.[18] Esses pontos de contato direto com os clientes não conseguiram encontrar qualquer problema de eletrônica ou outros problemas de engenharia, mas revelaram, sim, o tamanho da lacuna entre as percepções que os clientes tinham do comportamento de seus veículos e a perspectiva dos engenheiros da Toyota. As inspeções SMART logo descobriram um padrão de queixas, todas relacionadas a aspectos da operação dos veículos que os clientes simplesmente não compreendiam e que acreditavam serem indicativos de aceleração não intencional, incluindo

- **Salto no giro do motor após partida a frio.** Um aumento no giro do motor em ponto morto geralmente ocorre logo após uma partida a frio no primeiro uso do dia.
- **Proteção do conversor catalítico.** Em alguns modelos com transmissão manual, o computador de controle do motor pode manter as rotações acima do nível de ponto morto quando o condutor troca da quinta para a sexta marcha a velocidades de estrada. Esse aumento momentâneo no rpm é projetado para aumentar a vida útil do conversor catalítico.
- **Aumento da rotação devido a ar condicionado ou direção hidráulica.** Em veículos com um compressor de A/C ligado ao motor ou com direção hidráulica, a rotação em ponto morto do motor aumenta quando esses dispositivos são acionados. Isso é especialmente aparente numa parada ou a

---

[18] Steve St. Angelo, discurso no Center for Automotive Research (CAR) Management Briefing Seminars, Traverse City, Michigan, 4 de agosto de 2010.

Capítulo 4 A reação e o caminho para a recuperação

baixas velocidades, já que o motor precisa subir o giro para evitar o risco de morrer.

* **Controle inteligente de velocidade.** Inúmeros veículos novos têm como opcional o controle adaptativo de velocidade, que é capaz de sentir a distância do carro à frente e ajustar a velocidade para manter um espaço constante, sem que o condutor precise ligar e desligar o controle automático de velocidade de cruzeiro. Quando o controle de velocidade desacelera o veículo e o carro da frente troca de pista, o dispositivo automaticamente aumenta a velocidade até aquela escolhida originalmente como de cruzeiro. Para clientes que não compreendem essa função, parece que o carro está repentinamente acelerando por conta própria.

A criação e ágil aplicação do projeto SMART foi possível apenas pelas decisões que foram tomadas durante e recessão, ou, mais propriamente, que não foram tomadas. Como detalhado no Capítulo 2, a Toyota, ao contrário de suas concorrentes, não demitiu nenhum de seus funcionários durante a recessão, e como resultado de dispor de um pessoal completo, foi capaz de transferir 140 engenheiros e 100 engenheiros e técnicos de campo com grande conhecimento sobre os veículos da Toyota e treinados no sistema Toyota de resolução de problemas para criar o SMART. A devoção estrita ao Modelo Toyota no passado estava resgatando o futuro da companhia. Vimos no Capítulo 2 a rapidez com que a Toyota conseguiu restaurar a lucratividade apesar da queda na demanda. Ela poderia, é claro, ter alcançado lucros muito maiores caso tivesse acompanhado a política de demissões que tomara conta da economia moderna. Esses lucros, contudo, teriam sido uma triste consolação nos piores momentos da crise dos *recalls*, quando a companhia teria precisado se desdobrar para sequer reagir após ter despedido milhares de funcionários capazes.

Esses relatórios provenientes do programa SMART ilustravam durante a necessidade de reconectar as colaborações dos clientes com todos os processos de engenharia, desenvolvimento de projetos e serviços aos clientes da Toyota. Essas interações *ex post facto* com os clientes eram úteis, mas não eram solução para o problema subjacente de carência de colaboração direta dos clientes em tudo que a companhia fazia. Os próprios engenheiros que estavam projetando a peça, o sistema ou a função, ou que eram responsáveis por aprimorá-los, precisavam ter contato direto com os clientes e ver os problemas em primeira mão.

Colocar os clientes em primeiro lugar era algo bastante difícil caso muitas partes da companhia não soubessem direito o que eles queriam e como se sentiam. O acelerado crescimento da Toyota e sua ascensão à posição número um em fatia de mercado provavelmente teve alguma influência no surgimento dessa grave desconexão com os clientes. Quando uma companhia está lutando para alcançar o primeiro lugar, é óbvio que existem necessidades e questões dos clientes que não estão sendo atendidas – caso contrário a companhia já estaria no topo do setor. Quando uma companhia se torna a número 1 do mercado, é muito passar a pensar que as necessidades do cliente estão sendo totalmente atendidas. A posição no mercado se torna toda a aprovação de que ela precisa, e a urgência em sair vasculhando os gostos, a opinião e a satisfação dos clientes esmorece. Jim Lentz confirmou essa visão, afirmando: "Quando olho para a posição em que estávamos no passado, o que nos tornamos... com nosso sucesso... enquanto companhia, ficamos um pouquinho presunçosos. Arrogância é provavelmente a melhor explicação. Nós sempre fôramos uma companhia de mente aberta... dando ouvidos aos clientes".

Para reconstruir a atenção necessária para colocar os clientes em primeiro lugar, em junho e julho de 2010, o comitê especial de Akio Toyoda sobre qualidade estabeleceu centros de treinamento denominados "Cliente em Primeiro Lugar" no Japão, na América do Norte, na Europa, no Sudeste Asiático e na China. Seu objetivo era fornecer um treinamento adicional aos membros de equipes sobre como integrar com maior eficiência as necessidades e colaborações dos clientes aos seus processos de resolução de problemas e desenvolvimento de projetos. E isso não representou um pequeno investimento. A Toyota calcula que, somando-se aos profissionais dedicados à qualidade em tempo integral, que passarão por um programa de treinamento de três anos, mais de 300 mil funcionários da Toyota no mundo inteiro receberão de oito a 16 horas de treinamento sobre a cultura Toyota, STP, TBP e procedimentos e práticas de qualidade.

A divisão de qualidade no Japão criou esse treinamento de conscientização e o programa mais avançado de três anos de treinamento para profissionais da qualidade. O treinamento profissional se aprofunda em grande detalhe em como inspecionar um veículo e o que procurar em cada uma de suas áreas. O primeiro centro e os materiais originais foram estabelecidos no Japão, mas estava sendo criado um centro de treinamento em cada região quando da escrita deste livro, tal como em Ann Arbor, Michigan, para a América do Norte. Segundo os padrões da Toyota, normalmente levaria uns dois anos de treinamento para que um profissional de qualidade tarimbado fosse um treinador certificado, mas a equipe de desenvolvimento, mediante um *kaizen* de aprimoramento, reduziu o processo para um ano. Esse ainda é um período de treinamento excepcionalmente longo quando comparado aos programas de qualidade de outras companhias, que costumam envolver de duas a quatro semanas de treinamento. Isso ilustra os altos padrões e o comprometimento incomum para com o treinamento e o desenvolvimento das pessoas na Toyota.

Para acelerar o processo de conscientização, Akio Toyoda liderou um esforço para criar um pequeno guia de bolso intitulado "Nossa Atitude". Ele se baseia em 10 atitudes tiradas do Modelo Toyota que são esperadas de cada funcionário da companhia. Cada página fornece uma atitude, com sua definição, coisas a se ter em mente, um seção alertando para coisas que podem desvirtuar o trabalho (chamada "Isso está acontecendo com você?") e um desenho ilustrando o conceito. Essas 10 atitudes figuram com grande abrangência no Japão, e elas aparecem como a primeira tela no computador de cada funcionário assim que é ligado. Sua aplicação fora do Japão estava em fase de planejamento ao final de 2010, embora um panfleto já estivesse disponível em japonês e inglês. As dez atitudes são:

1. Cliente em primeiro lugar
2. Desafio
3. *Kaizen*
4. *Genchi genbutsu* (ir e ver para compreender)
5. *Shitsujitsu goken* (usar o dinheiro e o tempo sabiamente para evitar desperdício)
6. Trabalho em equipe
7. Propriedade e responsabilidade
8. Humildade e gratidão
9. Integridade
10. Nós amamos a Toyota (alegria e orgulho por trabalhar na Toyota)

Outra iniciativa para aumentar o contato com os clientes e criar mais oportunidades para lhes dar ouvidos foi tornar permanente o programa de dois anos de revisão periódica gratuita. Concebido inicialmente como um impulso para as vendas após o *recall* dos pedais defeituosos, os líderes e revendedores da TMS perceberam que o programa era uma maneira fantástica de aumentar os pontos de contato com os clientes e dar ouvido a suas opiniões. Sob este programa, as revendas Toyota receberão praticamente todos os clientes oito vezes durante dois primeiros anos após a compra de um veículo. Isso dará aos clientes diversas oportunidades de fazer perguntas ou expressar preocupações, de modo que, se o problema se resumir a um simples mal-entendido sobre uma função como o controle inteligente de velocidade, ele não acabará redundando em desconfiança sobre a companhia ou o veículo. Ao mesmo tempo, isso fornecerá à Toyota uma melhor fonte de dados sobre os desejos e necessidades dos clientes e sobre como eles estão utilizando seus veículos. Isso é especialmente importante nos Estados Unidos, com seu modelo exclusivo de revendas de propriedade independente. Segundo a lei, a Toyota não pode ser dona das revendas que são o principal ponto de contato com os clientes. Sendo assim, a companhia fica na dependência de que os revendedores colham e repassem as informações sobre os clientes. Um desafio duradouro para a Toyota será trabalhar com a rede de revendedores para garantir que informações precisas e completas estejam fluindo de volta para a companhia num nível de detalhe que permita a qualquer problema ou preocupação ser exaustivamente analisado, que as causas-raiz sejam determinadas e que sejam tomadas as medidas apropriadas.

Colocando os clientes em primeiro lugar na engenharia e na fabricação

Conforme uma determinação do comitê especial para qualidade global, diversos departamentos tomaram medidas para aumentar a fluidez de seus processos relacionados a informações dos clientes e para aumentar sua sensibilidade em relação a eles. A equipe de Uchiyamada tinha essa responsabilidade em relação à engenharia. Como ele descreveu na análise de causa-raiz desenvolvida por sua equipe, o processo de canalizar as informações dos clientes até os engenheiros estava longe de ser eficiente:

> Um cliente tinha um problema, e o relatava para o revendedor. Então, o revendedor enviava seu relatório para a TMS. A TMS o encaminhava para o departamento de qualidade no Japão. Depois, o departamento de qualidade examinava o problema de campo, e decidia se era ou não uma área que tinha alguma coisa a ver com engenharia, do ponto de vista de projeto. Caso tivesse, eles pediriam que o grupo de projeto de engenharia o investigasse. Portanto, havia muita gente lidando com o problema antes dele chegar à engenharia. E havia também a possibilidade de que o problema fosse descartado ou não fosse passado adiante.

Foram tomadas medidas imediatas para aumentar o acesso dos departamentos de engenharia aos dados brutos que chegavam, mas isso ainda deixava os engenheiros um tanto distanciados. Para resolver esse problema era preciso também uma nova dedicação ao princípio *genchi genbutsu* entre os engenheiros.

Já tinham ocorrido muitas mudanças no departamento de engenharia para levar a voz dos clientes até o processo de engenharia. Em primeiro lugar, o departamento de P&D no Japão transferiu 100 engenheiros para a Divisão de Inovação em Qualidade de Projetos com um foco em "ir e ver", impulsionando a já existente análise de engenharia de um ponto de vista dos fatores humanos e transmitindo essas informações mais diretamente ao desenvolvimento de projetos. Os membros dessa equipe em particular passavam bem mais tempo em campo conversando com clientes e revendedores. As viagens de engenheiros de projeto e qualidade para visitar revendedores e clientes quadruplicaram em 2010. E gerentes executivos que são responsáveis pelos departamentos de engenharia também estão fazendo pelo menos duas viagens por ano aos revendedores, para tentar compreender os problemas.

Em segundo lugar, para garantir que as informações extras, possibilitadas por essa atenção renovada em ir a campo para e ver por si mesmo, fossem incorporadas ao desenvolvimento de projetos de veículos, o departamento de P&D adicionou quatro semana ao cronograma de desenvolvimento de veículos imediatamente após o protótipo de produção estar pronto. Adicionar quatro semanas espalhadas ao longo do ciclo de vida do programa poderia ter tido um impacto pequeno, mas quatro semanas consecutivas são dedicadas a esquadrinhar o veículo de todos os ângulos possíveis para identificar questões que possam gerar preocupação.

Mas essa não foi a única rededicação ao *genchi genbutsu* que foi necessária. A filosofia de "ir e ver" não se resume a ideia de que o tomador de decisão dê as caras e veja o problema antes escolher o que fazer. O fundamental é que o decisor esteja perto o bastante do problema de maneira cotidiana para tomar uma boa decisão sobre o melhor caminho para resolvê-lo. Na Toyota isso é denominado *gemba*, ou local de trabalho. Os tomadores de decisão devem se encontrar o mais perto possível do *gemba*. Isso inclui não apenas proximidade física, mas uma íntima familiaridade com as questões para que o indivíduo possa antecipar as consequências de suas decisões e escolhas. É por isso, por exemplo, que os CSRs do

Capítulo 4 A reação e o caminho para a recuperação

call center da TMS não seguem um roteiro e têm autoridade para gastar somas significativas ao resolver os problemas dos clientes: são eles que estão mais perto do *gemba*. Dessa forma, não é o ideal que o *genchi genbutsu* seja praticado nas regiões por funcionários localizados no quartel-general do Japão.

A única maneira de se evitar isso é alcançar a autossustentação regional, considerada pela Toyota como uma de suas maiores metas para a América do Norte no Global Vision 2010, mas que ainda não foi alcançada. A nomeação de diretores regionais de qualidade foi uma parte importante desse processo, mas não foi de forma alguma suficiente a longo prazo. Escritórios regionais de campo para a qualidade dos produtos foram estabelecidos, de forma a haver uma sólida presença regional de engenharia em cada parte da América do Norte. Cada um dos seis centros possui responsabilidade geral para investigar problemas de clientes e uma especialidade técnica em particular relacionada às condições regionais, geográficas e ambientais específicas de sua área. Por exemplo, o escritório regional de Nova York foi desenvolvido para investigar o desempenho dos veículos em climas frios. Em termos gerais, a meta da autossustentação regional não é a independência no sentido de que as regiões funcionem sem qualquer contribuição do Japão. A meta é que cada parte das operações de uma região apresentem o mesmo nível de desempenho que suas equivalentes no Japão – e, portanto, que as regiões tenham uma voz forte respeitada em todas as decisões tomadas pela companhia. Isso requer, é claro, que as regiões sejam não apenas capacitadas, mas que a sede mundial respeite e escute as contribuições e ideias das regiões.

Em terceiro lugar, a Toyota nomeou um número adicional de engenheiros-chefe nascidos nos Estados Unidos para atuarem no país. Na Toyota, o engenheiro-chefe tem ampla responsabilidade pelo desenvolvimento de um determinado veículo, desde seu *design* até cada aspecto de sua engenharia. Historicamente, somente funcionários japoneses seniores com mais de 25 anos de experiência na Toyota ocupam o cargo de engenheiro-chefe. Espera-se que aqueles nessa posição compreendam profundamente, por meio do *genchi genbutsu*, o modo como os clientes utilizam o carro e o que eles valorizam. Engenheiros-chefe já tomaram medidas como ir morar com uma família de Beverly Hills durante a fase de projeto de um veículo Lexus e dirigir uma *minivan* Sienna de costa a costa pelos Estados Unidos para experimentarem as condições em primeira mão. Ainda assim, por mais que um japonês pratique o "ir e ver", ele jamais irá adquirir a mesma psique que um engenheiro norte-americano é capaz de desenvolver por meio do mesmo processo. No Japão eles usam a expressão "por baixo da pele". Jim Lentz explicou: "Podemos enviar todos os relatórios que pudermos para o Japão, mas a menos que você esteja aqui, vivendo o momento, não sentirá por baixo da pele a intensidade de algo que está ocorrendo". No início de 2009, antes da crise, os dois primeiros engenheiros-chefe norte-americanos foram nomeados. Esse número logo subiu para quatro com a chegada da crise. Esses quatro haviam sido gerentes seniores de programação, um cargo abaixo de engenheiro-chefe, mas agora eles teriam a autoridade final sobre decisões envolvendo veículos fabricados especificamente para o mercado norte-americano.

Em quarto lugar, a Toyota está fazendo mudanças fundamentais no modo como as informações são comunicadas para os engenheiros responsáveis pelos componentes e pelos diversos subsistemas do veículo. No passado, todos os dados sobre as preocupações dos clientes tinham de passar pela divisão de qualidade. Foi estabelecido um novo sistema para que os dados provenientes do *call center*, dos relatórios técnicos de campo, da base de dados da NHTSA e dos diversos *sites* relacionados com a indústria automobilística fluam diretamente para os engenheiros responsáveis pela peça em questão do veículo.

A Toyota também retornou às suas raízes no modo como um engenheiro é treinado. Na companhia, cada gerente também deve ser um professor no sentido tradicional da relação mestre-aprendiz. Originalmente, indicava-se um engenheiro sênior para atuar como um mentor para um pequeno grupo de cerca de cinco aprendizes diretos por meio de desenvolvimento do tipo "mão na massa". Com o tempo, à medida que a companhia cresceu, a Toyota já não conseguia mais desenvolver rápido o bastante novos gerentes de engenharia; por isso, ela aumentou o número de aprendizes sob a tutela da cada mentor. Um gerente de grupo chegou a ser responsável por desenvolver cerca de 20 engenheiros. Sob a liderança de Uchiyamada, a Toyota reverteu a decisão, acrescentando um cargo abaixo de gerente de grupo (gerente assistente) e retomou a taxa de um líder para cada quatro engenheiros juniores para monitoria e desenvolvimento diários. O acréscimo de novos escalões de gerência parece ir contra a abordagem "enxuta", mas essa ideia se baseia num mal-entendido bastante comum. O objetivo do sistema enxuto não é eliminar passos ou gerentes intermediários, e sim eliminar passos *desnecessários e dispendiosos*. A Toyota aprendeu que a taxa 5 por 1 é uma medida necessária para desenvolver engenheiros com as competências e a experiência corretas. Isso não é desperdício, e sim um investimento necessário.

Em outra medida para avançar a segurança veicular em geral, a Toyota decidiu investir US$50 milhões em um novo Centro Colaborativo de Pesquisa em Segurança, próximo a suas operações de P&D em Ann Arbor, Michigan. O novo centro assumirá uma abordagem do tipo código aberto em relação à pesquisa sobre segurança, trabalhando com parceiros e compartilhando ideias e resultados com outras fabricantes ou com quem quer que possa utilizar a pesquisa. Até mesmo o departamento de fabricação entrou no jogo, embora nenhum dos *recalls* em 2009 e 2010 tenha sido resultado de um defeito introduzido nas plantas de fabricação. Art Niimi, responsável pela fabricação global e pela América do Norte em nível de conselho, e ex-presidente da TEMA, compartilhou seu ponto de vista de que a fabricação também tem que assumir responsabilidade por problemas de qualidade:

> Tivemos discussões internas e tentamos descobrir o que podemos fazer, o que podemos oferecer do lado da produção. E acabamos decidindo que na fabricação assumiremos a responsabilidade pela qualidade dos veículos que saem da planta. É a

planta que envia o produto e entrega o produto aos clientes. Por isso, decidimos que cada planta assumirá a responsabilidade pela entrega de qualidade.

Cada planta de fabricação foi incumbida de reexaminar todos os seus procedimentos de qualidade, começando por cada cargo e passando pelos detalhes de cada passo que um trabalhador dá, até os possíveis problemas de qualidade que podem ocorrer nesse passo. Dados de campo sobre os defeitos de qualquer componente começaram a retornar até as plantas a uma taxa maior do que nunca, incluindo, sempre que possível, a entrega das peças propriamente ditas que deram problema. Em seguida, os problemas são analisados usando-se o método da Toyota para resolução de problemas, e contramedidas são definidas e implementadas. Caso a contramedida envolva a mudança de um produto por parte da engenharia, a planta assume a responsabilidade de fazer essa necessidade de mudança chegar até a engenharia. Todos os grupos de trabalho com cerca de 20 membros dispõem de cartazes com indicadores-chave de desempenho situados próximo ao seu local de trabalho, e isso inclui dados recém-chegados sobre preocupações dos clientes. São feitas reuniões diárias para discutir a qualidade, e muitos círculos de qualidade acabaram assumindo projetos mais amplos relacionados a qualidade entregue ao cliente. Os investimentos em treinamento e em *kaizen* durante a recessão estavam claramente valendo a pena.

    Deve estar claro que foram feitas muitas mudanças, e não foram aquelas do tipo superficial, apenas para dar ao público a impressão de que algo estava sendo feito. Mudanças fundamentais em engenharia, investimentos em treinamento a longo prazo, deslocamentos de poder em direção às regiões e enormes investimentos em comunicações representam investimentos no futuro que provavelmente não teriam um impacto imediato nos resultados. A Tabela 4.2 oferece um resumo dos muitos investimentos que a Toyota fez para extirpar as verdadeiras causas-raiz da crise.

Funcionou?

É impossível analisar qualquer programa de reação a crise sem avaliar seu impacto: a empresa sobreviveu à crise? A Toyota conseguiu transformar a crise em oportunidade? Trata-se, é claro, de um questionamento de longo prazo que não pode ser completamente respondido passado apenas um ano desde que a crise alcançou seu auge. Mas existem dados indicando que a recuperação da Toyota à crise foi impressionante, sobretudo diante do curto espaço de tempo. Resumimos esses indícios em algumas tabelas e gráficos. A Tabela 4.3 oferece um resumo dos dados. Apesar de todas as adversidades em 2010, ao final daquele ano a Toyota

TABELA 4.2 Resumo da reação da Toyota à crise dos *recalls*

Mudanças da Toyota	Propósito de aumentar a segurança-sensibilidade ao cliente
ESTRATÉGIA E DIRETRIZ GERAL	
Comprometimento especial de Akio Toyoda com a qualidade global	Estabelecer política global
Comitê externo de consultoria	Visão de fora sobre qualidade e segurança
INFLUÊNCIA E CONTROLE REGIONAIS	
Cargos de "diretor regional de qualidade" e "executivo regional de segurança dos produtos"	Responder de modo rápido/adequado a questões de segurança e manter-se informado local e globalmente
Número adicional de engenheiros-chefe nascidos nos Estados Unidos para atuarem no país	Decisões de engenharia tomadas no *gemba* pelos norte-americanos, que sentem "por baixo da pele" as necessidades dos compatriotas

(continua)

TABELA 4.2 Resumo da reação da Toyota à crise dos *recalls* (*continuação*)

Mudanças da Toyota	Propósito de aumentar a segurança-sensibilidade ao cliente
INFLUÊNCIA E CONTROLE REGIONAIS	
Membros do conselho diretor como ponte entre cada região	A voz da região chegando diretamente ao conselho diretor
PROCESSOS DE ENGENHARIA E DE QUALIDADE	
Equipes Rápidas de Resposta a Análises de Mercado (SMART)	Inicialmente investigar SUA; ampliando para todas as preocupações dos clientes
100 engenheiros designados para nova divisão de inovação em qualidade	"Ir e ver" + compreender as preocupações dos clientes para afetar o desenvolvimento de produtos
Quatro semanas extras para revisão completa de qualidade e segurança de protótipos	Avaliar exaustivamente os veículos do ponto de vista dos fatores humanos
1.000 engenheiros transferidos para qualidade	Aumento do foco da engenharia em qualidade e segurança
Escritórios regionais de campo para a qualidade na América do Norte	Cada escritório investiga queixas de clientes e possui especialização técnica (tal como desempenho em climas frios no estado de Nova York)
Colaborativo de Pesquisa em Segurança (Michigan)	Pesquisa financiada em colaboração com institutos de segurança e universidades para melhorar a segurança dos veículos em geral
Contratação da Exponent, empresa de engenharia líder nos Estados Unidos	Revisão independente de problemas técnicos de SUA e de segurança
O setor de fabricação assumiu a responsabilidade pela qualidade dos veículos entregues	Na posição de última parada, assume a responsabilidade pela qualidade e segurança dos veículos

Capítulo 4 A reação e o caminho para a recuperação **185**

TABELA 4.2 Resumo da reação da Toyota à crise dos *recalls* (*continuação*)

Mudanças da Toyota	Propósito de aumentar a segurança-sensibilidade ao cliente
DESENVOLVIMENTO DE PESSOAL	
Cargo de gerente assistente para monitorar engenheiros juniores	Monitoria mais personalizada como em épocas anteriores na Toyota
Centros de treinamento regional "Cliente em Primeiro Lugar"	Treinamento de conscientização geral sobre filosofia de segurança e qualidade e treinamento profissional em qualidade
Diminuição da terceirização da engenharia	Empresas terceirizadas menos treinadas e doutrinadas na cultura Toyota
COMUNICAÇÕES	
Posições executivas para integrar vendas, engenharia e fabricação	Aprimoramento da comunicação e da tomada de decisões ("Uma Toyota")
Nomeação de diretores regionais de qualidade, formação de força-tarefa para qualidade global e criação de base de dados mundial	Eficiência na comunicação entre regiões para compartilhamento de questões de segurança
Força-tarefa da América do Norte para a qualidade (teleconferência semanal)	Melhores comunicações e decisões
Dados dos clientes de várias fontes integrados e direcionados para os engenheiros responsáveis	Decisões tomadas na fonte; eliminação de gargalo centralizado
TOYOTA MOTOR SALES (EUA)	
Dois anos de revisões programadas gratuitas	Mais dados sobre problemas/preocupações dos clientes
Uso mais difundido da Internet (por exemplo, Facebook)	Melhor comunicação direta com o cliente

TABELA 4.3 Resumo geral das tendências dos dados

Parâmetro	Resultados
Lucratividade	Houve uma queda nos lucros durante o pior momento da crise, em termos proporcionais anuais, mas os lucros se recuperaram, reabastecendo as reservas financeiras exauridas pela recessão.
Preço das ações	Houve uma grande queda no auge da crise, em fevereiro de 2010 (perda de 21%), seguida por uma alta acentuada em fevereiro de 2011 (aumento de 31% sobre baixa de agosto de 2010).
Market share	Índice de grande volatilidade. A participação da Toyota diminuiu um ou dois pontos percentuais em 2010 (dependendo do mês), mas quando se considera exclusivamente as vendas no varejo, o share se recuperou com força, com as vendas de 2010 ultrapassando as de 2009. Índices auditados por Edmunds.com também exibem uma recuperação até um nível logo abaixo daqueles anteriores à crise. Globalmente, as vendas da Toyota subiram 7% em relação a 2009, mantendo o primeiro lugar em unidades vendidas.
Queixas dos clientes	A versão enxuta que o Edmunds.com fez da base de dados da NHTSA mostrou que os níveis de queixas de SUA caíram 80% depois de alguns meses em 2010 e que a Toyota logo subiu para o segundo lugar em termos de menor quantidade de queixas por 100 mil veículos.
Qualidade e segurança	A posição da Toyota no topo das listas de premiação da indústria automobilística foi retomada no último trimestre de 2010. A Toyota superou todas as fabricantes automotivas em prêmios ganhos em todo o ano, incluindo aqueles promovidos por Polk, *Kiplinger's*, Insurance Institute for Highway Safety, *Consumer Reports*, Intellichoice e Motorist Choice.

ainda ocupava o primeiro posto entre as fabricantes automotivas globais em termos de vendas, e nos Estados Unidos, a Toyota permaneceu como a marca mais vendida no varejo (pelo terceiro ano consecutivo), o Camry foi a carro mais vendido pelo nono ano consecutivo, a Lexus foi a marca de luxo mais vendida pelo 11º ano consecutivo e a Toyota foi a líder em vendas de carros usados certificados.

O lucro líquido é resumido na Figura 4.2. Podemos ver o tamanho dos prejuízos em meio à recessão global ao final de 2008 e início de 2009, mas ao terceiro trimestre de 2009, o lucro havia passado de negativo para positivo, e, apesar de um pequeno revés no início de 2010, no auge da crise dos *recalls*, a Toyota apresentou lucro em todos os trimestres desde então.

O baque no preço das ações da Toyota também foi temporário. Ele havia subido para seu ponto mais alto desde a recessão em janeiro de 2010, US$91 por ação. Com a repercussão negativa após o *recall* dos pedais defeituosos, o preço baixara para US$72 por cota em 4 de fevereiro, uma perda de 21%, e caiu para um mínimo de US$ 68 por ação em agosto. Em fevereiro de 2011, um dia depois da divulgação do relatório da Nasa, as ações haviam subido de volta para quase US$89 por cota, e em 25 de fevereiro haviam ultrapassado US$93 por cota. A volatilidade no preço das ações é afetada, é claro, por muitos fatores macroeconômicos, mas é um bom indicador de que o mercado acredita que a companhia está no caminho certo.

Uma das estatísticas mais reveladoras tem a ver com a percepção geral da marca Toyota – e com o modo como a sua história protegeu a marca de boa parte do dano potencial da crise. Proprietários de veículos Toyota, embora diretamente afetados pelos *recalls*, tinham uma visão muito mais positiva da empresa do que as pessoas que não eram clientes. Um levantamento feito pela Rice University e por uma empresa de pesquisa de mercado em meio ao pior momento da crise revelou uma lealdade tremenda entre

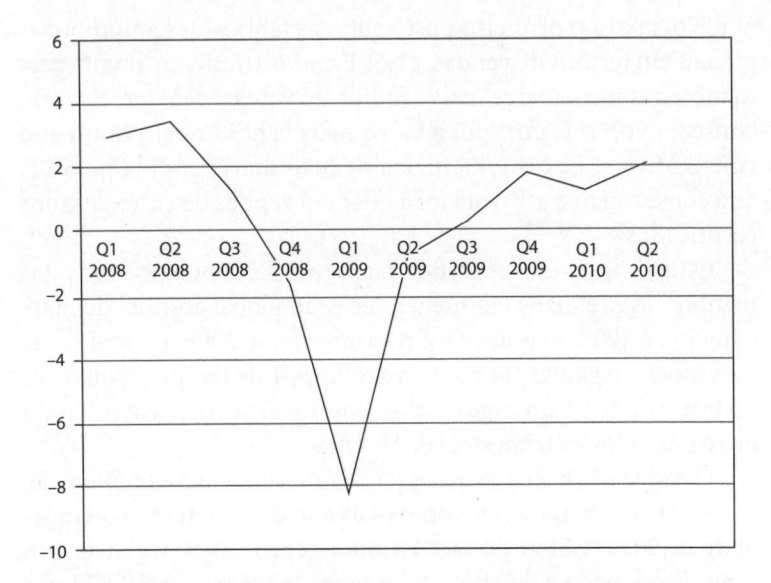

FIGURA 4.2 Lucro líquido trimestral da Toyota (bilhões de US$).

os então proprietários de Toyota.[19] Em todos os aspectos do estudo, esses proprietários revelaram ter uma opinião mais favorável da companhia do que quem não era proprietário da marca. Por exemplo, numa escala de 10 pontos, ao responder se comprariam um Toyota caso estivessem procurando no mercado, os proprietários de Toyota assinalaram, em média, um 8 para a possibilidade, enquanto os não proprietários lhe conferiram um 4, em média. Esse mesmo padrão se aplicava a declarações como: "A Toyota tratou de maneira adequada as questões envolvendo o *recall* do pedal de freio; esse incidente é um caso excepcional; a Toyota tem uma forte reputação de qualidade; e o *recall* serve para mostrar o com-

---

[19] Vikas Mittal et al., "Does Media Coverage of Toyota Recalls Reflect Reality?", *The Conversation Blog, Harvard Business Review*, March 9, 2010; http://blogs.hbr.org/research/2010/03/does-media-coverage-of-toyota.html.

promisso da Toyota com a segurança dos seus clientes". Um estudo separado conduzido pela BizPulse mais ou menos na mesma época confirmou as conclusões.[20] Os mesmos resultados também surgiram nos dados do Edmunds.com, que mostraram que os ex-proprietários continuam mostrando o mesmo apreço pela marca do que apresentavam antes dos *recalls*. Uma descoberta interessante e contraintuitiva foi que os proprietários de veículos Toyota cujos carros foram convocados para *recall* apresentavam, na verdade, uma maior satisfação e estavam mais propensos a comprar um outro Toyota do que aqueles que não tiveram seus carros envolvidos em *recalls* – sugerindo que os esforços heroicos da Toyota e de suas revendas valeu a pena.

Os diversos indicadores de vendas na Figura 4.3 exibem um padrão similar de uma recuperação veloz e impressionante, mas retornando completamente de volta aos níveis experimentados pela Toyota antes da recessão. A fatia de mercado nos Estados Unidos caiu para um mínimo de 12,8% em fevereiro de 2010, mas voltou a subir para 17,8% em março e acabou se estabilizando entre 15 e 16% durante o restante do ano, abaixo de suas altas históricas de 18%, alcançadas em 2008 e 2009.

A recuperação das "vendas conquistadas" da Toyota, a porcentagem de clientes que migraram de outras marcas e compraram um novo veículo Toyota, também foi bastante impressionante. Ao final de setembro de 2010, dados da indústria mostravam que 55% dos compradores de veículos Toyota possuíam anteriormente um veículo de outra fabricante, o maior nível desde setembro de 2009 – antes da crise dos *recalls*. O Edmunds.com mostra que o número de compradores com possibilidade de adquirirem um veículo da marca Toyota também alcançou um nível mínimo em fevereiro, recuperando-se logo em seguida, mas ficando abaixo dos níveis pré-*recall* até setembro de 2010. Em dezembro, a empresa de ava-

---

[20] Christine Hall, "BizPulse Results Mimics Rice University Toyota Study", *Houston Business Journal*, March 9, 2010; http://www.bizjournals.com/houston/stories/2010/03/08/daily19.html#ixzz0vTUTWr5u.

liação automotiva Kelly Blue Book descobriu, de forma similar, que a Toyota havia recuperado a sua posição como a marca que os compradores de carros novos mais levam em consideração, embora ainda não houvesse retornado aos seus mesmos níveis pré--crise.[21] Em janeiro de 2011, a Kelly Blue Book publicou um relatório que examinava o impacto da crise sobre o valor de revenda dos veículos da Toyota. Sua pesquisa descobriu que a crise tivera uma influência sobre os valores residuais, mas nem perto do se poderia imaginar. Por exemplo, o declínio médio de valor para a Honda e para a Hyundai, duas marcas percebidas como as mais beneficiadas pelos percalços da Toyota, foi maior do que a queda nos valores residuais da Toyota.[22]

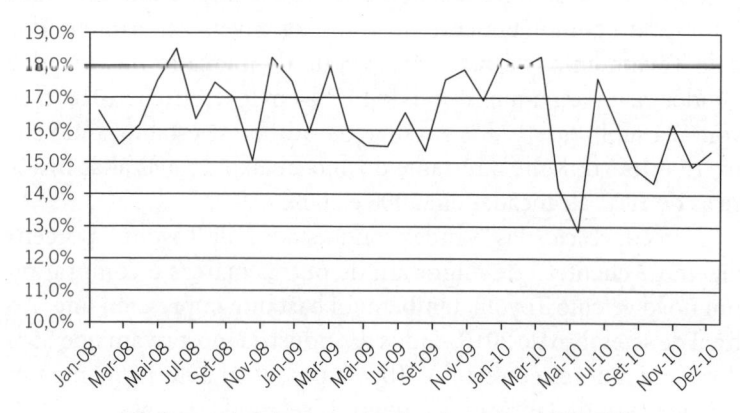

Fatia de mercado da Toyota no mercado norte-americano, 2008-2010

---

[21] "Toyota Regains Top Spot for Most-Considered Brand; Ford, Honda Close Behind", Kelly Blue Book, December 13, 2010; http://mediaroom.kbb.com/kelley-blue-book-toyota-regains-top-spot-most-considered-brand-ford-honda-close-behind.

[22] "Toyota: One Year Later", Kelly Blue Book, Special Report, January 2011; http://mediaroom.kbb.com/special-reports.

Vendas conquistadas pela Toyota

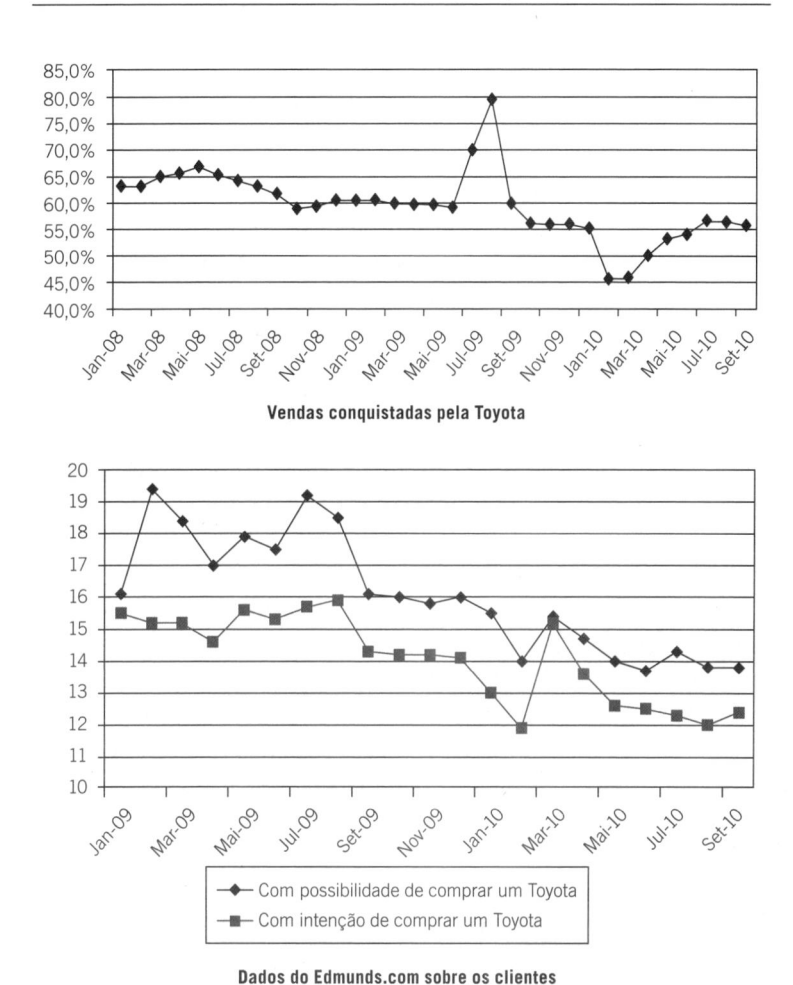

— Com possibilidade de comprar um Toyota
— Com intenção de comprar um Toyota

Dados do Edmunds.com sobre os clientes

FIGURA 4.3 Vendas da Toyota no mercado norte-americano durante a crise dos *recalls*.

O panorama da fatia de mercado parece mais positivo quando excluímos as vendas de frotas, por exemplo, aquelas para locadoras de veículos e para corporações, que geralmente são feitas com um lucro muito baixo ou mesmo inexistente (e que desvalorizam os valores de revenda futuros). A Toyota historicamente sempre limitou as vendas de frotas e continuou a fazê-lo mesmo durante o auge da recessão e da crise dos *recalls*. Se examinarmos apenas as vendas no varejo (excluindo-se as vendas de frotas), a Toyota vinha operando a 17,9% do mercado norte-americano antes da crise dos *recalls*, e em novembro de 2010 estava a 17,1% – uma perda de apenas 8/10 pontos percentuais (ver Figura 4.4). E em todos os meses de 2010 depois de fevereiro de 2010, e no ano como um todo, a Toyota ainda foi a número 1 em vendas no varejo nos Estados Unidos. Considerando-se 2009 como um todo, a fatia de vendas da Toyota foi de 18,5%, comparado a 17% em 2010, o que indica, de fato, certo impacto.

Os *rankings* da Toyota nas premiações de qualidade e segurança ao final de 2010 mostraram-se em grande parte consistentes com os do passado – outra indicação de que havia poucos defeitos verdadeiros nos veículos Toyota. Os *rankings* de "veículos mais confiáveis" da *Consumer Reports* para o quarto trimestre de 2010 incluíam 17 modelos da Toyota – mais do que qualquer outra fabricante. Em dezembro, a *Forbes* colocou cinco Toyotas em sua lista dos veículos propensos a durarem mais de 320 mil quilômetros; nenhuma outra fabricante tinha mais do que um veículo na lista.[23] Três veículos Toyota e Lexus entraram para a lista da *Kiplinger's* dos "10 melhores carros dos últimos 10 anos", mais do que qualquer outra fabricante automotiva.[24]

---

[23] Hannah Elliott, "Cars That Will Make It Past 200,000 Miles", *Forbes*, December 8, 2010; http://www.forbes.com/2010/12/08/most-reliable-cars-2010-business-autos-reliable-cars.html.

[24] "10 Best Cars of the Past Decade", *Kiplinger*, December 2010; http://portal.kiplinger.com/tools/slideshows/slideshow_pop.html?nm=10_Best_Cars_Trucks_Decade_2000_2010.

2009-2010

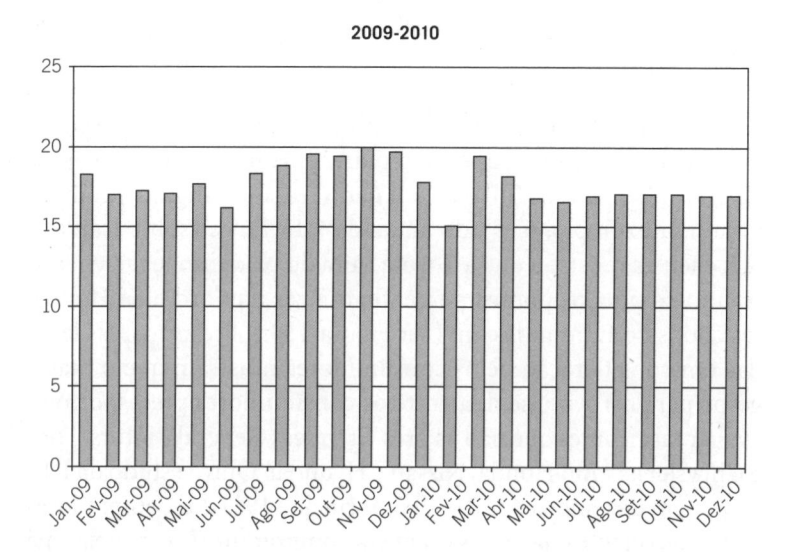

FIGURA 4.4 Fatia de mercado da Toyota no varejo de automóveis no mercado norte-americano.

Talvez ainda mais pertinente à crise dos *recalls*, que teve como foco a segurança dos veículos da Toyota, ao final de dezembro de 2010, o Insurance Institute for Highway Safety premiou oito veículos da companhia como primeiro lugar em segurança,[25] colocando-a empatada em segundo lugar, neste caso, entre todas as fabricantes. É irônico que, mais ou menos na mesma época em que o Insurance Institute for Highway Safety estava premiando a Toyota por sua destacada segurança, sete grandes companhias de seguro automotivo estavam entrando com processos alegando que "determinados carros e camionetes da Toyota têm um defeito que

---

[25] "66 Winners of 2011 Top Safety Pick Award", Insurance Institute of Highway Safety, December 22, 2010; http://www.iihs.org/news/rss/pr122210.html.

causa aceleração não intencional repentina até velocidades de 160 km/h ou mais".²⁶

Em geral, diversos dados sobre o impacto da crise dos *recalls* pintam um quadro de uma companhia que levou um baque significativo, mas que se recuperou rapidamente para níveis próximos de onde havia saído. Todavia, um dano real foi infligido à companhia. Por exemplo, o estudo anual da J. D. Power sobre lealdade dos clientes mostrou que a Toyota caíra do primeiro lugar, encontrando-se poucos pontos percentuais atrás da Ford e da Honda. Os dados do Edmunds.com (ver Figura 4.5) sobre as marcas levadas em consideração pelos consumidores mostram que o maior golpe para a Toyota se deu entre os consumidores predispostos a avaliar fabricantes que não as Três Grandes (General Motors, Ford e Chrysler), como Honda, Nissan e Hyundai. Outro estudo da J. D. Power em dezembro de 2010 descobriu que 19% dos compradores de novos veículos não pensariam em comprar um Toyota pela "má reputação da fabricante", comparados a 2% um ano antes.²⁷ No principal levantamento da *Consumer Reports* sobre a satisfação dos clientes, divulgado no início de janeiro de 2011, a Toyota havia recuperado o primeiro posto, mas a Ford perdia apenas por um focinho, praticamente empatada em primeiro lugar.²⁸ Novamente, o cenário é de uma companhia resiliente, mas que tem trabalho pela frente para resgatar seu *status* competitivo anterior.

---

[26] "Toyota Sued by Insurance Companies over Alleged Acceleration-Related Crashes", *Los Angeles Times*, January 3, 2011; http://latimesblogs.latimes.com/money_co/2011/01/toyota-sued-by-seven-insurance-companies-sudden-acceleration.html.

[27] Lauren Abdel-Razzaq, "Toyota Reputation Drops among U. S. New-Car Buyers, J.D. Power Says", *Automotive News*, December 14, 2010; http://www.autonews.com/apps/pbcs.dll/article?AID=/20101214/RETAIL 03/101219918/1143.

[28] David Shepardson, "Ford, Toyota in 'Dead Heat' among Consumer Perceptions", *Detroit News*, January 6, 2011; http://detnews.com/article/20110106/AUTO01/101060366/Ford--Toyota-in-%E2%80%98dead-heat%E2%80%99-among-consumer-perceptions.

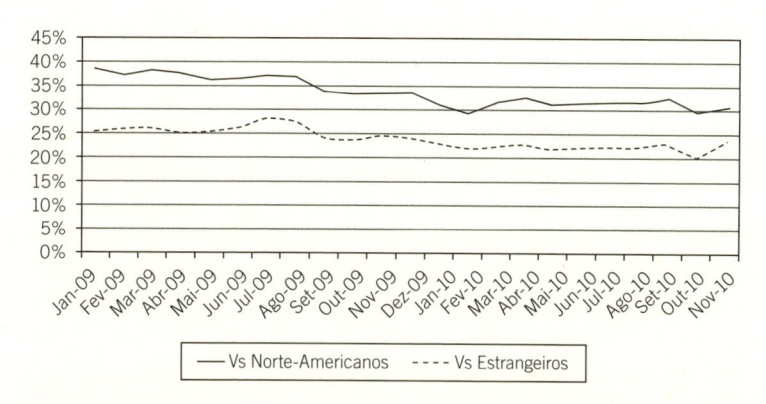

Capítulo 4 A reação e o caminho para a recuperação   **195**

```
45%
40%
35%
30%
25%
20%
15%
10%
 5%
 0%
    Jan-09 Fev-09 Mar-09 Abr-09 Mai-09 Jun-09 Jul-09 Ago-09 Set-09 Out-09 Nov-09 Dez-09 Jan-10 Fev-10 Mar-10 Abr-10 Mai-10 Jun-10 Jul-10 Ago-10 Set-10 Out-10 Nov-10
```

——— Vs Norte-Americanos   - - - - Vs Estrangeiros

FIGURA 4.5 Dados do Edmunds.com sobre marcas automotivas consideradas para compra pelos consumidores.

Historicamente, a Toyota alcança o seu melhor quando desafiada pelo ambiente, incluindo a forte concorrência. As medidas que a Toyota tomou em 2010 colocaram-na em posição de competir e de recuperar a confiança e a fatia de mercado, mas isso será uma longa batalha. Edward Niedermeyer, editor do *site The Truth about Cars*, observa que a paisagem competitiva se tornou mais árdua para a Toyota como resultado da crise:

> A Toyota estava operando com uma aura em torno de si. Essa aura se foi. E isso abriu espaço no mercado para muito mais concorrência. Em termos numéricos, as vendas da Toyota não caíram tanto quanto poderiam ter caído, mas em um sentido estratégico, a briga pelas vendas está mais acirrada do que poderia estar. A perda estratégica não deve se subestimada.

Já Anwyl expressa a situação da seguinte forma:

> A Toyota era a marca-padrão. [As pessoas] compravam seus veículos porque não queriam pensar sobre [a decisão]. Elas sabiam que a Toyota fazia bons carros. Isso [a crise] levantou perguntas, e as pessoas estão pensando sobre [suas escolhas] mais do que o faziam no passado.

Em outras palavras, houve um dano real, um dano que terá de ser sanado com os anos. É por isso que as medidas tomadas pela Toyota para se aprimorar, e não apenas se arrastar ao seu antigo nível de operações, têm tanta importância. Essa é uma lição importante para se transformar uma crise em oportunidade. No próximo capítulo, veremos mais das lições que os outros podem aprender a partir da experiência da Toyota.

Capítulo 5

Lições

A vida é uma série de experiências, cada uma das quais nos engrandece, embora seja difícil perceber isso. Pois o mundo foi feito para desenvolver o caráter, e devemos aprender que os contratempos e as agruras que experimentamos nos ajudam em nossa marcha avante.
— Henry Ford

Você talvez tenha percebido nas citações dos executivos da Toyota ao longo do livro a frequência com que a palavra *reflete* aparece. Ela sempre é ouvida em uma conversa com algum funcionário da Toyota, qualquer que seja seu escalão, porque praticar a reflexão, ou *hansei*, é algo que se espera de todos dentro da empresa. E não se trata de reflexão esotérica – é uma atitude de olhar constantemente para as ações e decisões passadas para tirar lições delas e encontrar oportunidades para a melhoria. O *hansei* é esperado em nível pessoal, de equipe e de empresa. Os líderes da Toyota costumam afirmar que sem *hansei* não há *kaizen*. Bruce Brownlee, gerente geral de assuntos externos do Toyota Technical Center (TTC), explica: "*Hansei* é algo bem mais profundo do que reflexão. A ideia é ser realmente honesto a respeito de suas próprias fraquezas. Mas não acaba aí. De que modo você muda para superar suas fraquezas?".

Buscamos praticar o *hansei* de uma perspectiva exterior a fim de tirarmos lições para outras pessoas a partir das experiências da Toyota ao longo das três últimas décadas. O que a Toyota fez de certo, e o que ela fez de errado? Quais erros a Toyota cometeu que contribuíram para o agravamento da crise? O que levou a reações positivas, e quais oportunidades foram perdidas? O que as outras pessoas podem aprender com a Toyota a respeito de gestão de crise e de transformação de crise em oportunidade?

Uma conclusão se destaca: para transformar crises em oportunidades o que importa é a cultura. Não se trata de estratégias de RP, ou de liderança carismática, ou de visão ou de qualquer medida específica tomada por um indivíduo. Não se trata de políticas, ou de procedimentos ou de processos de contenção de riscos. O que importa são as ações que foram programadas dentro dos indivíduos e das equipes que formam uma empresa antes da crise começar. Conforme nosso ponto de vista, a decisão mais importante da Toyota ao lidar com a crise da recessão foi manter um balanço financeiro conservador, bastante dinheiro em mãos e uma excelente avaliação de crédito durante os tempos de vacas gordas antes da recessão. A posição financeira da Toyota foi o que a permitiu continuar investindo nas pessoas e nos processos mesmo quando estava operando com um prejuízo de US$4 bilhões. A decisão mais importante para a crise dos *recalls* foi a de não fazer demissões durante a recessão, e, ao invés disso, aproveitar o momento para investir no desenvolvimento do seu pessoal e para aprofundar a cultura do Modelo Toyota. A única grande decisão que Akio Toyoda precisou tomar em relação à crise dos *recalls* foi "retornar ao básico", utilizando e aprofundando o Modelo Toyota, um processo que já havia começado em muitas partes da companhia durante a recessão global. As decisões que mais fizeram a diferença durante as crises foram tomadas muito antes de as crises começarem. Essas decisões não foram uma questão de acaso, sorte ou de clarividência de um indivíduo sábio. Elas foram reflexões do modo como a Toyota sempre fez negócios. Elas foram um reflexo da cultura.

A partir dessa conclusão, tiramos quatro lições específicas para os líderes e gestores de outras companhias.

Lição 1: sua reação a uma crise começou ontem

Mudar o comportamento de uma grande companhia multinacional em cima da hora não é apenas difícil; é impossível. Um velho ditado afirma que o caráter é aquilo que uma pessoa faz quando ninguém está olhando. A cultura é aquilo que uma companhia faz quando os gerentes do primeiro escalão não estão olhando. Aquelas ações coletivas que acontecem fora dos *workshops* de planejamento estratégico ou de um processo de planejamento anual são bem mais importantes para o rumo e o destino de uma empresa do que qualquer outra coisa que um líder, ou qualquer outra pessoa em qualquer outro posto, possa dizer ou fazer. Mesmo com a chegada de uma crise, é improvável que essas ações venham a mudar muito, ou para qualquer espaço de tempo. Elas são direcionadas pela cultura, e a cultura simplesmente não pode ser modificada rapidamente, mesmo durante uma crise.

Uma empresa com uma cultura de culpar pessoas ou de rejeitar responsabilidades não mudará apenas porque um alto executivo se apresenta perante o congresso e aceita a responsabilidade. Uma empresa que valoriza os feitos pessoais não trabalhará como uma equipe para superar um desafio só porque esse executivo faz um discurso apaixonado sobre a importância do trabalho em equipe em uma reunião interna. Uma empresa que tolera uma ação sem harmonia e com grandes diferenças na abordagem e nas competências de diferentes funções não começará a marchar na mesma direção somente por causa de uma nova declaração de visão ou uma nova meta corporativa. Uma cultura corporativa que valoriza o lucro no curto prazo em detrimento do sucesso no longo prazo não irá mudar rapidamente mesmo se a alta liderança modificar os parâmetros de desempenho da empresa. A cultura é criada ao longo de extensos períodos e só pode mudar ao longo de muitos anos.

Assim, as perguntas cruciais que você deve fazer sobre como a sua empresa reagirá durante uma crise não dizem respeito a planos e políticas de contingência, mas à sua cultura e ao seu pessoal. Você criou uma cultura que recompensa a transparência e aceita responsabilidade pelos erros? Você criou uma cultura que incentiva as pessoas a enfrentar os desafios e a se esforçar pela melhoria? Você criou uma cultura que prioriza o planejamento a longo prazo? Em sua maioria, as tentativas de se fazer mudanças durante uma crise dão errado. Embora uma crise ajude as pessoas a aceitar a necessidade de mudança, a implementação da mudança leva tempo demais para fazer muita diferença enquanto a crise está a pleno vapor.

Todas as ações positivas da Toyota tomadas durante as duas crises foram conduzidas pela perseverante cultura do Modelo Toyota, cultivada desde os primórdios da empresa. Foi o investimento no desenvolvimento das habilidades de resolução de problemas dos membros de equipes até o chão-de-fábrica que permitiu a esses membros contribuírem materialmente no futuro da empresa quando a recessão mostrou que eles não eram necessários na fabricação de carros. Sem esse investimento ao longo de muitos anos, esses membros de equipes não representariam um bem tão valioso na diminuição dos custos a longo prazo, na melhoria da qualidade e no estímulo à produtividade. Caso a Toyota tivesse tentado cortar custos demitindo seus atendentes de *call center*, remunerados por horas trabalhadas, em vez de investir em desenvolver neles o talento, a maturidade e o discernimento para tomar decisões difíceis de ligação em ligação e para reconstruir a confiança dos clientes, ela não teria conquistado uma satisfação maior entre aqueles clientes cujos carros forma convocados para *recall* do que entre aqueles cujos carros não o foram. Se os executivos da Toyota tivessem reagido aos incríveis custos da crise dos *recalls* segurando os gastos em clientes e revendas, eles não teriam sido capazes de manter os níveis mais altos de lealdade dos clientes em todo o setor. Foi uma cultura de *hansei* que serviu de base para que Akio Toyoda fosse capaz de direcionar a energia da crise dos *recalls* rumo à melhoria contínua, e não à procura de culpados. Foi a cultura de qualidade e segurança da Toyota que, ao longo de décadas, gerou a "blindagem de marca" que manteve os clientes leais durante a crise dos *recalls*.

Durante as crises, não houve novas estratégicas ou guinadas radicais. Não se tentou de forma alguma modificar o DNA da companhia ou suas prioridades. Tudo que a Toyota fez em reação às crises foi um subproduto do que ela já vinha fazendo antes das crises começarem. Os maiores investimentos que ela fez em reação às crises foi reforçar e corrigir áreas em que a companhia não estava aderindo o suficiente à sua cultura. Essas iniciativas não representaram esforços para se modificar a cultura; eram esforços para retornar a ela e reforçá-la.

Como a cultura da Toyota direcionou sua reação?

Vejamos de perto como os elementos específicos da cultura do Modelo Toyota direcionaram a reação da empresa, bem como os pontos que ela investiu para reforçar essa cultura.

Espírito de desafio

Uma das reações mais fáceis a uma crise é a passividade – especialmente se a crise parece ser guiada por forças externas, como a Grande Recessão. Há uma tendência de jogar as mãos para o alto e proclamar: "Não há nada que possamos fazer". Isso é particularmente tentador em uma grande corporação multinacional, onde é muitas vezes difícil para os indivíduos perceberem que suas ações fazem alguma diferença. Essa sensação de insignificância é uma das grandes barreiras à ação positiva.

A ênfase do Modelo Toyota no espírito de desafio tem como objetivo combater a passividade. O *The Toyota Way 2001* explica isso da seguinte forma: "A mudança é nossa parceira constante. Ela impõe frustração e desafio. Ela tira o melhor de todos nós... Conforme enfrentamos o desafio da mudança, garantimos nosso vigor e nossa vitalidade". Para emergir da recessão e de um prejuízo de US$4 bilhões com uma companhia ainda mais forte – e capaz de sobreviver à crise dos *recalls* – foi preciso uma ação extraordinária em toda a Toyota. Foi a cultura que possibilitou que a companhia inteira, desde o chão-de-fábrica, passando pelos escritórios de compras até os centros de serviço ao cliente, se concentrasse de forma imediata e ativa em cortar custos sem interferir na sua capacidade industrial. Não houve um projeto específico que tenha feito uma diferença material em cortar custos fixos nas fábricas ou em restabelecer a lucratividade da companhia tão depressa. Foi o valor cumulativo de milhares de projetos lançados simultaneamente, quase instantaneamente, que fizeram a diferença. Esse é o espírito de desafio em ação.

Para a Toyota, o desafio derradeiro é a perfeição. A crise dos *recalls* ressaltou o quanto a Toyota ainda precisava avançar para alcançar essa meta. Para transformar a crise dos *recalls* em uma oportunidade de crescimento foi preciso mergulhar novamente em grandes esforços para melhorar a empresa logo em seguida àquilo que muitos consideravam ter sido um feito grandioso durante a recessão. A manutenção daquela energia para o aprimoramento foi novamente um subproduto do cultivo do espírito de desafio.

Finalmente, será nesse espírito de desafio que a Toyota terá que se apoiar para completar sua recuperação e continuar seu rumo em direção à melhoria. Será sem dúvida tentador para muitas pessoas na empresa respirarem aliviadas e se congratularem por essa recuperação tão rápida e sólida da crise dos *recalls*. Mas o trabalho não acabou. Como Edward Niedermeyer observou, a crise dos *recalls* representou uma grande dádiva para os concorrentes da Toyota, já que ela debilitou sua "aura". O *The Toyota Way 2001* declara que "recebemos de braços abertos a concorrência, sabendo que aprenderemos com o desafio e nos tornaremos mais fortes frente a ele". Por isso, a Toyota precisa estar preparada para aceitar um desafio inteiramente novo com o encerramento da crise dos *recalls* – reconstruir aquela aura e superar uma concorrência revigorada.

Respeito pelas pessoas

O princípio do Modelo Toyota de respeitar as pessoas se manifestou de diversas formas durante ambas as crises. É o respeito pelas pessoas que leva ao comprometimento da Toyota em esgotar toda e qualquer possibilidade antes de demitir membros de equipes. É o respeito pelas pessoas que leva à disposição da Toyota em depositar uma confiança extraordinária na descoberta e resolução de problemas por parte de funcionários remunerados por horas trabalhadas. Essas decisões valeram a pena várias e várias vezes nos últimos anos. Renee McIntosh, membro de equipe remunerada por hora trabalhada na Toyota Motor Manufacturing Kentucky (TMMK), incumbida da tarefa especial de liderar o programa de círculos de qualidade em sua área quando da chegada da recessão, viu como a decisão de não demitir membros de equipes acabou sendo compensadora:

> Jamais encontrei alguém que estivesse seriamente preocupado em perder seu emprego. Mas dava para ver que os membros de equipes, que não eram realmente pró-Toyota, começavam a se importar mais do que antes... Houve uma mudança de atitude em todo o departamento. As pessoas queriam mesmo se apresentar para ajudar... Elas estavam dizendo: "Precisamos fazer a diferença".

Caso a Toyota não tivesse mantido esse comprometimento para com seu pessoal durante a recessão, ela não teria tido os recursos para criar as equipes SMART ou uma divisão de engenharia com foco na experiência dos clientes.

Durante a crise dos *recalls*, o respeito pelas pessoas se manifestou na decisão de evitar a troca de acusações e atribuição da culpa aos clientes, fornecedores, revendedores ou a quem quer que fosse pelos problemas que a Toyota estava enfrentando. Como observamos no Capítulo 4, isso não era uma norma de política interna lançada por altos executivos; essa política não precisava de forma alguma ser lançada. A abordagem era um subproduto natural da cultura de respeito pelas pessoas. Akio Toyoda conta que quando ele estava se preparando para falar diante do congresso norte-

-americano, essa cultura o levou a uma decisão sobre como ele responderia a perguntas e a acusações:

> Naquela época, fui severamente criticado. As pessoas sugeriam que eu estava tentando escapar dos problemas nos Estados Unidos ou que eu estava mentindo, o que era absolutamente aterrador. Para mim, foi muito difícil encarar isso. Mas uma coisa que decidi foi que jamais apontaria o dedo para outra pessoa. Decidi que jamais culparia os outros.

Essa abordagem de não passar a culpa adiante se estendia desde os clientes até os órgãos reguladores e até mesmo aos críticos na mídia e aos especialistas que testemunhavam para advogados que processavam a empresa. Já ressaltamos os repetidos pedidos de desculpas, a aceitação da responsabilidade pelo projeto dos pedais defeituosos e a decisão de desviar a atenção negativa da CTS. Um dos equívocos da Toyota no início da crise dos *recalls* se deu em seu comunicado sobre o *recall* dos tapetes automotivos e do formato dos pedais do acelerador, em novembro de 2009, o qual poderia ser interpretado como um desrespeito frente à independência da National Highway Traffic Safety Administration (NHTSA) – independência essa que a NHTSA fez questão de reafirmar quando criticou publicamente o comunicado da Toyota sobre a questão. Desde então, a Toyota tem se esforçado em se comunicar frequentemente com a NHTSA e em se tornar um modelo de cooperação, incluindo a não contestação das multas que a NHTSA lhe impôs.

Genchi genbutsu *(vá e veja para compreender)*

O primeiro comunicado de Akio Toyoda após assumir a presidência em 2009 foi um artigo para um jornal interno, no qual ele escreveu: "Fomos capazes de criar uma cultura... na qual aqueles que aprendiam a verdade do *gemba* eram os mais respeitados. Nessa cultura não existem coisas como gerentes e subordinados. Títulos de cargos não são importantes. No final, quem enxerga ganha; e ganhar significa estar próximo aos objetos, próximo ao *gemba*".

O *gemba* é onde a coisa está acontecendo – seja o que for a *coisa*. Pode ser onde um carro está sendo fabricado, onde o motor está sendo testado, onde o carro está sendo examinado pela revenda na busca de problemas ou onde o cliente está dirigindo o carro. Todos esses representam *gemba* na cultura da Toyota. *Genchi genbutsu* é o valor de ir até o *gemba* e de confiar naqueles que estão no *gemba* para tomar decisões.

Esse traço cultural se manifestou durante a recessão no número, na variedade e na autonomia dos projetos de *kaizen* e dos círculos de qualidade que foram lançados para se cortar custos e aumentar a produtividade. Seria simplesmente impossível para um gerente sênior de uma planta conseguir supervisionar de perto o vasto número de projetos em andamento, ou mesmo oferecer a eles uma contribuição significativa. Esses projetos foram conduzidos pelas pessoas no *gemba*. Da mesma maneira, as decisões sobre o atendimento aos clientes durante os *recalls* ficaram a cargo dos revendedores e dos atendentes do *call center* – eram eles que se encontravam no *gemba*.

Já ressaltamos diversas vezes que a não observação desse valor foi uma das causas-raiz da gravidade da crise dos *recalls*. As decisões sobre os *recalls* e sobre os comunicados não estavam sendo tomadas no *gemba*; havia pouca prática do "ir e ver" por parte dos engenheiros. Mas foi o valor cultural profundamente arraigado do *genchi genbutsu* que permitiu à Toyota arregimentar os recursos para consertar muitos desses problemas rapidamente. Por exemplo, foi por isso que a ideia do programa SMART se enraizou tão depressa, por isso que o orçamento foi rapidamente realocado para permitir que os engenheiros de qualidade fossem visitar os clientes e as revendas com uma frequência muito maior e, acima de tudo, foi por isso que mudanças significativas na organização foram feitas com tamanha agilidade.

Entre fevereiro e julho de 2010, o novo cargo de diretor regional de qualidade foi criado e preenchido em todo o mundo, o número de norte-americanos no posto de engenheiro-chefe com responsabilidade pelo projeto dos veículos dentro dos Estados

Unidos dobrou e foram nomeados norte-americanos como presidentes de todas as plantas de fabricação do país – todos com carreiras nas próprias fábricas. St. Angelo e outros norte-americanos não se mostraram repentinamente capazes de preencher esses cargos quando a crise despontou; sua devoção ao Modelo Toyota se desenvolvera ao longo de muitos anos. O fato de eles não terem assumido tais cargos representava um fracasso em fazer jus ao padrão de *genchi genbutsu*, mas foi esse padrão que permitiu à empresa se movimentar depressa para corrigir esse fracasso. Havia uma ampla concordância de que essas indicações estavam caindo de maduro.

Mesmo depois das nomeações, houve um comprometimento renovado para com o *genchi genbutsu*. St. Angelo recorda ter encontrado Akio Toyota e Yoshimi Inaba por acaso no aeroporto de Cincinnati logo após sua nomeação em fevereiro de 2010, no auge da crise dos *recalls* e quando os questionamentos sobre a eletrônica da Toyota vinham de toda parte. Ele aproveitou a oportunidade para perguntar diretamente a Toyoda e Inaba a respeito das alegações de problemas eletrônicos. Depois deles o reassegurarem de que não havia qualquer indício de problemas, St. Angelo descreveu como "Akio Toyoda me olhou nos olhos e disse 'um elemento-chave do Modelo Toyota, Steve, é o *genchi genbutsu*. Você não deve confiar na minha palavra a esse respeito. Você não pode examinar um simples relatório. Você precisa ir e ver por si próprio. Vá até o ponto em questão e olhe por si mesmo'. E então Inaba-san disse 'Steve, vasculhe cada detalhe e cada ninharia e veja o que há por baixo deles. Você precisa ver e fazer seu próprio julgamento. Não se contente com nossas palavras'. Essa é a essência do *genchi genbutsu*". Steve seguiu o conselho deles e desenvolveu sua própria confiança nos sistemas eletrônicos:

De março a agosto de 2010, viajei para o Japão quase todas as semanas. Estive em todas as áreas de engenharia. Estive no local onde se fazem os testes de interferência eletromagnética, que possui ímãs do tamanho de uma sala, onde eles tentam fazer o sistema falhar para encontrar um ponto fraco a ser consertado. Estive no local onde se fazem os testes de abalroamento. Conversei com engenheiros. Conversei com técnicos. Conversei com o pessoal da produção. Visitei diversas revendas na América do Norte, e eles jamais tinham encontrado um único caso de problemas eletrônicos causando SUA. E então passei algum tempo na Exponent. Cheguei lá de manhã cedinho e só parti às 22h30min, e fiquei totalmente impressionado com a quantidade de resolução de problemas e com o modo como eles praticam isso.

A crise dos *recalls* revelou que a Toyota havia transgredido seu compromisso de *genchi genbutsu*, mas esse compromisso renovado também possibilitou ações imediatas quando deficiências foram reveladas.

Mente kaizen

O papel da mente *kaizen* na reação da Toyota à Grande Recessão e à crise dos *recalls* é bastante óbvio. Em momento algum a companhia entrou em pânico e começou a fazer mudanças sem uma análise exaustiva dos problemas e uma busca por soluções que viessem a aprimorar as operações da companhia. O emprego da mente *kaizen* foi o que conduziu às medidas que a Toyota tomou.

A Toyota atribuiu repetidamente a crise dos *recalls* a problemas de comunicação, e está claro que o processo de partir das preocupações dos clientes até chegar a medidas concretas para saná-las era tudo, menos enxuto. Uma exceção era o *call center*, mas ele não tinha como tratar da verdadeira causa-raiz do problema. O que ele podia fazer era fornecer uma das melhores fontes de dados a respeito das verdadeiras preocupações dos clientes – ele podia levar os problemas à tona. Nancy Fein, que estava dirigindo o *call center*, descobriu que, como resultado da crise, havia um interesse muito maior nos dados que a central estava colhendo:

> Estávamos começando a estabelecer uma coordenação ao longo de toda a Toyota para fornecer essas informações e garantir que as pessoas soubessem como usar essas informações. Antes da crise, isso parecia mais uma imposição à companhia. Agora,

há uma percepção muito forte de que é preciso ir atrás dessas informações. As pessoas estão requisitando nossos dados. Nosso departamento de qualidade, de relações públicas, de vendas, jurídico, todos os utilizam, e nossas plantas e nossa engenharia os estão empregando para *kaizen*.

É claro que dados não passam de dados: eles não resolvem problemas. Os problemas precisam ser solucionados no desenvolvimento de projeto, na engenharia, nas vendas, no atendimento ao cliente e na fabricação. Como vimos no Capítulo 4, Uchiyamada começou a levar a engenharia de volta aos fundamentos. Ele estava receoso que os engenheiros no Japão estivessem por demais isolados dos clientes e que, como resultado, dedicassem pouco tempo a ouvir os próprios clientes: "Segundo o processo anterior, o departamento de qualidade examinava a base de dados e encontrava casos pontuais, encaminhando-os ao departamento de engenharia. Agora, porém, a engenharia examina diretamente os dados por si própria, os dados brutos, rastreando e descobrindo os problemas mais depressa". Uchiyamada também expandiu amplamente o orçamento para que os engenheiros fossem a campo para "ir e ver" os clientes, o modo como usavam seus veículos e os problemas que encontravam.

Reforçar a mente *kaizen* é também o foco do investimento nos novos centros de treinamento de "cliente em primeiro lugar" que estão sendo criados no mundo inteiro. Esses centros não se resumem a salões de palestras onde o mantra do "cliente em primeiro lugar" pode ser repetido incessantemente. Eles são centros onde os membros de equipes podem praticar a resolução de problemas a partir de um ponto de vista dos clientes. Trata-se de um trabalho do tipo "mãos na massa" para aprimorar a mente *kaizen* daqueles submetendo-se ao treinamento.

Trabalho em equipe

Todo mundo prega o trabalho em equipe, mas, infelizmente, ele é muitas vezes praticado com pouca eficiência. Acreditamos que o trabalho em equipe foi praticado com bastante eficiência dentro dos departamentos da Toyota e dentro das seções da companhia. O trabalho em equipe ficou evidente no *call center* da Toyota Motor Sales (TMS) durante a enxurrada de telefonemas relacionados ao *recall* dos pedais defeituosos. Ele também ficou evidente nas plantas à medida que os turnos foram reduzidos e certas linhas de montagem foram interrompidas durante a recessão, e então novamente ajustados até a autossuficiência. Ficou evidente no modo como diversas partes da organização se uniram para encontrar uma solução para os pedais defeituosos e conseguir fazer as peças e o treinamento chegar até as revendas.

Os problemas de comunicação eram questões que permeavam essas divisões, e isso se revelou um ponto fraco. Isso era outra coisa que violava um princípio fundamental do Modelo Toyota, talvez expressado melhor pelo ex-presidente e diretor do conselho Eiji Toyoda: "Quero que vocês pensem por toda a empresa em vez de pensarem exclusivamente por si mesmos. Encontrem uma coordenação com as outras divisões, e sigam em frente, custe o que custar, até alcançarem resultados concretos".

Essa atitude de pensar na empresa como um todo soa muito bem, mas em um empreendimento global complexo é impossível que todos se comuniquem com todos os demais. Cada pessoa com quem conversamos na Toyota encarava a si mesmo como um jogador de uma equipe. Isso foi incutido nelas desde que entraram na companhia. Ainda assim, trabalhar dentro de sua equipe não era o bastante. É preciso haver um foco constante em compreender os pontos fracos do trabalho em equipe e da comunicação e em buscar abrir esses gargalos que impedem as pessoas certas de se comunicarem sobre os assuntos certos. Isso é uma jornada infindável para todas as companhias.

Como reação a essas deficiências de comunicação dentro da empresa, a Toyota investiu grandes recursos para abrir os dutos de comunicação, adicionando engenheiros na supervisão da qualidade, aumentando radicalmente o número de viagens para ir e ver, driblando a burocracia para fazer os dados sobre os clientes chegarem às pessoas certas, criando teleconferências semanais sobre qualidade com executivos das mais diversas funções, e assim por diante. No entanto, garantimos que isso não resolverá o problema para sempre. À medida que a companhia se recuperar e começar a crescer novamente, será preciso uma vigilância constante para evitar o ressurgimento daquele tipo de burocracia que tolhe as comunicações e o trabalho em equipe em toda a empresa.

Um ciclo sem fim

Nunca é demais enfatizar que os esforços da Toyota em resposta à crise não representaram nem mudanças radicais nem "projetos" no curto prazo. Os esforços seguiram em grande medida a mesma agenda que Akio Toyoda estabelecera assim que se tornou presidente, mais de seis meses antes da mera menção de uma crise de *recalls*: fortalecer os valores fundamentais da Toyota.

Akio Toyoda cresceu no seio da família que havia fundado os valores da Toyota. Para qualquer um que passe algum tempo com ele, fica evidente que ele ainda preza os princípios fundamentais de uma maneira muito pessoal. Quando Liker visitou o Japão para fazer as entrevistas para este livro, Akio Toyoda fez questão de contar a história (imortalizada no museu da Toyota) de seu trisavô, Kiichiro Toyoda, assumindo a responsabilidade pessoal de consertar o problema de um cliente. Certo dia, Kiichiro passou dirigindo por uma camionete Toyota pifada. Ele parou, se enfiou debaixo da camionete e ajudou o dono a consertá-la. De volta a sede da Toyota, ele foi até o departamento de engenharia para explicar o problema e atribuir aos engenheiros a tarefa de descobrir e solucionar a causa-raiz. Mais tarde, ele foi até a fábrica para se certificar de que a solução havia sido implementada apropriadamente e que nenhum futuro veículo da Toyota viesse a sofrer o mesmo problema. A moral da história não é que altos executivos deveriam se enfiar debaixo de veículos ou substituir pedais defeituosos, e sim que todo mundo na Toyota, não importando em que nível se encontre dentro da empresa, deveria encarar os erros e defeitos de forma pessoal – e fazer todo o possível para se certificar de que a causa-raiz foi descoberta e que o problema foi solucionado. Um problema que afete um cliente da Toyota jamais é um "problema de outra pessoa".

Assim que Akio Toyoda foi nomeado presidente, ele começou a pregar um "retorno ao básico" e um foco intensificado em *genchi genbutsu*. Ele prometeu ser "o presidente mais ativo da história da Toyota no *gemba*". Ele reconheceu que a companhia havia perdido parte de seu espírito arraigado de assumir a responsabilidade pelos problemas dos clientes ao crescer se tornando uma potência mundial. Ele enxergou a lacuna entre os planos de autossustentação que tinham sido burilados por décadas e a realidade dos líderes no Japão com dificuldade de abrir mão, o que ele denominava de "microgestão". Ele viu a fragmentação das organizações na América do Norte, ou seja, os elos cruciais dos tempos de seu avô – entre dar ouvidos ao cliente, reconhecer o problema, tomar medidas imediatas e fazer um acompanhamento para se certificar de que seu problema foi resolvido – estava enfraquecido.

Se a crise dos *recalls* trouxe algum benefício foi o impulso real que ela deu ao ciclo sem fim de retorno ao básico e de fortalecimento da cultura. De acordo com Toyoda:

> Se você me perguntar se quero passar pela mesma experiência novamente, eu diria que de jeito nenhum!... Mas por causa dos problemas, consegui comunicar de maneira absolutamente sincera meus valores fundamentais aos 300 mil funcionários ao redor do mundo e também aos fornecedores e revendedores. Por isso, acredito que a essa altura isso tenha se tornado um bem para mim. Posso tirar vantagem disso ao gerir essa companhia no futuro.

Lição 2: uma cultura de responsabilidade sempre será superior à uma cultura de culpabilidade

Já é senso comum a ideia de que as organizações que incentivam seus funcionários a assumir responsabilidades e a resolver problemas apresentam um desempenho melhor do que aquelas onde se permitem trocas de acusações e transferência de culpa. Mas em que medida uma pessoa ou companhia deve assumir responsabilidades? Será que uma companhia deveria se responsabilizar por ser gravemente afetada pela Grande Recessão ou pelo dano causado por matérias equivocadas na imprensa?

Diversos líderes da Toyota assumiram a culpa por ambas as crises. Até departamentos como o de fabricação, que nada tiveram que ver com a crise dos *recalls*, praticaram *hansei* para determinar o que poderia ser feito melhor.

Isso pode parecer mais um ritual de autoflagelação do que uma postura produtiva, mas há uma nuança importante a se compreender sobre a cultura de responsabilidade e resolução de problemas da Toyota. A abordagem dos Cinco Porquês é inútil quando o problema encontrado reside fora do seu controle. Sempre haverá fatores fora do seu controle. Quando você chegar a uma causa que está fora de seu controle, a próxima pergunta é por que você não levou em consideração as forças fora do seu controle – fosse encontrando uma abordagem alternativa, fosse construindo uma flexibilidade para se ajustar a essas forças.

No caso da Grande Recessão, assumir a responsabilidade não significa procurar maneiras com as quais a Toyota poderia tê-la impedido. Ao invés disso, deve-se perguntar, como fez Art Niimi em nossa entrevista, por que a Toyota não percebeu os indícios de que se encontrava numa bolha e que algum tipo de desaquecimento estava por chegar? E caso fosse impossível prever a chegada da crise, por que não se protegeu com uma flexibilidade muito maior? Por que ela permitiu que os custos fixos ficassem tão altos?

A observação de Niimi de que "nosso estoque de camionetes só fez crescer do fim de maio ao início de junho" representava mais do que um lamento. Na posição de alguém que fora treinado pessoalmente por Taiichi Ohno no Sistema Toyota de Produção (STP), ele sabia que a companhia tinha violado um princípio fundamental: evitar a superprodução, o tipo de desperdício mais básico. Ironicamente, um dos eventos que solidificaram o Sistema

Toyota de Produção como o sistema a ser imitado no Japão foi a crise do petróleo, o embargo de 1973, que fez os preços dos combustíveis dispararem, causando, inclusive, racionamento nos Estados Unidos. Naquela época, a Toyota se recuperou mais depressa do que qualquer outra companhia japonesa, pois não havia incorrido em superprodução, dispunha de um estoque bem reduzido de peças e de carros acabados que não seriam vendidos e tinha a flexibilidade para alavancar rapidamente a produção daqueles carros pequenos e de baixo consumo pelos quais os norte-americanos ansiavam. Enquanto quase todas as outras companhias lutavam inutilmente para se adaptarem à crise, a Toyota navegou através dela com suavidade. Agora, 35 anos mais tarde, numa crise similar começando com um aumento nos preços dos combustíveis, a Toyota apresentava superprodução e não tinha flexibilidade suficiente para se adaptar. Foi este problema que Niimi enxergou, o qual a companhia precisava superar para se fortalecer no futuro.

No tocante à crise dos *recalls*, a responsabilidade não diz respeito apenas à má comunicação ou a decisões de considerar os pedais defeituosos um problema de segurança ou não. É preciso, neste caso, examinar por que os rumores e as insinuações foram capazes de dominar a consciência do público. É preciso examinar por que tantas pessoas estavam dispostas a partirem de problemas técnicos limitados e questões obscuras como tapetes automotivos e pedais defeituosos para se entregar à crença de que a Toyota estava produzindo carros perigosos que poderiam disparar desgovernados a qualquer momento. É preciso examinar por que tantas pessoas passaram a acreditar que a Toyota estava fabricando veículos perigosos conscientemente e fugindo das consequências. Os executivos da Toyota acreditam que se a companhia tivesse se esforçado mais em dar ouvidos aos clientes e em construir confiança, até mesmo o problema dos pedais defeituosos teria sido incapaz de arranhar a imagem pública da companhia. A falha reside na não construção de uma base mais sólida de boa vontade.

Akio Toyoda ilustra esse conceito com uma analogia sobre comida caseira e industrializada. Por mais que a comida industrializada seja segura, ela não oferece o mesmo conforto que a comida feita pela sua mãe. Mesmo que você passe mal depois da refeição, e que alguém lance rumores de problemas culpando a comida da sua mãe, você dificilmente acreditará nesses rumores. De acordo com Toyoda, o sólido relacionamento e confiança entre mãe e filho é imune a praticamente qualquer ataque: "Mesmo num caso desses, a relação entre o filho e a mãe não seria modificado. Acredito que seu relacionamento foi totalmente isolado do ruído externo... Assim, o modo como falamos com os clientes que ainda não estão comprometidos com a Toyota precisa ser realmente aprimorado para dar conforto a eles também".

Se o respeito pelas pessoas se encontra na base da melhoria contínua, poderíamos dizer também que a confiança mútua é a base para o respeito pelas pessoas. Talvez a maior perda imposta pela crise dos *recalls* tenha sido a confiança que a Toyota levou décadas para construir — não tanto entre a base de clientes leais, mas entre aqueles que se encontravam em dúvida e aqueles pouco sabiam sobre a Toyota mas que tinham potencial para lhe serem leais. James Wiseman, que foi nomeado em meio à crise como vice-presidente de grupo para comunicações na TMA, responsável pela supervisão de todas as comunicações na América do Norte, está convencido de que a Toyota apresentava uma aversão a risco em excesso nos primeiros estágios da crise e que ela deveria ter se esforçado mais para explicar com clareza os detalhes técnicos, falar diretamente aos clientes e explicar quais medidas tinha tomado para resolver problemas e se aprimorar, assumindo certa responsabilidade pessoal por isso: "Em termos gerais, gostaria que tivéssemos sido mais proativos, especialmente na TV, para falar em nome de nossa companhia e de todos nossos funcionários e parceiros nos Estados Unidos. Deveríamos ter sido mais visíveis, inclusive eu".

Quando a Toyota ensina as Práticas de Negócio Toyota (TBP – Toyota Business Practices), há uma tendência natural de que o estudante responda um dos cinco porquês culpando algum fator ou departamento fora de seu controle. Digamos que ao solucionar um problema de montagem, a resposta ao terceiro por que seja: "A engenharia projetou o carro de uma maneira que é difícil de montá-lo". Neste caso, o mestre talvez diga: "Você pode até ter razão quanto a engenharia poder ter feito um trabalho melhor ao desenvolver um projeto que facilitasse a montagem, mas não podemos mudar isso neste momento. Como podemos responder o próximo porquê de modo que isso nos permita tomar uma atitude positiva?". Então o estudante poderia responder o próximo porquê da seguinte forma: "Nós na montagem não exercemos nossa influência para participar do desenvolvimento do projeto cedo o bastante para ajudar os engenheiros a fazer um projeto levando em consideração a montagem", ou, "nosso treinamento na montagem não é bom o bastante para permitir que montemos projetos difíceis sem defeitos". A resposta ao quinto porquê poderia ser: "Estivemos ocupados demais para que conseguíssemos dedicar o tempo e o esforço para trabalharmos junto à engenharia ou para treinarmos nossos membros de equipes na montagem de projetos desafiadores sem defeitos".

A moral da história é que quando você define o problema como algo que está dentro de seu raio de controle, quando você assume a responsabilidade, sempre há alguma coisa que você pode fazer para melhorar a situação, mas atribuir culpa aos outros congela o pensamento inovador. Uma verdadeira cultura de responsabilidade permite que você perceba por toda a parte as oportunidades para a melhoria, mesmo nas áreas que a princípio parecem além de seu controle.

Lição 3: mesmo a melhor das culturas desenvolve fraquezas

Não resta dúvida de que, depois de anos estudando a empresa, acreditamos que o investimento da Toyota em uma cultura compartilhada de melhoria contínua é admirável e praticamente único. Como provas do sucesso desse investimento, basta olhar o seu crescimento praticamente contínuo nos últimos 60 anos. Porém, apesar desse comprometimento e desse investimento, a empresa encontrou dificuldades que podem ser diretamente atribuídas a fraquezas em sua cultura. A Toyota se mostrou incapaz de fazer jus a seus próprios padrões em inúmeras áreas.

A lição aqui é que mesmo a melhor das culturas pode e irá desenvolver fraquezas. Se a Toyota, apesar de tudo que faz para introjetar o Modelo Toyota, pode sofrer um enfraquecimento da sua cultura, então todas as outras também podem. Simplesmente não existe uma maneira realista de evitar isso. As experiências da Toyota demonstram que a maior ameaça a uma cultura de melhoria contínua é o sucesso.

Durante a crise dos *recalls*, muitos analistas sugeriram que o crescimento acelerado da Toyota era o responsável por isso, levando a colapsos de segurança e de qualidade. Até mesmo Akio Toyoda já sugeriu que a companhia cresceu rápido demais. Como os dados apresentados ilustram, existem poucos indícios do suposto declínio na qualidade ou na atenção com a segurança na Toyota. Então, o que Toyoda quis dizer quando declarou que a empresa talvez tenha crescido rápido demais? "O problema foi que o ritmo de crescimento foi mais veloz do que o ritmo de desenvolvimento de recursos humanos... Não é o ritmo de crescimento em si, mas a relação entre o ritmo de crescimento e o ritmo de desenvolvimento das pessoas", explica ele.

A Toyota estava crescendo muito depressa durante os anos 2000, mais depressa do que a sua capacidade de manter sua abordagem de desenvolvimento de pessoas no âmbito do Modelo Toyota, e no ensino do STP e do TBP ao fornecer às pessoas monitoria e oportunidades de praticar a resolução de problemas. Toyoda ressaltou o quanto a impaciência contribuiu para o colapso cultural e comparou-a com sua experiência de ter sido treinado numa organização estabelecida por Taiichi Ohno:

> O processo para chegar à causa-raiz quando eu fazia parte da OMCD [Operations Management Consulting Division, Divisão de Operações de Consultoria de Gestão] me exigia cerca de

dois meses. Mas a pessoa acima do meu cargo conseguia chegar a ela em duas semanas. Porém, quando se tratava de um nível superior de conhecimento especializado, o diretor da OMCD, ele conseguia a resposta em dois minutos. O problema, no entanto, é que... quando as pessoas estão trabalhando pressionadas por prazos, os mentores ficam irritados e acabam dando as respostas para os novatos. Mas é preciso diferenciar, dependendo do nível de amadurecimento do *trainee*; às vezes é preciso dar dois meses para que ele consiga chegar à verdadeira causa por conta própria.

Sob circunstâncias normais, o enfraquecimento crescente na cultura ficaria rapidamente aparente à medida que os problemas fossem encontrados e não solucionados de maneira ideal. Mas em conjunto com o crescimento acelerado, a Toyota estava experimentando um sucesso sem precedentes. Os cinco anos que culminaram na recessão foram os mais lucrativos na história da empresa. Ela tinha veículos de sucesso em quase todas as categorias dos mercados, dede compactos e híbridos até grandes SUVs. Esse sucesso permitiu que o enfraquecimento da cultura ficasse longe do campo de visão.

Longos períodos de sucesso são os mais difíceis para colocar os valores acima de tudo mais. Atender a demanda, expandir a capacidade, introduzir novos produtos e planejar o crescimento são coisas que absorvem toda a energia disponível. Parece não haver qualquer consequência negativa em atalhar tarefas e escolher o "bom o bastante" em vez da excelência. Esses atalhos criam fraquezas que se somam constantemente, e quando o sucesso começa a se esvair, as consequências podem ser graves e difíceis de serem encaradas.

Uma dessas consequências que a Toyota viu dentro da companhia foi um gradual afastamento da verdadeira compreensão da sua visão, como sintetizada na meta de 15% de fatia de mercado do Global Vision 2010:

Percebi que as pessoas às vezes estavam confundindo metas com meios. Dito de outro modo, para a Toyota, a meta é contribuir para a sociedade por meio do negócio automotivo. Como meio para chegar a essa meta, precisamos vender mais veículos de forma a termos recursos para reinvestir. Mas quando se coloca mais vendas e mais lucros à frente da meta, se está cometendo um grande erro.

Esse é um erro que pode ser debitado à fraqueza em incutir a cultura Toyota, ajudando membros de equipes a não apenas conhecer as palavras do Modelo Toyota, como também compreender que aquelas palavras devem direcionar suas ações e suas decisões. Uma crise pode ajudá-lo a reexaminar as suas prioridades. E foi isso que as crises na Toyota fizeram. A recessão acordou a companhia para sua superexposição à volatilidade do mercado e estimulou um investimento renovado em *kaizen* e resolução de problemas para aumentar a flexibilidade e a produtividade (reduzindo assim os custos e os riscos). A crise dos *recalls* trouxe à tona o esmorecimento da cultura, as deficiências de comunicação e o ressurgimento da burocracia que estavam inibindo a fixação do foco no cliente.

A Toyota não deixou de ser de uma hora para outra uma empresa modelo com uma das culturas mais sólidas e mais voltadas para os clientes em todo o mundo para se tornar uma cesta de lixo. Os fundamentos da sólida cultura que tornou a Toyota tão bem-sucedida estavam em boa parte intactos, mas fraquezas críticas evoluíram quando a companhia cresceu rápido demais para desenvolver por completo seu pessoal dentro do Modelo Toyota. Apesar de tudo o que a Toyota fez acertadamente, ela perdeu de vista suas metas básicas e o contato com seus clientes.

Isso nos leva a outra questão crucial a respeito da cultura. Para sobreviver às fraquezas que inevitavelmente se desenvolvem, uma cultura corporativa precisa ter padrões claros e objetivos, codificados de modo a possibilitar a autocorreção. Possuir uma cultura que reconhece uma perda de direção é algo absolutamente crucial para a sobrevivência a longo prazo. Talvez a melhor analogia aqui seja a constituição norte-americana. Ela é, em diversos sentidos, uma codificação dos ideais da cultura política norte-americana. Mais frequentemente do que muitos norte-americanos gostariam de admitir, sua pauta se afastou dos ideais expressos na constituição, mas ela sempre forneceu as bases para que esses erros fossem corrigidos. A abolição da escravatura e da segregação racial não exigiram uma nova constituição; exigiram apenas uma obediência maior a ela, assegurando que suas garantias se aplicassem a todos. A constituição e a declaração dos direitos expressam o Norte Verdadeiro dos Estados Unidos. O Modelo Toyota funciona do mesmo modo para a Toyota, com seu Norte Verdadeiro de excelência e serviço à sociedade. Portanto, quando a fraqueza na companhia foi exposta, existia uma disposição e um guia claros para acomodar o navio.

Akio Toyoda cita várias vezes o livro de Jim Collins *How the Mighty Fall* (Como Caem os Grandes) para relembrar seus ouvintes que a Toyota não é imune a erros e problemas; sem uma vigilância constante, a empresa corre o risco de tombar. O modelo de declínio de Collins tem cinco estágios, vários dos quais poderiam ser aplicados até certo ponto à Toyota nos preparativos para as crises: a húbris nascida do sucesso; a busca indisciplinada por mais; a negação do risco ou do perigo; os malabarismos em busca da salvação; e a rendição à irrelevância e à morte. O quarto estágio do modelo descreve os passos que muitas companhias que já conheceram o sucesso dão quando uma crise as afeta em cheio: fazer uma grande aquisição na tentativa de conseguir uma reviravolta nos negócios numa única tacada; embarcar em um programa de uma mudança tão radical que os pontos fortes do negócio são esquecidos ou abandonados; refrear o próprio ímpeto ao fazer reestruturações constantes; buscar esperanças em estratégias não comprovadas, tais como migrações para novas tecnologias ou ramos de negócios; ou contratar um líder visionário de fora com pouca compreensão sobre o que trouxe o sucesso da companhia em primeiro lugar. O quarto estágio é onde as ações da Toyota divergem do modelo de Collins. Aquelas são as ações de uma companhia que não tem uma sólida cultura, ou que não acredita nela. A Toyota não fez nada disso.

O que a Toyota fez foi seguir a receita que Collins defende: virtudes da gestão à moda antiga, tais como determinação, disciplina, calma sob pressão e tomada de decisões estratégicas mediante um exame esmiuçado das evidências. Ele sugere que o líder com a maior possibilidade de interromper uma queda em espiral deve ser alguém de dentro da companhia que saiba como tirar proveito dos pontos fortes comprovados, identificando e erradicando, ao mesmo tempo, as fraquezas. Essa é uma justa descrição de Akio Toyoda.

Nada disso serve para sugerir que uma boa cultura seja uma cultura estática. Uma medida tomada recentemente pela Toyota para revigorar a cultura com uma influência externa foi o investimento e a colaboração com a empresa Tesla, anunciado em maio de 2010. A Toyota já está aprendendo lições ao ver sua cultura refletido no olhar da Tesla. Uma dessas lições diz respeito à burocracia existente em seus esforços de desenvolvimento de projetos. A Tesla conseguiu criar um protótipo de um modelo RAV4 exclusivamente elétrico em menos de oito meses, deixando-o pronto para exposição no Los Angeles Auto Show em dezembro de 2010. Diversos executivos com os quais conversamos sugeriram que a Toyota precisaria de dois anos para fazer o mesmo. A equipe de projetos da Toyota está estudando agora o modo como a Tesla trabalha em projetos para aprender lições sobre como pode incorporar melhor um senso de urgência e um desenvolvimento ágil em sua cultura.

Yukitoshi Funo, membro do conselho da Toyota, ex-CEO da Toyota Motor Sales nos Estados Unidos, adverte que a Toyota precisa continuar acolhendo uma diversidade maior para desafiar continuamente suas concepções mais básicas:

> Uma lição proveniente das últimas questões é que precisamos de um sistema para compartilhar os problemas potenciais de uma natureza intangível – como as preocupações dos clientes e a ansiedade dos clientes, o panorama político e as circunstâncias econômicas – esse tipo de coisas que fomos incapazes de compartilhar por toda a companhia. Mas para que possamos criar um sistema eficiente para compartilharmos tais problemas intangíveis, acredito que devemos levar em consideração a cultura, a mentalidade ou a etnicidade dos membros de equipes. Para tra-

tar de ambos os problemas – o problema da informação e também o problema do compartilhamento de problemas intangíveis – acredito que os dois precisem de uma diversificação por parte da Toyota. E, é claro, precisamos nos globalizar. Isso é essencial.

Lição 4: globalizar a cultura exige uma ação de constante equilíbrio

O ponto forte da cultura Toyota é que ela é compartilhada. O desenvolvimento de uma cultura corporativa compartilhada ao longo de culturas nacionais variadas é talvez o maior desafio a ser enfrentado pelas corporações multinacionais modernas. Era exatamente esse o maior receio da Toyota quando crescia nos Estados Unidos, a tal ponto que ela formou a *joint venture* NUMMI com sua principal concorrente, a GM, para blindar a companhia do risco de que a cultura Toyota simplesmente não pudesse ser transplantada para um contexto norte-americano. Esse temor foi aplacado pelo sucesso imediato da NUMMI e pelo crescimento continuado de uma sólida cultura Toyota por toda a América do Norte.

Seu sucesso nos Estados Unidos encorajou a Toyota a acreditar que o Modelo Toyota pudesse ser ensinado em qualquer lugar. Os Estados Unidos, com sua ênfase no individualismo e sua tendência ao pensamento a curto prazo, representou o maior desafio da Toyota nesse sentido.[1] No entanto, ela tem assumido abordagens diferentes em outras geografias. Por exemplo, na Índia, a Toyota fundou sua própria escola de ensino médio ao lado da planta de montagem, seguindo o modelo de sua escola de ensino

---

[1] Para uma comparação entre diferentes nações quanto às variáveis de individualismo *versus* coletivismo e pensamento de curto prazo *versus* longo prazo, ver Geert Hofstede, Gert Jan Hofstede, and Michael Minkov, *Cultures and Organizations: Software for the Mind*, 3d ed. (New York: McGraw-Hill, 2010).

técnico na cidade de Toyota, no Japão. A meta da escola é formar alunos que tenham não apenas as habilidades técnicas, mas que conheçam também a cultura e a abordagem do Modelo Toyota quanto à resolução de problemas, de forma que sejam capazes de embarcar no trem em movimento caso decidam se juntar à Toyota após se formarem.

Ainda assim, apesar do progresso conquistado pela Toyota, o equilíbrio entre ser centralizada e descentralizada, global e local, é ainda mais difícil do que a maioria das pessoas pensa (e a maioria das pessoas acredita ser bastante difícil). O comprometimento da Toyota com uma cultura específica tem pontos positivos e negativos nesse aspecto. A clareza de seus valores e de sua cultura é absolutamente essencial para possibilitar que essa cultura seja incutida além de fronteiras nacionais. Por outro lado, a expectativa de que todo mundo na companhia vá aprender e internalizar rigorosamente a cultura, não importando qual seja a formação de mundo de cada um, requer um investimento maciço. Não basta para a Toyota contratar pessoas e delegar funções; antes disso, ela precisa investir tempo e dinheiro para cultivar a cultura Toyota em cada funcionário. A tensão na Toyota é capturada pelo compromisso com a cultura e pelo fato de que a cultura inclui o valor do *genchi genbutsu*. Há uma demanda inerente aqui de que *especialmente* as pessoas que se encontram nas margens, na periferia da organização, acolham mais profundamente a cultura, e que devem receber toda a confiança para tomarem as decisões, pois são elas que se encontram no *gemba*.

Um dos fatores que foram identificados com causa-raiz da crise dos *recalls* foi a centralização excessiva das tomadas de decisões. Os motivos pelos quais essas decisões foram centralizadas fazem sentido, e há óbvios riscos na estratégia de regionalização que a Toyota escolheu perseguir ao emergir da crise. Tipicamente, não se soluciona problemas de fluxo de informações com descentralização. O que se costuma fazer é aproximar umas das outras as pessoas que estão envolvidas em determinada decisão. Em outras palavras, costuma-se centralizar a função. O que a Toyota fez, em contraste, foi colocar a pressão em seu próprio comprometimento de incutir profundamente sua cultura por toda a parte. Caso não tenha sucesso nesse desafio, então as decisões tomadas regionalmente sobre projetos, engenharia e segurança acabarão se fragmentando, e a companhia encontrará ainda mais problemas no futuro. Assim como na maioria das companhias, o receio da Toyota de não dispor de líderes ao redor do mundo capazes de reagir consistentemente em conformidade com o Modelo Toyota levou ao controle centralizado. A Toyota está aprendendo que precisa confiar nos líderes treinados por ela, caso contrário o sistema inteiro começará a entrar em colapso.

É bastante conhecido no desenho de organizações que as comunicações são facilitadas dentro de unidades autocontidas, e dificultadas quando precisam fluir entre diferentes partes da organização. Claramente, há informações críticas centralizadas no Japão que continuarão seguindo esse modelo. O processo de encontrar um equilíbrio entre essa centralização e a determinação dos limites da autossustentação das regiões para que elas possam tomar o máximo possível de decisões autocontidas dependerá de um aprendizado duradouro à medida que a Toyota for avançando.

Uma coisa que Akio Toyoda percebeu ao refletir sobre o Global Vision 2020 foi que seu desenvolvimento se deu no Japão sem uma contribuição suficiente de além-mar. Cinco gerentes executivos não japoneses foram incumbidos da tarefa de propor revisões ao Global Vision 2020 para assegurar que ele seja de fato uma visão global que reflita adequadamente o peso das regiões. Uma nova versão do Global Vision 2020 está programada para ser lançada no segundo trimestre de 2011.

E se?

No capítulo anterior, buscamos documentar o dano sofrido pela Toyota com a crise dos *recalls* e o modo como ela se recuperou.

Mas o relato levanta duas perguntas: e se a crise dos *recalls* tivesse ocorrido com uma companhia que se encontrasse numa posição mais frágil, fosse em termos de finanças, de reputação ou capacidade industrial; e o que ganharam os consumidores com o sensacionalismo e a boataria que cercou a crise dos *recalls*?

A resposta à primeira pergunta é bastante óbvia. É provável que a crise tivesse custado a muitas pessoas o seu emprego. Certamente, as carreiras de certas pessoas teriam sido destruídas. Também é provável que o clima de investimento geral das companhias estrangeiras fosse prejudicado, debilitando ainda mais, talvez, a já enfraquecida economia norte-americana. Um livro recente de Micheline Maynard documenta o valor do investimento estrangeiro para a economia norte-americana. Essas companhias não levaram apenas dinheiro consigo; levaram também ideias inovadoras e criaram muitos dos bons empregos cujo desaparecimento está agora sendo lamentado pelos analistas da área.[1] Considerando-se essa ameaça, será que houve algum ganho?

Diversos especialistas com os quais conversamos indicaram um benefício da crise dos *recalls*: um foco renovado em questões de segurança e em fatores humanos nos projetos dos veículos. Já observamos que a indústria rebaixou os critérios para *recalls*, iniciando-os com maior frequência e devido a problemas que não teriam sido tratados via *recalls* no passado. Ao mesmo tempo, não está nem um pouco claro quantos desses novos *recalls* beneficiaram de fato os condutores em termos materiais. Kevin McDonald, da faculdade de direito da George Washington University, sugeriu em um artigo publicado em 2009 que no caso de muitos *recalls*, os custos para os condutores e para a sociedade como um todo suplantavam em muito os benefícios. Esses custos, segundo McDonald, incluem "o risco de acidentes e ferimentos, sem falar no consumo de combustível e nas emissões de poluentes, impos-

---

[1] Micheline Maynard, *The Selling of the American Economy: How Foreign Companies Are Remaking the American Dream* (New York: Crown Business, 2009).

tos por viagens às vezes desnecessárias às oficinas autorizadas para consertar os 'defeitos de segurança'".[1] Talvez um benefício mais claro do drama do incidente com a família Saylor seja a atenção oportuna para o fato de que a tecnologia veicular evoluiu muito mais depressa do que a capacidade dos condutores de compreendê-la e utilizá-la. Por exemplo, muitas pessoas que estavam dirigindo veículos cujo motor é acionado por um botão não sabiam como desligá-lo numa emergência, e muitos veículos possuem atualmente projetos de alavancas de câmbio que não deixam claro como colocar o carro em ponto morto. Esses problemas podem levar a NHTSA a estabelecer padrões para sistemas de ignição por botões e para o desenho das alavancas de transmissão para que os condutores não precisem aprender como esses sistemas funcionam em cada veículo diferente. Não há dúvida de que se as montadoras aumentarem o foco nos fatores humanos todos se beneficiarão, mas ainda falta muito a ser feito. David Champion, da *Consumer Reports*, aponta para a existência de pesquisas mostrando que o sistema de freios ABS não aumentou muito a segurança – não porque a tecnologia não funciona, mas porque a maioria dos condutores não o utiliza corretamente, aliviando a pressão no pedal quando sentem o início de uma derrapagem em vez de pressionarem com mais firmeza e deixar que o sistema antitravamento faça sua parte. Edward Niedermeyer também a credita que as fabricantes muitas vezes não estão pensando sobre as questões certas: "Vejo mais fabricantes falando sobre como integrar o Twitter e o Facebook em seus carros... do que tentando encontrar maneiras de assegurar que os condutores saibam como dirigir os veículos".

Há limites, porém, naquilo que as fabricantes podem fazer. Sejam quais forem os mecanismos de segurança instalados nos carros, hoje são os seres humanos que vão dirigi-los, e esses humanos

---

[1] Kevin M. McDonald, "Do Auto Recalls Benefit the Public?" *Regulation*, vol. 32, no. 2 (June 21, 2009), pp. 12-18. Disponível em SSRN: http://ssrn.com/abstract=1432448, p. 1.

cometem erros. Richard Schmidt, coautor de abrangente estudo conhecido como Livro Prateado, e seus colegas descobriram que a configuração dos pedais praticamente não tem qualquer responsabilidade por sua utilização errônea.[1] A causa mais comum da utilização equivocada de pedais é simplesmente que nosso corpo nem sempre faz o que a mente manda. Schmidt lembra, por exemplo, que até mesmo os jogadores de basquete mais treinados e habilidosos só conseguem converter nove de cada 10 lances livres. Isso pode parecer impressionante numa quadra de basquete, mas imagine se uma de cada 10 vezes que alguém pisasse no acelerador ocorresse algum tipo de falha. Ou pense em todas as vezes em que você acidentalmente colocou seu carro em movimento em marcha à ré quando na verdade queria ir para a frente, ou vice-versa. Todos nós já fizemos isso. Todos cometemos enganos. A eletrônica veicular já salvou milhares de vidas ao corrigir algum erro humano, mas a menos que se remova as pessoas dos veículos, alguns erros persistirão – e causarão muito mais acidentes do que todos os defeitos de segurança combinados.

Considerando os modestos benefícios da crise dos *recalls*, e os custos para a Toyota e para a sociedade, é impossível não perguntar o que a imprensa poderia ter feito, no lugar de publicar afirmações alarmistas, para de fato para aumentar a segurança dos condutores. Micheline Maynard, que recentemente deixou o *New York Times* depois de cobrir a indústria automobilística por uma década, incluindo a crise dos *recalls*, observe que o *Times* é um dos poucos veículos da mídia que continua a publicar reportagens robustas sobre o assunto e que tem repórteres específicos para a avaliação de carros. Segundo ela, isso significa que, ao contrário do que ocorre em grande parte da imprensa, todas as matérias em que ela trabalhava eram revisadas por alguém que verdadeiramente entendia do funcionamento dos carros – uma diferença que fica

---

[1] Doris Trachtman, Richard Schmidt, and Douglas Young, "The Role of Pedal Configuration in Unintended-Acceleration and Pedal-Error Accidents", *Proceedings of the Human Factors and Ergonomics Society*, 49th Annual Meeting, 2005.

evidente em sua cobertura da crise. Jeremy Anwyl nos contou que a carência de uma "discussão embasada em fatos" foi o que estimulou o Edmunds.com a lançar um concurso, com US$1 milhão a ser pago a quem conseguisse provar que havia problemas com os sistemas eletrônicos veiculares, numa tentativa de botar em pratos limpos, de uma vez por todas, a existência ou não de vulnerabilidades reais nos controles eletrônicos de aceleração (ETCs – *electronic throttle control*) e na eletrônica veicular. "Achávamos que na situação da Toyota, as questões fundamentais estavam sendo esquecidas na cobertura da imprensa", afirmou Anwyl. "Existem muitos incentivos para que a mídia force os limites de uma matéria. Há incentivos financeiros bastante poderosos em ser o 'primeiro' e em ser alarmista... A tendência é vermos essas matérias começaram a crescer... ganhando uma vida própria."

Esse é um comentário lamentável sobre o comportamento da imprensa hoje – mas existem amplas evidências para comprová--lo. A manipulação que a ABC fez nas cenas de sua reportagem sobre a Toyota faz lembrar a alteração que a CBS fez em um Audi e a camionete da GM cujo tanque de combustível a NBC encheu de explosivos. Na verdade, os repórteres do *Los Angeles Times* foram finalistas do maior prêmio jornalístico, o Prêmio Pulitzer – muito embora, segundo a revisão que fizemos de sua cobertura, eles aparentemente tenham deixado de fazer perguntas básicas sobre mecânica veicular, projeto de componentes e a incidência de aceleração repentina não intencional (SUA – *sudden unintended acceleration*) em outros países e jamais tenham escrito uma matéria sequer que verdadeiramente investigasse o suposto incidente em detalhe. Reportagens desonestas têm um custo real, e não apenas para as vítimas diretas, ressalta Anwyl: "Nos Estados Unidos, a opinião pública é capaz de criar uma agenda política com muita facilidade... Se essas opiniões forem mal-formadas, isso cria um risco. Será que a imprensa age de forma adequada quando volta seu foco sobre determinados casos?"

Mas não foi apenas a imprensa que atraiu a atenção pública para fantasmas e rumores. O governo norte-americano, especialmente o congresso, também tem sua parcela de culpa. O jornalista Ed Wallace sugere que se o congresso realmente quisesse revelar os fatos, teria entrevistado verdadeiros especialistas:[1]

> Até mesmo nas sabatinas do congresso, parecia que a maioria das testemunhas tinha ligações com advogados em litígio envolvendo segurança veicular e com vítimas traumatizadas; isso seria como julgar uma causa sem advogados de defesa. O resultado está praticamente decidido antes do julgamento começar. Nem que seja para aliviar o foco raivoso sobre os problemas da Toyota, já não é sem tempo de passar isso para as mãos dos engenheiros. Não é com insinuações, emoções e especulações que se resolve uma questão como essa.

David Champion observa que mesmo se todos os incidentes descobertos pela mídia e atribuídos de alguma forma à SUA e à eletrônica veicular fossem reais, eles teriam sido responsáveis por pouco mais de 100 mortes ao longo de 10 anos. Todas as mortes evitáveis são uma tragédia, mas durante o mesmo período, cerca de 400 mil pessoas morreram em acidentes nas estradas norte-americanas. "Houve mais de 6 mil adolescentes mortos a cada ano, mas não temos nenhuma sabatina no congresso... para descobrir o que podemos fazer por eles. Mortes em acidentes relacionados à ingestão de álcool chegam a cerca de 10 mil [ao ano], mas não temos sabatinas no congresso examinando sistemas de travamento de câmbio [*shift interlocks*] para manter os infratores longe das estradas." Um estudo recente descobriu que uma das causas mais comuns de acidentes, responsável por 17% das mortes nas estradas, é a sonolência dos condutores.[2] Champion acredita que o orçamento gasto na investigação da Nasa sobre SUA e eletrônica veicular teria sido muito mais proveitoso para o público caso

---

[1] Ed Wallace, "The Toyota Witch Hunt"; http://www.businessweek.com/lifestyle/content/feb2010/bw20100225_403524_page_3.htm

[2] Larry Copeland, "Study: Sleepiness a Factor in 17% of Road Deaths", *USA Today*, November 8, 2010.

tivesse sido encaminhado para as verdadeiras causas da morte de milhares de pessoas todos os anos.

De fato, o secretário norte-americano dos transportes, Ray LaHood, admitiu na entrevista coletiva de fevereiro de 2011, em que a NHTSA apresentou os resultados das investigações da Nasa/NHTSA sobre os sistemas eletrônicos da Toyota que o único motivo para que se conduzisse o estudo era para convencer os membros do congresso norte-americano. NHTSA estava totalmente confiante de que não seriam encontrados problemas eletrônicos.

"Veja bem, o motivo pelo qual nós fizemos esse estudo foi porque nas sabatinas do congresso em que testemunhei, praticamente todos os membros do congresso acreditavam que ainda não havíamos encontrado o problema... E quase todos eles vinham me dizer: 'Só pode ser a eletrônica'. Então, para tentar provar que não era a eletrônica, contratamos os especialistas.... Temos alguns dos melhores especialistas do mundo trabalhando junto ao departamento dos transportes, que sabem o que estão fazendo, que fizeram uma investigação exaustiva." Pode-se questionar se tirar as dúvidas do congresso era de fato o melhor uso que a NHTSA podia fazer de US$1,5 milhão. Parece óbvio que essa verba teria melhor uso se destinada a aprimorar a base de dados de reclamações da NHTSA, que continuará fornecendo, da forma atual, um solo fértil para acusações infundadas e carnavais na mídia.

E se a imprensa e o congresso norte-americano se preocupassem em descobrir fatos e resolver problemas reais, praticando eles próprios o *genchi genbutsu* e alguma versão da STP, no lugar de perseguirem matérias com manchetes chamativas e alimentadas por especulações e por advogados de acusação? É difícil acreditar que isso não seria melhor para todo mundo.

Nossa intenção não é sugerir que tornar o mundo mais seguro seja uma tarefa trivial e tão fácil quanto escrever matérias mais precisas de jornal ou fazer o congresso norte-americano se concentrar em questões mais importantes. Depois de anunciar um conjunto de multas relacionadas ao modo como a Toyota tratou seus *recalls*, o administrador da NHTSA, David Strickland, comentou que a Toyota fizera esforços "para aprimorar sua cultura de segurança".[1] Embora obviamente não concordemos que fossem necessárias mudanças significativas na cultura de segurança da Toyota, a pergunta mais importante a ser feita é: quais esforços são necessários para se aprimorar a cultura de segurança dos Estados Unidos?

Considere, por exemplo, as forças que moldam as comunicações sobre *recalls* de produtos (não apenas automotivos). Ao comunicar um *recall*, um fabricante precisa equilibrar muitos interesses, poucos dos quais têm alguma coisa a ver com a segurança propriamente dita. Em primeiro lugar, o *recall* precisa ser comunicado em termos que sejam sérios o suficiente para levarem os clientes a agir. Caso poucos deles levem seus produtos para conserto ou troca, o fabricante fica sujeito a multas. Ao mesmo tempo, o fabricante precisa fazer a comunicação de modo a se proteger das piores acusaçoes que inevitavelmente serão feitas por advogados que processarão a empresa. O resultado disso são comunicados muitas vezes difíceis de entender, repletos de juridiquês e tragicamente pouco informativos para as pessoas mais importantes: os proprietários dos produtos.

Boa parte dos alarmismos sobre segurança automotiva que receberam uma intensa cobertura da mídia nos últimos 25 anos – os solavancos dos Audis, as capotagens de Suzukis, os pneus Firestone, a explosão de Crown Victorias – era ou claramente falsa ou parece ter sido exagerada quando se examina todos os fatos.[2] O que isso diz sobre a cultura de segurança dos Estados Unidos?

Nossa cultura de segurança continua se concentrando em manchetes e em bichos-de-sete-cabeças enquanto ignora graves fontes de risco. Nossa cultura de segurança estimula as compa-

---

[1] Josh Mitchell, "U.S. Hits Toyota with Fine on Lapses", *Wall Street Journal*, December 20, 2010.

[2] Ed Wallace, "The Real Scandal behind the Toyota Recall", *Bloomberg Businessweek*, February 11, 2010; http://www.businessweek.com/lifestyle/content/feb2010/bw20100211_986136.htm.

nhias a se blindarem contra processos judiciais, resultando em avisos para evitar passar a ferro as roupas que se está vestindo, mas não trata dos erros humanos como uma das maiores causas de acidentes. Nossa cultura de segurança gasta US$1,5 milhão para descobrir que o "uso errôneo dos pedais" era a maior causa de incidentes de aceleração repentina, mas força Ray LaHood a afirmar, ao apresentar esses resultados, que "Ninguém aqui jamais insinuou o termo... 'erro do condutor'". Nossa cultura de segurança induz tanta gente a evitar vacinar seus filhos que já há um ressurgimento da rubéola e da coqueluche. Nossa cultura de segurança no sistema de saúde leva a um excesso de mortes atribuíveis a erro humano; porém, os programas para reduzir isso têm se revelado bastante ineficientes.[1] Nossa cultura de segurança conduz a centenas de milhões de dólares pagos anualmente em honorários advocatícios (os primeiros casos dos processos de ação coletiva contra a Toyota só começarão a ser ouvidos em 2013!), mas a nenhuma mudança significativa na taxa de acidentes com veículos. Existe uma clara necessidade de mudança na cultura norte-americana de

---

[1] Um exemplo disso é a tentativa de se reduzir os erros médicos que causam milhares de mortes desnecessárias todos os anos no sistema de atendimento à saúde. Steven Spear tirou seu doutorado sobre o Sistema Toyota de Produção e aplicou mais tarde o que aprendeu no problema de aprimorar a segurança nos sistemas de atendimento à saúde. Ele fez parte de uma equipe no Institute of Medicine que estudou o atendimento à saúde e que publicou o famoso relatório "To Err Is Human", descobrindo que "um em algumas centenas [de pacientes] foi ferido, e um em alguns milhares foi morto por imperícias médicas". A solução foi identificar e proliferar as "melhores práticas" médicas por todo o sistema. Uma ótima ideia, mas infelizmente não funcionou. Um estudo de 2010 publicado no *New England Journal of Medicine* relata que "Nos dez anos desde a publicação do relatório *To Err Is Human*, do Institute of Medicine, grandes esforços foram feitos para melhorar a segurança dos pacientes. O sucesso desses esforços ainda não está claro". Ver Steve Spear, "Why Best Practices Haven't Fixed Health Care"; http://blogs.hbr.org/cs/2011/01/why_best_practices_havent_fixe.html; e Christopher Landrigan et al., "Temporal Trends in Rates of Patient Harm Resulting from Medical Care"; http://www.nejm.org/doi/full/10.1056/NEJMsa1004404.

segurança que não se resume a órgãos reguladores, a políticos ou à mídia – mas eles já são um bom lugar para começar.

Uma lição final

A resiliência da Toyota em face de duas grandes crises em três anos foi admirável. Apesar da demanda em queda livre, primeiro devido à Grande Recessão e em seguida por causa da crise dos *recalls*, a companhia restaurou a lucratividade e recuperou arduamente a maior parte de sua fatia de mercado, tanto nos Estados Unidos quanto no resto do mundo. Mas o verdadeiro desenlace ainda está para ser escrito. A reputação da Toyota foi rebaixada a tal ponto que ela já não tem a posição dominante assegurada, sendo apenas mais uma das companhias lutando por uma fatia do bolo. O julgamento final sobre a reação da Toyota frente às crises será escrito nos próximos 10 anos, à medida que a companhia for recuperando sua reputação imaculada, servindo novamente de modelo para as empresas de todo o mundo. Só então teremos uma boa perspectiva para julgar se a Toyota usou a crise para verdadeiramente se tornar uma companhia melhor e mais forte do que era no passado – esse é, afinal de contas, o parâmetro que a Toyota sempre usou para medir sua reação a uma crise.

Essas foram as maiores crises que a Toyota já enfrentou desde a Segunda Guerra Mundial. Mas a filosofia de hoje segue sendo a mesma que a dos tempos de Taiichi Ohno: é preciso drenar a água para enxergar os problemas e então resolvê-los em busca da perfeição. Jim Lentz, presidente da TMS, uso exatamente essa analogia:

> Conforme avançamos por essa [crise], e o nível d'água foi baixando, começamos a vislumbrar as pedras que se encontravam lá o tempo todo, mas que estavam como que escondidas pelo sucesso e por um mercado aquecido. Assim, acredito que a longo prazo foi bom passar por tudo isso, já que podemos avaliar agora quais são os problemas, garantir que dispomos dos processos corretos em andamento, garantir que estamos desenvol-

vendo as pessoas e que temos uma sólida fabricação e sólidos fornecedores, retomar a elucidação das causas-raiz, mas não nos concentrarmos demais no lado técnico a ponto de esquecermos do lado humano.

O desafio é aquilo que fornece a energia para se ir da grandeza à excelência. Embora essas crises tenham sido severas, elas representaram apenas mais daqueles desafios que a Toyota cria constantemente para si mesma a fim de estimular a melhoria contínua. Assim como se espera que o desempenho de uma fábrica melhore a cada ano, para que se avance mais um passo rumo ao Norte Verdadeiro, a avaliação que o conselho de administração faz do desempenho da companhia busca saber se ela operou melhor esse ano do que o fez ano passado. A meta nunca é um estado contínuo ou um retorno ao *statu quo*.

Essa é a lição final e talvez a mais importante para se transformar uma crise em oportunidade. As expectativas e as metas são fundamentais. Uma companhia que está meramente tentando sobreviver a uma crise, tentando retornar ao *statu quo ante*, nunca fará melhor do que isso. Uma companhia que se dedica à melhoria contínua, que transfere as metas constantemente a um nível superior de desempenho, sempre irá esperar muito mais de sua reação a uma crise. A bem da verdade, a crise se torna menos um obstáculo a ser superado e mais outra ferramenta no arsenal da melhoria contínua. Com esse ponto de vista, é muito mais provável que uma companhia consiga fazer mais do que apenas suportar uma crise. Ela vencerá crise após crise e sairá mais forte de cada uma delas. Esse é o padrão com o qual se deve medir toda a história Toyota. O tempo dirá se essa geração de líderes da Toyota conseguiu fazer jus aos padrões de seus predecessores.

Índice

A

ABC, 124, 140-143, 227-228
Aceleração não intencional repentina (SUA), 91-94
    a história de Gilbert sobre, 140-143
    acidente da família Saylor, 61-66
    casos alegados de, 142-145
    desinformação sobre, 144-149
    e o problema dos pedais defeituosos, 94-101, 111-112
    e sistemas eletrônicos, 69-79
    e tapetes automotivos, 63-70
    investigações forenses de, 85-90
    matérias na mídia sobre, 89-90, 105-107
    na base de dados da NHTSA, 84-86, 92-93
    no setor automotivo, 78-81
Acidente da família Saylor, 61-66
Acordos de separação voluntária, 34-37
Agata, Tetsuo, 28n, 36-39
Alerta de Segurança aos Clientes, 66-68
Antis, Dan, 48-50
Anwyl, Jeremy, 71-73, 79-82, 140-143, 146-147, 154-155, 195-196, 225-228
Avaliações de confiabilidade, 156-158

B

Base de Dados dos Relatórios de Acidentes de Trânsito da Polícia da Carolina do Norte, 86-88
Bensinger, Ken, 82-83
Bernard, Frank, 63-65
Blue Springs, planta do Mississippi, 33-34
Braley, Bruce, 119
Brownlee, Bruce, 197
Buyer, Steve, 117

C

Call centers, 131-135, 207-208
Capital humano, 16-17

Carter, Bob, 108, 126-130, 165
Causas-raiz da crise, 160-177
　comunicação, 167-169
　dando ouvido aos clientes, 169-177
　estrutura organizacional, 161-165
　tomada de decisões, 166-167
Champion, David, 80-81, 137-138, 225-226, 228-229
Cho, Fujio, 1, 10-11, 13-14, 27, 29
Chrysler, 157-159
Ciclo Planejar-Fazer-Verificar-Agir (PDCA), 7-9
Cinco Porquês, 6-8, 29, 211-216
Círculos de qualidade, 39-41, 49-51, 133-134, 181-183
Clientes, 6-7
　colocando os clientes em primeiro lugar, 105-106, 173-183
　dando ouvidos aos, 159-160, 169-177
　interação dos revendedores com, 127-131
　interações no *call center* com, 131-135
　respondendo às preocupações dos, 135-141
Collins, Jim, 219-220
Comitê Emergencial de Aumento dos Lucros (EPIC), 30-33, 42-44
Compatibilidade eletromagnética (EMC)
　câmaras de testes, 76-79
Complexidade, gestão, 50-55
Consciência ambiental, 30-31
Conselho de administração, 19-20, 28-30
Consumer Reports, xvii, xix-xx, 22, 80-81, 137-139, 155-157, 186-187, 192-195, 225-226
Contenção da crise, 134-152
　ao preparar o terreno para a melhoria contínua, 148-152
　ao pular à frente das repercussões, 140-149
　ao reagir às preocupações dos clientes, 135-141

Cook, John, 141-142
Corda *andon*, 4-5, 12-13, 52-53
Crise do petróleo, 23-24, 212-214
Crise dos *recalls*, 61-124
　acidente da família Saylor, 61-66
　base de dados da NHTSA, 83-86
　culpabilidade da Toyota pela, 92-94
　(*Ver também tópicos específicos, como* Causas-raiz da crise)
　descompasso de percepções, 101, 105-108
　descompasso entre Japão e EUA, 98-101
　investigações forenses de SUA, 85-90
　linha do tempo da, 122-124
　mitos e realidade dos *recalls*, 120-121
　problema dos pedais pegajosos, 94-99, 100-112
　problemas de comunicação, 101-103, 105
　queixas sobre os freios do Prius, 111-115
　sistemas eletrônicos, 69-84, 89-94
　SUA no setor automobilístico, 78-81
　tapetes automotivos, 63-70
　teatro político, 114-120
CTS (fornecedora), 94-98, 107-108
Cultura, 9-17, 198-224
　de responsabilidade, 211-216
　e reação à crise, 199-213
　enfraquecimento da, 215-222
　globalizada, 10-11, 221-224
Cultura de segurança norte-americana, 230-231
Cultura globalizada, 10-11, 221-224
Custos de pessoal, 37-39

D

Dana Corporation, 58-59
Dando ouvido aos clientes, 159-160, 169-177
Dano à marca, 193-196, 232
Deming, W. Edwards, 6-8
Demissões, 26, 32-36
Denso, 109

Descompasso de percepções, 101,
105-108, 168-169
Desperdício, eliminando, 3-6
Diretores regionais de qualidade
(CQOs), 136-138, 170-171, 205-206

E

Edmunds.com, xix-xx, 71-72, 84-86,
91-92, 140-143, 154-155, 186-187,
189-190, 192-194
Erros, eliminando, 3-5
Espírito de desafio, 11-12, 201-203
Estabelecimento de metas, 19-21, 31-32
Estratégia financeira da Toyota, 41-42,
198
Estrutura de governança, 27-29
Estrutura organizacional, 161-165

F

Fein, Nancy, 131-132, 207-208
Fischbeck, Paul, 110-112
Ford, 84-86, 113-114, 155-159
Ford, Henry, 197
Fornecedores, trabalhando com, 53-59
Funo, Yukitoshi, 220-222

G

Gates, Steve, 130-131
Genchi genbutsu, 13-15, 28, 99-100, 166,
169, 177-183, 204-207
General Motors (GM), 18-21, 25n,
33-36
Gerenciando a complexidade, 50-55
Gilbert, David, 115-117, 119, 140-143
Global Vision 2010, 19-22, 29, 30,
100-101, 126, 178-179
Global Vision 2020, 30-32, 223-224
Grand Rapids Spring, 109-111
Grande Recessão, 24-60
 descobrindo oportunidades na, 36-43
 e estrutura de governança, 27-29
 emergindo da, 58-60
 gerenciando a complexidade durante,
 50-55

reação da Toyota à, 30-37
retreinamento/*kaizen* na recessão,
 42-51
trabalhando com os fornecedores
 durante, 54-59
vendas durante, 25-26

H

Hansei, 197-198, 201, 211-212
Higashi-Fuji, planta do Japão, 22
História da Toyota, 2-22
 cinco valores fundamentais, 11-17
 cultura da companhia, 9-17
 Global Vision 2010, 19-22
 just-in-time, 4-6
 no mercado norte-americano, 16-20
 Práticas de Negócio Toyota, 7-9
 Sistema Toyota de Produção, 5-8
 trabalho padronizado, 8-10
How the Mighty Fall (Jim Collins),
 219-220

I

Inaba, Yoshimi (Yoshi), 101-103,
 114-115, 205-207
Iniciativas de qualidade, 2, 6-7, 174-175,
 178-180
Issa, Darrell, 115

J

Jones, Daniel T., 18-19n

K

Kaizen, 11-14, 39-40, 42-51, 57-59,
 125-126
Kane, Sean, 82-83, 111-112, 116-117, 119
Koganei, Katsuhiko, 101-104

L

LaHood, Ray, 69-70, 110-112, 146-148,
 159-160, 228-231
Lealdade dos clientes, 2, 186-190
Lentz, Jim, 28n, 101-103, 130, 134-135,
 161, 173-175, 178-180, 232-233

Lições da crise, 197-233
    cultura de responsabilidade, 211-216
    cultura e reação à crise, 199-213
    cultura globalizada, 221-224
    e sensacionalismo e rumores,
        223-231
    fraqueza nas culturas, 215-222
Livro Prateado, 85-87
Loftus, Elizabeth, 91-92
Los Angeles Times, 82-83, 89-91,
    106-108, 119-120
Lucratividade, 2, 31-37, 40-43, 50-51,
    55-57

M

Machine That Changed the World, The
    (Womack, Jones e Roos), 18-19*n*, 19-20
Manutenção *kaizen*, 12-13
Matérias na mídia, 89-90, 105-107,
    113-114, 147-148, 167, 225-231
Maynard, Micheline, 81-82, 224-227
McDonald, Kevin, 224-225
McIntosh, Renee, 203
Medidas de diminuição de custos, 37-43
Melhoria contínua, 5-6, 11-12, 15-16,
    148-152
Melhoria *kaizen*, 12-13, 125-126, 150-152
Mente *kaizen*, 12-16, 206-209
Mercado automobilístico norte-ameri-
    cano, 16-20, 23-24
Michels, Mike, 135-136
Miller, Irv, 101-101, 105, 168
Modelo Toyota, 16-18
    e a crise de 1950, 41-42
    e a reação à crise, 133-135, 198,
        200-212
    em outras culturas, 221-223
    foco do, 29
    no *call center* da TMS, 131-132
    primazia do, 27-28
    Verdadeiro Norte no, 148-150
Modo de sacrifício compartilhado
    (TEMA), 37-39
Monozukuri, 31-32
Mulally, Alan, 26

N

NASA, 69-70, 78-79, 81-82, 84-85,
    88-90, 96-97, 118, 145-147, 228-230
National Highway Administration
    (NHTSA), 228-230
    acusações contra, 89-91
    base de dados de queixas, 83-87, 90-93
    e o problema dos tapetes automoti-
        vos, 65-67, 68-69
    e repercussão dos pedais defeituosos,
        101-103, 105, 110-111
    independência da, 203-204
    interações da TMA com, 165
    queixas sobre o Prius à, 111-112
    rebatendo desinformações sobre
        SUAs, 144-149
    relacionamento da Toyota com,
        107-108
Nemawashi, 166
Niedermeyer, Edward, 79-81, 88-89,
    116-117, 195-196, 202, 225-226
Niimi, Atsushi (Art), 24-26, 29-30,
    181-182, 212-214
Nissan, 26
Norte Verdadeiro, 148-150
North American Quality Task Force,
    170-172
NUMMI (New United Motor Manufac-
    turing, Inc.), 18-20, 33-36, 221-222

O

Ohno, Taiichi, 4-9, 13-16, 40-41, 57-59,
    165, 216-217, 232
Okuda, Hiroshi, 27
Oportunidade (*ver* Transformando a
    crise em oportunidade)

P

Person, George, 146-147
Pesquisa & Estratégias de Segurança,
    82-84
Pesquisa e desenvolvimento (P&D),
    35-37, 177-182
Práticas de Negócio Toyota (TBP), 7-9,
    16-17, 28, 45-46, 166, 214-215

Preços dos combustíveis, 23-24, 30-31
Premiações de segurança, 193-194
Prêmios de qualidade, 22, 156-157, 192-195
Princeton, planta de Indiana (TMMI), 42-49, 54-55
Prius, 2, 22, 90-91, 111-114, 142-145
Problema dos pedais defeituosos, 94-112, 154-155, 157-158
Problemas de comunicação, 208-209
 ao convocar *recalls*, 230-231
 como causa-raiz da crise, 159-160, 167-169
 durante o auge da crise dos *recalls*, 101-103, 105
 fluxo de informações aos engenheiros, 179-181
Problemas de frenagem, 111-115
Produção *just-in-time*, 4-6, 15-16

Q

Qualidade dos produtos, 1-2, 22, 105-106, 152-160, 192-194

R

Reação à crise, 125-196
 e cultura da companhia, 199-212
 eficiência da, 183, 185-196
 fase de contenção, 134-152
 fase de reação, 126-135
 fase de transformação da crise em oportunidade, 150-196
 visão da, 182-183, 185
Reagindo à crise, 126-135
Recalls (em geral), 152-159, 224-225
Recessão (*ver* Grande Recessão)
Recessão, retreinamento e *kaizen* durante, 42-51
Recessão global (*ver* Grande Recessão)
Reid, Iason, 55-56
Respeito, 11-12, 14-17, 34-35, 203-204
Responsabilidade, 160-161, 211-216
Roos, Daniel, 18-19n
Ross, Brian, 141-142

S

Sabatinas no congresso norte-americano, 114-119
San Antonio, planta do Texas (TMMTX), 33-34, 42-43, 48-51, 53-59
Sasaki, Shinichi, 170
Schmidt, Richard, 86-88, 225-227
Schmitt, Bertel, 142-143
Sikes, James, 142-145
Sistema "puxado", 4-5
Sistema Toyota de Produção (STP), 5-10, 15-20, 27-28, 212-213
Sistemas eletrônicos, 69-84, 225-230
 ausência de evidências de falhas em, 89-94
 como bodes expiatórios, 80-84
 do Lexus GX 460, 137-140
 história dos, 69-73
 Prius ABS, 112-113
 projetos e testagens de, 72-79
Slater, Rodney, 140-141
SMART (Equipes Rápidas de Resposta a Análises de Mercado), 171-174, 205-206
Smith, Rhonda, 115-119
Spear, Steven, 231n
St. Angelo, Steve, 113-114, 138-140, 170-171, 205-207
Strickland, David, 139-140, 229-230
Sucesso, cultura e, 215-218

T

Tabar, Kristen, 74-76
Takt, 51-55
Tapetes automotivos, 63-70, 91-94, 154-155, 157-158
Tatar, George, 67-70
Teatro político, 114-120, 227-229
Tesla Motors, 31-32, 35-36, 220-221
Tomada de decisões, 166-167, 222-224
Toyoda, Akio, 26-27, 29, 36-37, 115, 118-119, 126, 131-137, 139-140, 149-152, 170-171, 174-175, 203-206, 209-214, 216-218, 220-221, 223-224

Toyoda, Eiji, 208-209
Toyoda, Kiichiro, 4-6, 41-42, 210-211
Toyoda, Sakichi, 2-7
Toyoda, Shoichiro, 27
Toyota Engineering and Manufacturing North America (TEMA), 36-41, 55-56, 109-111
Toyota Motor Company (Corporation), 4-5 (*Ver também verbetes específicos*, como História da Toyota)
Toyota Motor Manufacturing Kentucky (TMMK), 10-11, 19-20, 38-41, 51-54
Toyota Technical Center, Michigan, 36-37
Toyota Way 2001, The, 1, 11-12, 25,125, 169
Trabalho em equipe, 14-15, 208-210
Trabalho padronizado, 8-10, 15-16, 51-52
Traffic (Tom Vanderbilt), 80-82
Transformando a crise em oportunidade, 36-43, 150-196, 198
  ao colocar os clientes em primeiro lugar, 176-183
  ao diagnosticar as causas-raiz, 160-177
  ao identificar os verdadeiros problemas, 150-160
Treinamento, 10-11, 42-51, 132-134, 180-181

Truth about Cars, 79-80, 116, 142-143, 155-156n, 195-196
Turley, Steve, 39-41
Turner, Tim, 38-40

U

Uchiyamada, Takeshi, 164, 170, 176-178, 180-181, 207-209

V

Valores fundamentais, 11-17
Vanderbilt, Tom, 81-82
Vartabedian, Ralph, 82-83
Vendas, 17-18, 24-26, 58-60, 189-193
Volkswagen, 85-86

W

Wallace, Ed, 227-229
Watanabe, Katsuake, 27, 29, 36-37
Williamsen, Paul, 167-168
Wiseman, James (Jim), 126-127, 136-137, 214-215
Womack, James P., 18-19n

Y

Young, Robert, 55-57, 107-108